# LE TAROT DE MARSEILLE

# FACILE !

*Tirez 4 lames...*
*&*
*Lisez la RÉPONSE à la question !*

Réédition – nouveau format !

# Mentions légales

© 2024 Martine MÉNARD

Édition : BoD • Books on Demand GmbH, In de Tarpen 42, 22848 Norderstedt (Allemagne)
Impression : Libri Plureos GmbH, Friedensallee 273, 22763 Hamburg (Allemagne)

**ISBN** : 978-2-3225-3864-5

*(Nouvelle édition)*
**Dépôt légal : JUILLET 2016**

Toutes reproductions, usage à titre professionnel ou privé de page·s de l'ouvrage est strictement interdit sans accord de l'éditeur et/ou de l'auteur ou de ses ayants droits, conformément à la législation en vigueur. Le cas échéant, des poursuites pénales seront engagées contre tous contrevenants.

Martine MÉNARD

## LE TAROT DE MARSEILLE

## FACILE !

*Tirez 4 lames…*
*&*
*Lisez la RÉPONSE à la question !*

Disponible en 2 FORMATS :
*PAPIER & EBOOK*

*Ce livre est basé*
*UNIQUEMENT*
*Sur la méthode*
*«REPONSE À UNE QUESTION PRECISE».*
*Vous aurez ainsi toutes les*
*SUGGESTIONS D'INTERPRETATION*
*Afin d'avoir une*
*REPONSE IMMEDIATE*
*Aux questions que vous vous posez !*
*Ainsi que*
*des exemples d'interprétation*
*Pour mieux vous faire appréhender*
*CETTE METHODE FACILE ET PRÉCISE !*

ଞଊ

## AU SOMMAIRE

ಬಿ‌ಡಿ

PRÉAMBULE : ............................................................... 11

**CHAPITRE 1 :** ............................................................ 13
    a) Les premières bases
    b) Quelques règles à respecter
    c) position des 5 lames
DEVOIR N°1 : ............................................................... 23

**CHAPITRE 2:** les Arcanes Majeurs : (1 - 2 - 3- 4 – 5)............ 29
DEVOIR N° 2 : ............................................................... 91

**CHAPITRE 3 :** les Arcanes Majeurs : (6 - 7 - 8 - 9 - 10)......... 101
DEVOIR N° 3 : .............................................................. 163

**CHAPITRE 4 :** les Arcanes Majeurs : (11 - 12 - 13 - 14 - 5).... 169
DEVOIR N° 4 : .............................................................. 231

**CHAPITRE 5 :** les Arcanes Majeurs : (16 - 17 - 18 - 19 - 20)... 237
DEVOIR N° 5 : .............................................................. 299

**CHAPITRE 6:** les Arcanes Majeurs : (21 - 22).................... 305
DEVOIR N° 6 : .............................................................. 333

**CHAPITRE 7 :** ............................................................ 341
    (Corrections des devoirs)
autres OUVRAGES de l'AUTEURE........................... 384

## PRÉAMBULE

➢ Si cette méthode est la première que vous commandez, soyez le (la) bienvenu·e.

➢ Si cette méthode est la seconde, soyez assuré·e que c'est avec un réel plaisir que je vous retrouve avec cette série, qu'est le TAROT DE MARSEILLE, avec lequel nous pratiquerons le *«TIRAGE EN CROIX»* qui correspond à la réponse d'une *QUESTION* **PRÉCISE**…

➢ Le TAROT DE MARSEILLE *«question précise»* convient tout particulièrement pour éclaircir les problèmes MAJEURS de l'existence humaine. Il approfondit les points déterminants de la vie d'un individu, et c'est avec ce TAROT de MARSEILLE (*à ne pas confondre avec le TAROT à JOUER qui lui est plus utilisé pour déterminer, prédire le quotidien…*), et les 22 arcanes MAJEURS uniquement, que je vous propose de développer vos capacités de médiumnité…

➢ Ce livre comprend une série d'exercices pratiques qui seront, comme pour la méthode de CARTOMANCIE, un complément considérable pour vous faciliter l'apprentissage !

➢ Exercices dont vous retrouverez les **corrigés en fin de volume** !

➢ Grâce à cette méthode, vous pourrez avoir les réponses IMMÉDIATES à toutes les questions qui vous préoccupent !

Je vous souhaite un bon usage de ce livre…

Comme pour toutes les méthodes proposées,
quelques règles à suivre…

# CHAPITRE 1

## A/ LES PREMIÈRES BASES DE LA PRATIQUE DU TAROT DE MARSEILLE

➢ La VOYANCE utilisée avec discernement, peut réellement aider à dépasser ou surmonter les difficultés de la vie quotidienne ! C'est pourquoi, depuis quelques décennies, on n'hésite plus à faire appel à un·e parapsychologue - conseil !

➢ Il n'est pas toujours évident de se tourner vers tel ou telle voyant·e, astrologue, numérologue… Tout dépend de l'importance des préoccupations du moment ! S'agit-il de connaître *une réponse sur un domaine bien précis* ? Où s'agit-il plutôt d'une vue d'ensemble sur le futur dans les années à venir ou sur des prévisions, des tendances sur les mois futurs…

➢ Dans cette méthode (que vous venez d'acquérir), il s'agit de répondre à des questions URGENTES, c'est pourquoi, des tirages divers vous seront proposés qui pourront répondre **à l'immédiat**, de **3/6 mois**.

NOTA : *Une autre méthode (la ROUE ASTROLOGIQUE) tant qu'à elle, permet d'élargir la vision du futur* **dans TOUS domaines.** *(Avec 1 seul tirage pour répondre à toutes vos questions !)*

➢ LE TAROT n'a pas l'attribution d'agir sur les événements. Il est seulement destiné à transmettre un message et prévenir le consultant.

– Son symbolisme, ses images représentent des personnages, des situations… combinées les unes aux autres, *« envoient »* à l'interprète (le voyant) des informations pouvant ainsi guider le consultant.

➢ Celui-ci, ainsi informé des influences qui l'entourent, pourra en toute connaissance de cause avoir son libre arbitre et décider de son avenir.

➢ Le TAROT doit donc aider à prendre des décisions, à cerner les facteurs positifs ou négatifs, à éviter les désaccords et profiter des opportunités. Mais en aucun cas, LE TAROT n'impose un ordre, et n'est aucunement catégorique dans tel fait ou telle annonce qu'il dévoile. L'événement n'étant pas encore arrivé, le consultant peut ainsi, diriger son existence en connaissance de cause.

## *Ne PAS ATTENDRE l'impossible du TAROT !*
## **LE TAROT est un GUIDE et rien d'autre !**

### ➢ UNE AUTRE RECOMMANDATION IMPORTANTE :
si jamais le TAROT ne donnait pas un résultat considéré comme satisfaisant par votre consultant (si par exemple, celui-ci devait contester une ou plusieurs réponses obtenues, ou même la totalité, n'insistez pas. Au lieu de recommencer le jour même, suggérez plutôt une consultation ultérieure.

➢ Je déconseille aussi de consulter le TAROT trop souvent… à moins de ne poser à chaque fois *qu'une question précise*, à laquelle il peut être répondu, à l'aide de 5 cartes seulement (*d'où cette série*).

### ➢ a) LA PRÉPARATION :
– avant de vous lancer dans le commentaire pour l'un des membres de votre entourage, entraînez-vous à mélanger, puis battre soigneusement les cartes… cela les débarrasse de toute influence antérieure et facilite la mise en condition mentale indispensable à toute bonne interprétation.

### ➢ b) L'IMPORTANCE DE LA MAIN :
– si la consultation est basée plus spécialement sur la vie SENTIMENTALE, faire couper et choisir les cartes de la main GAUCHE.

– Pour tout autre domaine, selon la facilité du consultant.

### ➢ c) LA POSITION DES LAMES : *ENDROIT UNIQUEMENT*
– Pour certains jeux, la position ENDROIT et RENVERSÉE a son importance.

– Pour le Tarot de MARSEILLE, la **position ENDROIT seule** sera utilisée, puisque dans certaines méthodes de divination (*dont celle-ci*), la même LAME peut jouer un rôle autant **POSITIF** que **NÉGATIF** ! Tout dépend de son emplacement dans le jeu ainsi que des cartes voisines !

### ➢ d) CE QUE LES CARTES VOUS DISENT :
– l'art des TAROTS consiste à aborder, de façon naturelle les attributs des images, à intercepter intuitivement les informations, les indications ? En les enregistrant du premier coup d'œil pour pouvoir les exprimer ensuite avec des mots.

– Il n'est pas nécessaire d'avoir une mémoire extraordinaire, mais il est important de se rappeler l'essentiel de chaque carte, ses mots clés…

– La pratique, la capacité de cerner le symbolisme et l'intuition feront le reste.

➢ **e) chaque LAME symbolise quelque chose *ou* quelqu'un.**
– La possibilité d'associer différentes lames entre elles, apporte un éclairage plus net, des détails plus précis et permet de découvrir le passé, le présent et le futur.

## B/ QUELQUES RÈGLES A RESPECTER !

Avant tout, dans le TAROT, il s'agit de VOIR et de REGARDER !
Telles doivent être vos :

➢ **Règle n°1** : le TAROT va bien au-delà de la divination telle qu'on la conçoit aujourd'hui. La réponse du TAROT sera le plus souvent allusionnelle, vous laissant ainsi faire un travail d'interprétation et de recherche personnelle.

– L'arcane (*appelée également lame ou carte*) ne va pas vous transmettre les réponses attendues dans l'immédiat, c'est à vous de faire fonctionner votre intuition. Aussi, l'apprentissage, demande-t-il de l'inspiration, de l'humilité, de la réceptivité, et surtout d'être à l'écoute de vos guides intérieurs.

➢ **Règle n°2** : contemplez votre TAROT, regardez chaque lame, analysez-la : quel nombre porte-t-elle ? Comment sont positionnés les personnages ? Marchent-ils ? Sont-ils immobiles ? Où, et que regardent-ils ? Quel est leur nom ?... laissez parler votre intuition, votre imagination, mais faites aussi appel à votre logique, faites preuve de réflexion…

➢ **Règle N°3** : ne « déformez » le TAROT, dites :
– «TEMPÉRANCE» et non «la TEMPÉRANCE»,
– N'attribuez pas à la lame 13 le nom de «FAUCHEUR» ou pire encore «LA MORT» (ce qui est une méprise !) dites simplement : LA FAUX.

– Quant au MAT, ne lui donnez pas le nom de «FOU» ;

– Même chose pour «LA ROUE DE FORTUNE», ne dites pas : «DE **LA** FORTUNE» (*rien à voir !*)

➤ **Règle N°4 :** apprenez chaque lame. Après avoir pris le temps de bien étudier votre jeu, (*ce qui au début, peut vous paraître fastidieux*), laissez votre 6$^{ème}$ sens s'extérioriser. Au fil du temps cela deviendra un automatisme.

– Donnez libre cours à votre intuition et à votre créativité. Osez formuler vos impressions, exprimez ce qui vous dérange, ce qui vous contrarie, ce qui vous trouble (en positif comme en négatif …)

➤ **Règle N°5 :** soyez confiant·e et non perplexe ! Ne remettez pas en cause les tirages qui ne vous conviennent pas : ne dites pas alors que le TAROT n'a pas répondu à votre question, mais plutôt, que vous n'êtes pas prêt·e à comprendre les messages qu'il essaie de vous transmettre, qu'il vous trouble ou vous dérange. (Ou que la réponse n'est pas celle que vous souhaitiez !)

➤ **Règle N°6 :** le TAROT invite à l'action, conseille de se responsabiliser, de se prendre en main, de réagir, quels que soient les événements du moment.

– Il vous transmet une information, un conseil, un avertissement ; essayez de le comprendre et surtout d'en tenir compte… On ne doit pas attendre de miracles, mais la connaissance des faits, permet d'influencer l'avenir.

– Il faut toutefois garder à l'esprit, que : pouvoir prédire le futur, ne veut pas forcément dire : empêcher tel ou tel événement ! (Mais la voyance sert à s'y préparer !)

## C/ POSITION DES 5 LAMES

### LE TIRAGE EN CROIX
*Ou «réponse à une question précise»*

```
              ┌─────────────┐
              │  Lame n°3   │
              │             │
              │    Les      │
              │   ATOUTS    │
              │             │
              └─────────────┘
┌──────────┐  ┌─────────────┐  ┌──────────┐
│ Lame n°1 │  │  Lame n°5   │  │ Lame n°2 │
│          │  │  La SYN-    │  │    Le    │
│ Le POUR  │  │   THÈSE     │  │  CONTRE  │
│(Le positif)│ │ (Réponse    │  │(Le négatif)│
│          │  │ définitive) │  │          │
└──────────┘  └─────────────┘  └──────────┘
              ┌─────────────┐
              │  Lame n°4   │
              │             │
              │ 1ʳᵉ réponse │
              │  du TAROT   │
              └─────────────┘
```

➢ Les **DEUX PREMIÈRES** LAMES tirées
se rapportent à votre\* COMPORTEMENT,
VOTRE ÉTAT D'ESPRIT, votre façon d'aborder les événements...
À savoir qu'il y a toujours une part de contradiction
en chacun de nous !
*(Le bien & le mal - le positif & le négatif*
*- l'optimisme & le pessimisme - le sourire & les larmes...)*

➢ **_En 1 : LE POUR :_** (VOTRE ÉTAT D'ESPRIT *(*ou celui du consultant)*)), le **côté POSITIF de votre personnalité,** ce qui peut faire évoluer la situation - ce qui joue en votre faveur…

– Votre façon de vous comporter, vos espoirs, vos désirs, vos actes… **Ce qui FAVORISE :** l'évolution de la situation.

➢ **_En 2 : LE CONTRE :_** (*VOTRE ÉTAT D'ESPRIT) le **côté NÉGATIF de votre personnalité,** ce qui peut retarder la bonne évolution…

– Ainsi que **LES DÉFIS** à relever, les obstacles que *vous devrez surmonter pour atteindre *votre but (en position 3)…

– Ce qui joue CONTRE vous : les circonstances actuelles, les événements et éléments extérieurs qui interviennent négativement… Ce **qu'il NE FAUT PAS** faire !

➢ **POSITION N°3 : comment gérer la situation ?**
– _Ce qu'il faut FAIRE, ce qui doit être CHANGER_ dans *votre attitude, *votre façon d'être pour concrétiser votre projet, votre souhait…

– Les résultats de vos actes… (*En position 1*)
– Les tendances révélées par rapport à *la position 2*
– **\*Votre réaction :** abordez-vous cette situation de la bonne façon ? Ou au contraire, votre attitude, vos actions ou vos initiatives, nuisent-elles à son évolution ?

– Renseigne sur le résultat de vos actes *(position 1)*
– _Ainsi que_ : *LES AIDES EXTÉRIEURES*, les conseils qui peuvent *vous être prodigués, les appuis sur lesquels vous pourrez compter… et sur l'intervention possible d'une autre personne (*bonne ou mauvaise*)…

– ce qu'il **FAUT FAIRE,** ce qui AIDE…

➢ **POSITION N°4 : la 1ʳᵉ réponse** apportée par le TAROT
– L'évolution probable de la situation, du problème qui vous préoccupe.

## ➤ POSITION N°5 : la SYNTHÈSE (RÉPONSE FINALE)

– L'élément décisif (*ce qui confirme la réponse en 4 ou la dément !*) le résultat final !

– **Bon ou mauvais,** suivez les conseils du TAROT ! IL EST plein de BON SENS !

### ➤ PRÉCISIONS

a) la réponse (**4**) et la synthèse (**5**) **sont POSITIVES** : le projet **est** *FAVORISÉ.*

b) la réponse (**4**) et la synthèse (**5**) **sont DÉFAVORABLES** : *RENONCEZ.*

c) la réponse (**4**) est **POSITIVE** et la synthèse (**5**) **NE L'EST PAS** : *Une DIFFICULTÉ S'ANNONCE !*

d) la réponse (**4**) est **DÉFAVORABLE** mais la synthèse (**5**) est **POSITIVE :** *UNE SOLUTION EXISTE !*

### ➤ POUR OBTENIR LA LAME CORRESPONDANTE À LA SYNTHÈSE :

a) vous additionnez la valeur NUMÉRIQUE des 4 lames tirées
**et ainsi vous obtiendrez la lame N°5**

b) si votre résultat dépasse le nombre 21, vous devez réduire !

*Par exemple :* vous avez déjà tiré les lames suivantes :
L'EMPEREUR (4), L'ÉTOILE (17), la LUNE (18) et le MAT (0)
soit : $4 + 17 + 18 + 0 = \mathbf{43}$
**Soit : $4 + 3 = \underline{\mathbf{7}}$**
Vous mettrez en carte centrale, **LE CHARIOT (7)**

c) … si le résultat obtenu donne une lame déjà présente :
On recommence l'addition sans la comptabiliser.

*Par exemple :*
LE CHARIOT (**7**) + L'AMOUREUX (6)
+ L'IMPÉRATRICE (3) + LA LUNE (18)
Ce qui vous donnera un total de $\underline{\mathbf{7}}$ ($7 + 6 + 3 + 18 = 34 = 3 + 4 = \underline{\mathbf{7}}$)
– donc vous ne comptabilisez pas le CHARIOT soit :
$34 - 7 = 27 = 2 + 7 = \underline{\mathbf{9}}$

– **NOTA :** si en synthèse, vous sortez **L'AMOUREUX (6)** *ou* **La LUNE (18),** lames de *«doutes et d'incertitudes»,* il est conseillé de faire tirer une autre carte dans le tas restant pour avoir une réponse franche !

ଛଠ

## AINSI SE TERMINE CE 1$^{er}$ chapitre !

Cette première approche peut vous sembler ennuyeuse, difficile...
**PAS DE PANIQUE !**

– Si vous suivez les étapes sans les «brûler», à votre rythme ;
– Si vous persévérez et que vous poursuivez votre apprentissage régulièrement,
vous verrez que cet **ART EST PASSIONNANT !**
– Les prochains chapitres seront plus captivants
et votre véritable initiation va commencer !
Vous vous familiariserez progressivement avec
votre TAROT de MARSEILLE

Nous poursuivrons le 2$^e$ chapitre avec :

### ➤ Les 5 premiers ARCANES MAJEURS :

Ce qu'ils représentent sur une question :
– Sentimentale,
– Professionnelle,
– Financière,
– Santé...

EN FONCTION

DE CE QUE

VOUS AVEZ DÉJÀ APPRIS

AVEC

CE CHAPITRE

FAITES LES EXERCICES SUIVANTS

CORRESPONDANTS

AU

**DEVOIR N°1**

➢ **<u>Dans vos DEVOIRS…</u>**

– **Détaillez** vos réponses !
Imaginez-vous RÉELLEMENT en train de réaliser
**une voyance par COURRIER !**

– Supposez que les questions des devoirs sont des
**DEMANDES RÉELLES de CONSULTANTS**
par **correspondance.**

– Donnez-leur des *détails* sur ce que vous « voyez, ressentez »
des *conseils*…

Ceci facilitera votre apprentissage
et vous mettra dans l'ambiance
**D'une RÉELLE INTERPRÉTATION
en VOYANCE !**

## DEVOIR N°1
*(Facultatif si vous avez en votre possession la méthode de CARTOMANCIE)*

ಬಂಡ

➢ **QUESTION 1 :** (cocher)
– Vous voyez dans le jeu de votre consultant·e, un risque d'accident de voiture très grave qui peut lui coûter la vie : *que faites-vous ?*
   ☐ Vous lui dites la vérité.
   ☐ Vous lui conseillez la prudence sur la route…
   ☐ Vous lui conseillez de laisser sa voiture au garage pendant quelque temps.

➢ **QUESTION 2 :**
– Il y a 2 semaines environ, vous avez reçu en consultation un homme. Aujourd'hui, vous recevez sa compagne (également en consultation). Elle a découvert que son mari est venu, et vous pose des questions sur ce que vous lui avez prédit… *que faites-vous ?*
   ☐ Vous refusez la consultation et la mettez dehors.
   ☐ Vous lui faites comprendre que vous ne pouvez, ni ne voulez rien lui révéler de ce qui a été dit, et vous lui faites sa consultation…
   ☐ Vous lui révélez ce que vous avez dévoilé, après tout, c'est son conjoint.

➢ **QUESTION 3 :**
– Une femme mariée, 60 ans environ, prend rendez-vous. Elle déprime et a besoin de réconfort (*vous dit-elle lors de la prise de RDV.*) Son mari a fait 3 infarctus il y a 6 mois, et elle a peur !
– Le jeu ne laisse présager rien de bon ! un veuvage possible, ou tout au moins, une nouvelle attaque qui peut laisser des séquelles ! *Que faites-vous ?*
   ☐ Vous lui annoncez qu'elle risque d'être veuve prochainement, qu'un grave problème s'annonce…
   ☐ Vous ne lui dites rien, vous minimisez la situation…

### ➤ QUESTION 4 :

– Vous vous retrouvez entre amis et l'on vous suggère :
*«Et si tu nous faisais, histoire de passer le temps, une démonstration de tes talents !»*
**Comment réagissez-vous ?**

### ➤ QUESTION 5 :

– Un homme vous demande une consultation. Il est en divorce et il voudrait avoir des renseignements sur les agissements supposés de son épouse.
**Que répondez-vous ?**

### ➤ QUESTION 6 :

– Vous recevez en consultation une femme qui parait très déprimée, car elle a de gros problèmes d'argent ! Le jeu malheureusement semble confirmer ses dires, et ne lui est pas favorable, car il laisse supposer une faillite, un problème quasiment insurmontable !
– ***Comment allez-vous vous y prendre ? Qu'allez-vous lui dire ?***

## Corrections en fin de livre…

# CHAPITRE 2

## <u>LES ARCANES MAJEURS</u>

&

## Leurs interprétations

1 – LE BATELEUR
2 – LA PAPESSE
3 – L'IMPÉRATRICE
4 – L'EMPEREUR
5 – LE PAPE

*UN JEUNE HOMME DEBOUT DEVANT UNE TABLE
SUR LAQUELLE ON APERÇOIT
<u>LES 4 ÉLÉMENTS DES ARCANES MINEURS :</u>
– COUPES (pour les sentiments)
– ÉPÉES (pour la force morale)
– BÂTONS (pour les finances)
– DENIERS (pour la vie professionnelle)*

LE BATELEUR, 1$^{re}$ lame du TAROT,
représente le point de départ de toute chose : son origine matérielle.
Avec LE BATELEUR, tout devient possible !
À condition de savoir agir et réagir rapidement !
SAVOIR PRENDRE DES INITIATIVES !

## LES CARACTÉRISTIQUES DU BATELEUR (1)

### ➢ Le BATELEUR (1) *c'est* :
### LE POINT DE DÉPART - L'INITIATIVE

*Il correspond* : au signe du BÉLIER - à l'élément FEU
- aux planètes MARS et MERCURE
- au MARDI - au mois de MARS (fin)
- au début du PRINTEMPS …
***Le nombre 1** marque le début de toute chose…*

➢ Le BATELEUR est le signe du commencement, du démarrage d'une entreprise. Il est le symbole de la jeunesse, de la spontanéité, du début de la vie… Il parle d'actions, d'impulsions et d'élans.
➢ Le BATELEUR donne agilité, spontanéité, volonté et vivacité d'esprit. Lié à la planète MARS pour son impulsivité, son leadership et sa force de caractère.
➢ Le BATELEUR est également sous l'influence de MERCURE, Maître de la communication et de la jeunesse.
➢ Le BATELEUR est associé aux domaines du langage et de la transmission des connaissances.
– Il **concerne** l'apprentissage et tout ce qui touche l'aspect créatif.
– Il **symbolise** la possibilité de réaliser ses rêves (*à condition d'agir*), de saisir les opportunités et de maîtriser les événements.

### ➢ Ce qu'il faut en retenir :
*Aller de l'avant - être actif.ve - prendre des initiatives -* ***AGIR !***

➤ *Sur les PLANS suivants : LE BATELEUR (1) est :*
– **SENTIMENTS :** *très propice*
– **BIENS/FINANCES :** *propice*
– **TRAVAIL :** *propice*
– **ÉTUDES :** *propice*
– **SANTÉ :** *protégée*
– **VIE INTÉRIEURE :** *propice*

➤ **MOTS CLÉS** *(au positif)* : <u>peut représenter :</u> un enfant - un adolescent - un jeune amant - jeune époux - un jeune militaire…
<u>Ainsi que :</u> apprentissage - chance - début d'activité - excellente vitalité - bonnes initiatives - commencement d'un projet - intelligence - présence d'esprit - jeunesse - courage - assurance…

➤ **MOTS CLÉS** *(au négatif)* : <u>peut représenter :</u> un charlatan - un cambrioleur - un beau parleur - un menteur - un escroc - un gigolo - un voleur…
<u>Ainsi que :</u> dispersion - manque de maturité - de volonté - d'initiative - un début difficile - irresponsabilité - mensonge - imposture - incompétence - bavardages - arriviste - un faible - passivité...

➤ *<u>Pour une situation :</u>* agir MAINTENANT ! Prendre des initiatives - faire des démarches...
➤*<u>En négatif :</u>* prendre des précautions ! Situation incertaine - ne rien précipiter !…

➤ *<u>Pour un lieu :</u>* un cirque - un théâtre - un cabaret - un grand magasin - cinéma - l'opéra - une fête foraine - un lieu public ou règne l'ambiance...

➤ *<u>Pour une profession :</u>* travailleur indépendant - commercial - avocat - médecin - vétérinaire - dentiste - oculiste - boucher - sportif - guide ou interprète - berger - armurier - coiffeur - artiste - décorateur - magicien - jongleur - gendarme - pompier - l'armée - rôtisseur …

➤ *<u>Pour maladies de prédisposition :</u>* migraines - maux de dents - troubles oculaires ou auriculaires - fièvre - congestion cérébrale ...

## ☞ INTERPRÉTATION DE LA LAME
### «TIRAGE EN CROIX»

### ➢ Position 1 : LE BATELEUR (1)
#### – EN *POUR : INTELLIGENCE & COMPÉTENCE !*
– Vous pouvez en toute quiétude, mettre votre projet en route ou croire à la réalisation de votre souhait, car vous avez la présence d'esprit nécessaire à une bonne réussite de votre entreprise ou de votre démarche !

– Gardez confiance en vous et en vos capacités intellectuelles, ainsi qu'en votre savoir-faire...

– Allez de l'avant ! Votre optimiste vous sera bénéfique.

### ➢ Position 2 : LE BATELEUR (1)
#### a) EN *CONTRE : rester CALME & ÉQUILIBRÉ·E !*
– Vous vous comportez comme un·e adolescent·e qui ne sait pas ce qu'il (qu'elle) souhaite réellement !

– Réfléchissez davantage, car vous avez tendance à agir de façon impulsive sans vous préoccuper des conséquences possibles de vos actes. Votre impatience et nervosité peuvent vous être préjudiciables.

– Ne vous engagez pas ou ne prenez pas de décision à la légère ! ... Vous risqueriez de le regretter plus tard !

#### b) *LES DÉFIS : rester DISCRÈT·E & RESERVÉ·E !*
– Soyez extrêmement vigilant·e, car vous pourriez être victime d'un charlatan ou d'un escroc ! Quelqu'un peut se dire, à tort, votre ami et chercher à vous induire en erreur. Restez très discret·e en ce qui concerne vos projets, quels qu'ils soient ! Restez lucide en toute situation ; méfiez-vous comme de la peste des beaux parleurs et conseillers ! Leur action est purement intéressée.

### ➢ Position 3 : LE BATELEUR (1)
#### a) *FAIRE, CHANGER : être ACTIF·VE & OPTIMISTE !*
– Après mûre réflexion, vous devez passer à l'action ! Prenez les initiatives qui s'imposent et restez confiant·e en toute circonstance ; l'optimisme et joie de vivre seront vos atouts !

– Votre jeunesse d'esprit fera le reste.

#### b) LES *AIDES EXTÉRIEURES : «DAME» CHANCE !*
– La chance saura être au rendez-vous ! Dans un proche avenir, vous aurez *«les clés en main»* pour concrétiser votre projet,

atteindre votre but. Vous pourrez compter sur une aide rapide et inespérée de la Providence ou d'une personne bien intentionnée à votre égard.

– Les choses vont bouger et se mettre en place de façon claire et nette. Et en cas d'embûches, votre présence d'esprit et les aides extérieures vous permettront de les surmonter efficacement.

### ➤ Position 4 : LE BATELEUR (1)
*1<sup>re</sup> RÉPONSE à la question : AVOIR CONFIANCE EN SOI !*

– Le BATELEUR accorde une réponse positive, mais recommande toutefois la patience, car il faudra du temps pour voir ses projets se concrétiser. Il conseille également de ne pas rester passif.ve face à la situation, ne pas s'endormir sur ses lauriers, car rien n'est jamais acquit définitivement. Vous devez garder votre optimisme, votre gaieté, votre dynamisme et votre confiance en vous, tout en maintenant les efforts.

### ➤ Position 5 : LE BATELEUR (1)
*RÉPONSE définitive à la question : DÉPART D'UN PROJET...*

– La réponse est positive. Toutefois, vous n'êtes qu'au début d'une action, d'une entreprise, d'une relation.

– Vous avez toutes les possibilités d'une bonne réalisation de votre projet ou de votre souhait dans un avenir proche, à condition de ne pas relâcher vos efforts. La chance à été présente pour ce nouveau départ, à vous de faire en sorte de la garder ! Car la bonne fortune, il faut la cultiver !

– 1) vous êtes en période d'apprentissage, donc il vous faut continuer de développer vos capacités et connaissances.

– 2) vous êtes au début d'une nouvelle relation, donc il vous faut la faire durer et évoluer positivement dans le temps.

– 3) côté SANTÉ, si vous avez quelques préoccupations, tout rentrera dans l'ordre. Vous retrouverez votre dynamisme et votre joie de vivre.

➤ ***LE BATELEUR (1) dans cette position n'est qu'un coup de pouce du destin, un tremplin. Rien n'est acquit, il faudra tout faire pour maintenir le cap !***

☞ **SUGGESTION d'interprétation**

➢ **À LA COUPE :** *un nouveau départ s'annonce !
Prenez des initiatives, ayez confiance en vous et allez de l'avant !*

## En POUR et en CONTRE

➢ **AFFECTIF (*POUR*) :** une prochaine rencontre va vous permettre de lier une nouvelle amitié, voire un nouvel amour ! Le projet de fonder ou d'agrandir la famille est envisageable ; l'harmonie règne avec les proches.
– Le BATELEUR annonce des joies, d'agréables nouvelles, des rencontres... Le bonheur de vivre en quelque sorte !

➢ **AFFECTIF (*CONTRE*) :** vous êtes au début d'une relation affective, prenez le temps d'apprendre à vous connaître. Ne soyez pas trop entreprenant·e, et sachez faire preuve de patience !
– Vous n'êtes pas (ou votre compagnon) suffisamment mûr·e pour vous engager dans une relation durable ou envisager fonder une famille.
– Méfiez-vous d'une personne qui se prétend votre amie !

➢ **PROFESSIONNEL (*POUR*) :** prenez des initiatives, mettez-vous en avant ! Parlez de vos projets, de vos idées. Vous saurez convaincre et l'on vous prendra au sérieux.
– Une promotion pourrait poindre à l'horizon. L'on pensera à vous pour de nouvelles responsabilités...
– Si vous êtes à la recherche d'un emploi, faites-vous connaître, des propositions vous seront faites.
– Avec le BATELEUR, vous avez le pouvoir de tirer parti de ce qui se présente. Sachez tirer profit des opportunités. Vos initiatives vous seront bénéfiques, et vous verrez vos projets se concrétiser.

➢ **PROFESSIONNEL (*CONTRE*) :** soyez très discret·e dans vos projets ! Quelqu'un convoite votre poste, ou pourrait chercher à vous mettre des bâtons dans les roues. Vous avez encore beaucoup à apprendre ; sachez écouter les conseils de vos supérieurs.

– Ne signez aucun papier ni contrat quel qu'il soit, sans avoir mûrement réfléchi ou pris conseil auprès de personnes compétentes en la matière !

➢ **MATÉRIEL (*POUR*)** : votre situation financière devrait s'améliorer rapidement, grâce à de nouvelles possibilités de revenus remettant ainsi votre situation en meilleure forme. Vous retrouverez de cette façon, confiance en vous et en l'avenir.
– Avec le BATELEUR, des satisfactions vous sont offertes, la chance revient !

➢ **MATÉRIEL (*CONTRE*)** : vous devez apprendre à contrôler vos dépenses et ne pas faire confiance à tout le monde ! Vous pourriez vous retrouver victime d'un escroc, d'un charlatan ou d'un être sans scrupules !
– Suivez vos comptes de près si vous ne voulez pas vous retrouver en interdiction bancaire !
– Des pertes d'argent sont à craindre par manque de sérieux dans votre gestion !

➢ **SANTÉ (*POUR*)** : la vitalité est bonne, toutefois, des migraines sont possibles. Elles sont en général, liées à votre trop grande nervosité. Essayez de vous détendre davantage !
– Tendance à l'acné ou aux irritations cutanées ; également liées le plus souvent au stress.

➢ **SANTÉ (*CONTRE*)** : habituez-vous au calme, à la détente ! N'abusez pas des excitants ni des drogues ! Apprenez plutôt le bienfait d'un sport doux (la marche, le vélo, la natation...) des migraines tenaces sont à craindre !

## Pratique de la question précise «TIRAGE EN CROIX»
### 1<sup>re</sup> HYPOTHÈSE avec... en position *FAVORABLE* :

> **Pour la question suivante :** *(de Marie - Bernadette)*
> *«Je connais JACQUES depuis 5 ans, je l'aime et j'aimerais savoir si l'avenir est envisageable ensemble?»*
>
> **Soit :**
> *LE BATELEUR (1)* + LE PAPE (5)
> + LA FORCE (11) + LE MONDE (21)
> = 1 + 5 = 11 + 21 = 38 = 3 + 8 = **11** (*double*)
> donc : **38 – 11** = 27 = 2 + 7 = **9 (L'HERMITE)**

☞ **SUGGESTION DE RÉPONSE**

➢ **1/ LE BATELEUR (1) en position *favorable* :**
– Joue en votre faveur ; il indique votre désir de modifier vos relations amoureuses et celui de commencer une nouvelle vie. Suivez votre intuition, mais ne cédez pas à votre impulsion.
– Prenez les initiatives qui s'imposent.

➢ **2/ LE PAPE (5) en position défavorable** :
– Présente toutefois l'image d'un partenaire un peu plus âgé, sérieux, fidèle et équilibré, mais qui semblerait être «borné», avec des idées bien arrêtées, et avec du mal à admettre ses erreurs !

➢ **3/ LA FORCE (11) en 3$^e$ position :**
– Vous apporte son aide avec ses éléments de fermeté, de stabilité, et un puissant dynamisme sexuel ! Elle vous aide à prendre des initiatives qui devraient être salutaires et couronnées de succès.

➢ **4/ LE MONDE (21) en 1$^{re}$ réponse :**
– Est la plus positive de tout le tarot ! Vous pouvez donc agir, car les circonstances vous sont totalement bénéfiques. Vos projets devraient se concrétiser, la réussite sera à votre portée…

*Même si* :
➢ **5/ L'HERMITE (9) *en réponse définitive* :**
– Ralenti quelque peu votre projet. Jacques aurait-il vécu longtemps en «Hermite» ? Toutefois, c'est en faisant preuve de patience et de ténacité que vous triompherez ! *(promesse du MONDE)*. Le temps travaille pour vous !

## 2ᵉ HYPOTHÈSE avec... en position *DÉFAVORABLE* :

### ➢ Pour la question suivante : *(de Francine)*
*«Je vis seule depuis 8 ans. J'ai une fille handicapée et un fils avec qui j'ai du mal à communiquer. Les choses vont-elles enfin s'améliorer pour moi?»*

### Soit :
L'IMPÉRATRICE (3) + *LE BATELEUR (1)*
+ LA FORCE (11) + La FAUX (13)
= 3 + 1 + 11 + 13 = 28 = 2 + 8 = **10 (LA ROUE DE FORTUNE)**

## ☞ SUGGESTION DE RÉPONSE

### ➢ 1/ L'IMPÉRATRICE (3) en position favorable :
– Vous montre comme une femme sensible, très féminine, sachant charmer et séduire.
– Continuez de vous mettre en valeur un peu plus chaque jour, pensez à votre habillement, à votre maquillage... Un rien peut vous transformer !

### ➢ *2/ LE BATELEUR (1)* en position *défavorable* :
– Indique qu'il ne faudra pas compter sur votre fils. Ce jeune homme fait preuve d'égoïsme et a encore beaucoup à apprendre de la vie ! Laissez-le atteindre sa maturité en pesant le pourquoi et le comment de ses actes, et le temps venu, après réflexion, il reviendra vers vous !

### ➢ 3/ LA FORCE (11) en 3$^e$ position :
– Vous représente dotée d'une forte personnalité, d'un caractère ferme et énergique. Vous avez l'audace d'imposer vos idées. C'est avec force, courage et détermination que vous menez vos actions. Autoritaire et combative, vous n'hésiterez pas à remettre en place ceux qui s'opposent à vos projets. Vous aimez ainsi commander et prendre les choses en main.

### ➢ 4/ LA FAUX (13) en 1$^{re}$ réponse :
– Annonce un changement radical dans votre vie ! Ne regardez pas en arrière, continuez les transformations effectuées grâce à l'IMPÉRATRICE.

### ➢ 5/ LA ROUE DE FORTUNE (10) *en réponse définitive* :
– Indique que la chance est présente, que les événements évoluent de façon encourageante et rapide. Sachez saisir ce nouveau bonheur qui ne tardera pas à se présenter. Soyez ouverte, disponible et sympathique. Faites preuve de sensibilité et de générosité, le monde s'offrira à vous !

*UNE FEMME ASSISE,*
*UN LIVRE OUVERT SUR LES GENOUX.*
*DERRIERE ELLE, DEUX COLONNES*
*SUR LESQUELLES EST FIXÉ UN VOILE*
*DISSIMULANT CE QUI SE TROUVE*
*AU-DELÀ DU TEMPLE.*

LA PAPESSE, 2$^e$ lame DU TAROT,
c'est ISIS, déesse de la connaissance.
Elle connait le PASSE - le PRÉSENT - le FUTUR.
Elle détient, sans vouloir le montrer,
TOUS LES SECRETS DU MONDE !
Elle exprime les mystères de l'humanité, l'invisible, l'occulte.
Elle porte la vie !

## LES CARACTÉRISTIQUES DE LA PAPESSE (2)

### ➤ **LA PAPESSE** *(2) c'est :*
### LA DISSIMULATION - LA MÉDITATION

*Elle correspond :* au signe du CANCER - à l'élément EAU
– à La LUNE
– Au LUNDI - au mois de JUILLET - à L'ÉTÉ …
***Le nombre 2** indique l'opposition et l'observation…*

➤ Physiquement, LA PAPESSE est une femme expérimentée
et aux capacités multiples.
– Le plus souvent mariée, ou liée à un homme,
elle a (ou aura) des enfants.
C'est une excellente carte de l'imaginaire :
les écrivains, les musiciens, les peintres, ou encore,
toute autre forme d'imagination (la voyance entre autre !)
➤ Elle parle de mystères du féminin et renvoie
à toutes les professions spécifiques :
Sage-femme, gynécologue, pédiatre, institutrice...
➤Elle indique également des dons intuitifs très forts,
Une inspiration ou une émotivité bien maîtrisée.
➤ Elle peut parler de sciences occultes,
surtout si elle est associée au DIABLE ou à la LUNE.
➤ La PAPESSE nous enseigne la connaissance intérieure
de la méditation.

### ➤ Ce qu'il faut en retenir :
*– Faire preuve de persévérance - être à l'écoute de son intuition…*
***Être PATIENT·E.***

➢ *Sur LES PLANS suivants :* **La PAPESSE (2)** *est* :
  – **SENTIMENTS** : *faible*
  – **BIENS/FINANCES** : *faible*
  – **TRAVAIL** : *faible*
  – **ÉTUDES** : *excellente*
  – **SANTÉ** : *faible*
  – **VIE INTÉRIEURE** : *excellente*

➢ **MOTS CLÉS (*au positif*)**, peut représenter : la consultante - une nonne - une professeure à la retraite - une femme seule - une femme enceinte - une mère - belle-mère...

Ainsi que : fécondité - sagesse - réserve - mystère - choses cachées - personne de confiance - l'intuition - l'expérience – timidité - sincérité - études - la prévoyance - clairvoyance - connaissance - la pudeur - la solitude souhaitée - la retraite ...

➢ **MOTS CLÉS (*au négatif*)**, peut représenter : une femme hypocrite - une intrigante - une personne qui pratique la magie noire - une femme acariâtre…

Ainsi que : tourments - hypocrisie - mauvaise intentions - naïveté - nature fausse - malveillance - protectionnisme - ennemis cachés - manque de communication - dissimulation – enfermement - avortement - fausse couche - grossesse extra-utérine...

➢ *Pour une situation :* en attente, en gestation, en préparation... mais non stérile ! Être patient.e! Les événements évoluent lentement mais sûrement !

*En négatif* : une affaire louche ! Méfiance...

➢ *Pour un lieu :* bibliothèque - crypte - cabinet de consultation - librairie - maternité - l'habitation - la nature...

➢ *Pour une profession :* bibliothécaire - maire - sage-femme - gynécologue - institutrice - pédiatre - voyante - écrivaine - peintre - notaire - cancérologue - stomatologue - romancière - historienne - gardienne - psychologue - chercheur - diététicienne - antiquaire...

➢ *Pour maladie de prédisposition :* problème aux ovaires - kystes - soucis féminins en général...

## ☞ INTERPRÉTATION DE LA LAME
### «TIRAGE EN CROIX»

➢ **Position 1 : LA PAPESSE (2)**
EN *POUR : PONDÉRATION - DISCIPLINE & INTUITION.*
   – Vous êtes une personne en qui l'on peut avoir confiance et votre discrétion et votre patience font de vous une bonne confidente. Vous abordez la vie avec sagesse et discipline.
   – Votre intuition, très développée, est pour vous une alliée précieuse. Votre perspicacité, votre clairvoyance et votre concentration, vous permettent de dominer les circonstances difficiles.

➢ **Position 2 : LA PAPESSE (2)**
a) EN *CONTRE : SORTIR de sa RÉSERVE - S'IMPLIQUER….*
   – Votre timidité, votre trop grande réserve sont un frein à vos projets ou à vos souhaits. Vous devez vous mettre en avant, être plus communicative, aller vers autrui, prendre les choses en main... Impliquez-vous davantage dans vos relations, votre manque d'initiative est votre propre ennemi ! Une allure austère et froide ne peut vous être que préjudiciable. Souriez et ayez une attitude active !

b) *LES DÉFIS : PRUDENCE & VIGILANCE*
   – Agissez en toute connaissance de cause. Une personne de votre entourage cherche à déjouer vos projets, à bloquer votre évolution, à saccager votre relation... Il se peut que l'on vous dissimule quelque chose, quelqu'un ou une information.
   – Êtes-vous sûr.e de bien connaître la personne que vous fréquentez depuis quelque temps, ainsi que ses intentions !
   – Des problèmes, des contretemps, des blocages, des tourments s'annoncent sans que vous y soyez préparé·e. Vous ne devrez agir qu'après avoir posé vos jalons et avoir la confirmation de la viabilité de votre projet, de votre souhait. Vous devez faire preuve de patience et de persévérance, car le moment n'est pas propice aux changements.
   – Avant de vous engager dans une nouvelle fréquentation, soyez sûr·e que cette personne est libre et sincère !

➢ **Position 3 : LA PAPESSE (2)**
a) *FAIRE, CHANGER : ATTENDRE & RÉFLÉCHIR.*
   – Dans cette position, LA PAPESSE conseille l'attente, la réflexion. Prendre un peu de recul face aux événements, à la situation.

Même si les 2 premières cartes sont positives, le moment n'est pas propice aux démarches. Il ne s'agit pas d'abandonner l'idée ou le projet. Si vous avez fait le nécessaire pour solutionner le problème, mis tout en œuvre pour la réalisation du souhait, maintenant, vous devez laisser faire… Il faut laisser du temps au temps ! En optant pour cette attitude, vous vous soumettez aux Forces Cosmiques Bénéfiques qui agissent en votre faveur !

**b) <u>*AIDES EXTÉRIEURES :*</u> *…ÊTRE SOIT–MÊME !***

– N'attendez pas l'aide d'autrui ! Ne comptez que sur vous-même ! Ne vous fiez pas à votre entourage ou aux promesses faites ! Même si vous avez trouvé des appuis, ils ne sont pas d'une grande efficacité. Vous ne verrez vos efforts récompensés, que si vous agissez seul·e. Pensez à la méditation et à la prière ; changez votre façon d'être et de penser, et laissez faire le temps, ce précieux allié !

### ➢ Position 4 : LA PAPESSE (2)
1ʳᵉ <u>*RÉPONSE à la question*</u> : *RÉFLÉCHIR AVANT D'AGIR…*

– Tout ce qui concerne l'ésotérisme, les études, la spiritualité... **LA PAPESSE (2)** vous est pleinement bénéfique.

– Pour les autres domaines, rien n'est encore fait, le projet est en gestation, mais il devrait se réaliser en temps voulu. Ne vous découragez pas ! Réfléchissez, méditez, acceptez cette évolution lente, considérez cette attente comme un apprentissage. Vous devez encore déployer de l'énergie, défendre vos positions pour atteindre l'évolution de la situation.

### ➢ Position 5 : LA PAPESSE (2)
<u>*RÉPONSE définitive à la question*</u> : *ÊTRE PATIENT·E.*

– Votre souhait est en état de gestation. Vous ne devez en aucun cas vous décourager, car vous verrez bientôt la concrétisation de votre projet, de votre souhait, de votre relation...

– Dans cette position, **LA PAPESSE** est de bon augure, même si tout n'est pas encore joué pour le moment, le temps joue en votre faveur ! Vous devez maintenir vos efforts et votre confiance en l'avenir !

> ➢ **LA PAPESSE (2)** *dans cette position demande seulement d'être patient·e, de faire preuve de persévérance ;*
> *tout arrive à point à qui sait attendre !*

☞ **SUGGESTION D'interprétation**

➢ **À LA COUPE :** *demande patience et persévérance !
PRENEZ votre temps et… RÉFLÉCHISSEZ !*

## En POUR et en CONTRE

➢ **AFFECTIF (*POUR*) :** très pudique et réservé·e dans votre relation, vous passez pour une personne froide, distante... Alors que vos sentiments n'en sont pas moins sincères.
 – Si vous êtes célibataire, LA PAPESSE ne favorise pas les rencontres, car vous éprouvez des difficultés certaines à vous établir dans une relation ; votre manque de communication risque de vous mener vers une solitude prolongée.
 – Cette lame peut indiquer également une relation secrète.

➢ **AFFECTIF (*CONTRE*) :** tous ne risquez pas de rencontrer l'âme sœur si vous restez ainsi cloîtré·e chez vous ! Sortez de votre coquille !
 – On vous dissimule quelque chose ou quelqu'un ! Cet homme qui vous courtise vous cacherait-il une épouse ? Une maîtresse ?
 – Avant de trop vous engager dans une relation, apprenez à mieux connaître cette personne. Il vaut mieux ne rien précipiter. La PAPESSE ne représente pas un obstacle insurmontable, mais vous conseille la prudence !
 – Écoutez votre intuition !
 – Problèmes possibles liées à une femme, une mère, une belle-mère, ex épouse...

➢ **PROFESSIONNEL (*POUR*) :** votre patience, votre sérieux, font de vous une personne de confiance qui évolue lentement dans sa carrière. Vous savez attendre le moment propice pour entreprendre.
 – De nouvelles structures pourraient s'implanter ; ne comptez que sur vous-même pour réaliser vos projets ; vous aurez plus de chance d'être récompensé·e de vos efforts en agissant seul·e et en restant secret·e. Même si vous avez des appuis, ceux-ci mettront du temps à se mettre en place.

➤ **PROFESSIONNEL** (*CONTRE*) : prenez des initiatives si vous voulez voir votre situation se débloquer ! Mais soyez discret·e ! Des éléments se mettent en place à votre insu, on jalouse vos projets, on tente de vous bloquer ! Vous devez faire preuve de vigilance avec vos échanges entre collègues.
– Réfléchissez bien avant de signer tout contrat ou document : vous pourriez être victime d'affaires douteuses !

➤ **MATÉRIEL** (*POUR*) : l'équilibre financier est maintenu avec rigueur et sérieux. Toutefois, vous pourriez malgré votre prudence, devoir faire face à une période de restriction afin de redresser une situation précaire. En optant pour une gestion ferme et stricte, vous retrouverez la sérénité financière, et les Forces Cosmiques vous seront bénéfiques.

➤ **MATÉRIEL** (*CONTRE*) : vous devez redoubler de vigilance dans votre gestion financière. N'envisagez aucun placement ni prêt sous peine de tout perdre. Une diminution de ressources n'est pas à exclure : fin de droits Assedic ; perte de salaire ; pension à verser à un tiers... Des périodes de restrictions sévères sont à craindre, prudence !

➤ **SANTÉ** (*POUR*) : si la LUNE (18) se trouve en position 1 ou 3, l'annonce d'une grossesse est possible, si l'âge le permet.
– La circulation sanguine causera quelques soucis, ainsi que la possibilité de problèmes gynécologiques qui pourraient aussi être à l'origine des tracas, toutefois sans gravité.

➤ **SANTÉ** (*CONTRE*) : un examen gynécologique s'impose, ainsi qu'une mammographie, afin de déceler d'éventuels problèmes.
– Si la LUNE est en position 1... possibilité de grossesse difficile ou de fausse couche.
– Avec le DIABLE:... I.V.G. envisagé.
➤ <u>**Pour UN HOMME :**</u> ceci pourrait être lié à une femme proche de son entourage (épouse, mère...)

– Sinon, Problèmes circulatoires importants à ne pas prendre à la légère.

**Pratique de la question précise «TIRAGE EN CROIX»**
**1ʳᵉ HYPOTHÈSE avec... en position *FAVORABLE* :**

➤ **Pour la question suivante :** *(de Sylvie)*
*«J'ai vécu voici quelques années, une expérience amoureuse difficile. Je croyais à notre amour. Il n'était qu'illusions.
J'ai fait une nouvelle rencontre voici quelques mois.
Nous nous entendons bien, je tiens énormément à lui, mais j'ignore ce qu'il ressent pour moi. Il est très réservé, peu démonstratif et ne parle pas d'avenir à deux ! Qu'en sera-t-il ?
Je ne voudrais pas encore me tromper !»*

**Soit :**
*La PAPESSE (2)* + L'AMOUREUX (6)
+ L'IMPÉRATRICE (3) + LE PENDU (12)
= 2 + 6 + 3 + 12 = 23 = 2 + 3 = **5 (LE PAPE)**

## ☞ SUGGESTION DE RÉPONSE

### ➤ 1/ LA PAPESSE (2) en position *favorable :*
– Signale que vous êtes une femme d'expériences qui a su tirer des leçons de la vie, mais qui n'est pas réellement épanouie dans sa relation actuelle.

### ➤ 2/ L'AMOUREUX (6) en position défavorable :
– Montre qu'à nouveau, un choix s'imposera à vous, et qu'actuellement l'incertitude et le doute vous tenaillent.

### ➤ 3/ L'IMPÉRATRICE (3) en 3$^e$ position,
– Vous montre comme une femme qui est décidée à prendre sa vie en main. Vous plaisez et vous le savez ! L'horizon n'est pas bouché !

### ➤ 4/ LE PENDU (12) en 1$^{re}$ réponse :
– Indique que vos doutes étaient fondés. Cette relation n'a aucune issue !

### ➤ 5/ LE PAPE (5) *en réponse définitive :*
– annonce un MARIAGE !... Mais avec une autre personne !

On peut en déduire que cette personne fera une autre rencontre assez rapidement. L'AMOUREUX (6) indiquant *un choix à faire* !
Et c'est avec ce nouvel homme que le mariage aura lieu !

## 2ᵉ HYPOTHÈSE avec... en position *DÉFAVORABLE* :

➢ **Pour la question suivante :** *(de Charles)*
*«Je suis actuellement en relation avec un homme d'affaires en vue d'une collaboration. Il m'a soumis un premier dossier.
Ce premier contact sera-t-il bénéfique pour l'avenir?»*

**Soit :**
TEMPÉRANCE (14) + *LA PAPESSE (2)*
+ LE DIABLE (15) + L'HERMITE (9)
= 14 + 2 + 15 + 9 = 40 = **4 (L'EMPEREUR)**

## ☞ SUGGESTION DE RÉPONSE

### ➢ 1/ TEMPÉRANCE (14), en position favorable :
– Vous représente comme une personne calme et de confiance. Attention toutefois que votre caractère affable ne soit pas considéré comme une faiblesse.

### ➢ 2/ LA PAPESSE (2) en position *défavorable* :
– Marque une certaine lenteur dans votre action. Prenez davantage d'initiatives ; n'hésitez pas à multiplier les échanges, les contacts... Soyez plus dynamique !

### ➢ 3/ LE DIABLE (15) en 3$^e$ position :
– Indique un client difficile, dont vous devez tenir compte. Si vous savez satisfaire cette personne au magnétisme puissant, vous aurez un appui de taille, sinon... Veuillez donc à tout mettre en œuvre pour ne pas le décevoir !

### ➢ 4/ L'HERMITE (9) en 1$^{re}$ réponse :
– Annonce des obstacles, une certaine lenteur dans votre travail. Il représente également les recherches à effectuer et une certaine austérité quant aux contacts.

### ➢ 5/ L'EMPEREUR (4) *en réponse définitive :*
– Tant qu'à lui, vous dote de la force de caractère qui semble vous faire défaut (en apparence seulement !) Vous réussirez, malgré les blocages et les délais imposés par LA PAPESSE et L'HERMITE, à vous imposer et à prouver vos capacités. Soyez confiant en l'avenir, d'autres dossiers vous seront soumis !

*RICHEMENT VÊTUE, UNE FEMME PORTANT UN DIADÈME,*
*TIENT DANS SA MAIN DROITE :*
*UN BOUCLIER SUR LEQUEL ON APERÇOIT UN AIGLE,*
*SYMBOLE DE PUISSANCE MORALE ET PHYSIQUE ;*
*ET DE LA MAIN GAUCHE :*
*UN SCEPTRE, SYMBOLE DE POUVOIR !*

L'IMPÉRATRICE, 3°lame DU TAROT,
c'est L'INTELLIGENCE et LA BEAUTÉ.
ELLE a l'esprit de perception qui lui permet
les résultats pratiques et sûrs.
ELLE est la faculté intelligente qui apporte clarté en toutes choses,
Qui dissipe l'ignorance ;
Qui donnera la volonté contre toute faiblesse,
qui vous dévoilera les mystères,
qui sera source de douceur et de bonheur.

## LES CARACTÉRISTIQUES DE L'IMPÉRATRICE (3)

### ➤ L'IMPÉRATRICE (3) *c'est* : SINCÉRITÉ & DÉVOUEMENT

*Elle correspond :* aux signes des GÉMEAUX & BALANCE
– à l'élément AIR
– aux planètes MERCURE et VENUS
– au MERCREDI & VENDREDI
– Au mois de JUIN (début) & d'OCTOBRE (début)
– au PRINTEMPS & l'AUTOMNE.
**Le nombre 3**, *chiffre sacré, évoque la trinité, diffuse les messages…*

➤ Liée à MERCURE qui lui procure le savoir-faire,
l'intelligence, l'esprit ouvert et communicatif,
➤ L'IMPÉRATRICE est également liée à VENUS,
planète de la beauté et de l'amour,
ainsi que de l'harmonie du couple,
en symbolisant la conception ou la naissance d'un bébé,
mais également d'un projet, d'une idée.
➤ L'IMPÉRATRICE permet de mettre à jour
ce qui est mis en gestation par la PAPESSE.
➤ Dans un tirage, elle représente une femme de 20 à 40 ans,
à l'esprit vif et ouvert, avec l'image d'une certaine féminité.

### ➤ CE QU'IL FAUT EN RETENIR :
*Garder l'esprit ouvert - communiquer - croire en soi -* ***CRÉER*** *!*

➤ *Sur LES PLANS suivants :* **L'IMPÉRATRICE (3)** *est :*
 – **SENTIMENTS :** *très propice*
 – **BIENS/FINANCES :** *propice*
 – **TRAVAIL :** *propice*
 – **ÉTUDES :** *très propice*
 – **SANTÉ :** *protégée*
 – **VIE INTÉRIEURE :** *propice*

➤ **MOTS CLÉS** *(au positif)* : *peut représenter :* une infirmière - une directrice - une institutrice - femme d'affaires - une secrétaire - une assistante sociale - la mère - sœur - amie - une maîtresse - l'épouse - fille …
Ainsi que : bonne nouvelle - concrétisation - sincérité - écrit - lettre - communication - création - grossesse - naissance - rencontre importante - mariage - productivité - intelligence – efficacité…

➤ **MOTS CLÉS** *(au négatif)* : *peut représenter :* fausse amie - personne intéressée - ennemie - séductrice sans scrupules - une directrice intransigeante - une mère castratrice…
Ainsi que : hypocrisie - mauvaise action - doutes - infidélité - fausse couche - frivolité - manque d'action - autoritarisme - mensonges faiblesse - esprit fermé…

➤ *Une situation :* la période est tout particulièrement favorable pour concrétiser les projets.
*En négatif :* il est conseillé de prendre des avis de personnes compétentes avant de poursuivre !

➤ *Un lieu :* salon de coiffure - de haute couture - magasin de luxe - château - maison bourgeoise…

➤ *Une profession :* les métiers liés à la communication : P.T.T - la presse - écrivaine - éditrice - journalisme - secrétaire... *mais aussi :* coiffeuse - maquilleuse - esthéticienne - fleuriste - manucure - décoratrice - diplomate - avocate...

➤ *Maladie de prédisposition :* bon équilibre physique et moral en général.
*En négatif :* poumons fragilisés - se méfier du surmenage - troubles mentaux possible.

## ☞ *INTERPRÉTATION DE LA LAME*
### «TIRAGE EN CROIX»

### ➢ Position 1 : L'IMPÉRATRICE (3)
### EN *POUR : CHARME & INTELLIGENCE.*

– Vous n'hésitez pas à aller de l'avant, à prendre contact, à communiquer. Vous faites confiance à la vie et vous avez une vision optimiste de l'avenir ; avec une telle attitude, vous avez toutes les chances de voir votre projet se réaliser ! Votre charme et votre joie de vivre font de vous une compagne idéale ! Votre intelligence et votre sérénité sont des atouts majeurs pour atteindre votre but, réaliser vos souhaits.

– Vous savez rester positive en toute circonstance, et l'on recherche votre compagnie. Vous êtes perçue par votre entourage comme une personne loyale, solide et enjouée. Vous inspirez confiance.

### ➢ Position 2 : L'IMPÉRATRICE (3)
### a) EN *CONTRE : LÉGÈRETÉ & INSOUCIANCE.*

– Il est possible que vous fassiez preuve d'un peu de légèreté face aux événements, ce qui aurait pour conséquences, certaines erreurs qui retardent le projet ou la solidité de votre relation. En effet, un manque de sérieux, une certaine insouciance, peuvent nuire à la bonne réalisation des souhaits. Il convient de se fixer des objectifs, des étapes à franchir et de les respecter.

### *b) LES DÉFIS : soigner son APPARENCE & faire preuve de TACT*

– Donnez le meilleur de vous-même tout en restant naturelle ! Soignez votre apparence et surveillez vos paroles ! Soyez franche et honnête ! Soyez gaie et souriante ! Soyez sincère et fiable...

– Toutes ces qualités seront vos meilleurs atouts dans vos échanges. Ne donnez pas de vous une image mondaine et superficielle. Pesez chaque parole, ne parlez pas à tort et à travers ; et en cas de conflits ou de doute, crevez l'abcès, plutôt que de laisser planer un ombre. Faites preuve de tact et de diplomatie...

### ➢ Position 3 : L'IMPÉRATRICE (3)
### a) *FAIRE, CHANGER : Faire CONFIANCE - croire en SOI...*

– Bougez ! Prenez le maximum de contacts : écrire, téléphoner, lancer des invitations...

– Ne vous endormez pas sur vos lauriers ! La chance est au rendez-vous, saisissez toutes les opportunités qui vous seront offertes ! Même si votre souhait ne se réalise pas dans l'immédiat, les actions bénéfiques que vous aurez su lancer, auront une incidence gratifiante au long terme, croyez-y !

**b) <u>AIDES EXTÉRIEURES</u> : *CHANCE IMPRÉVUE & FORTUITE***

– Attendez-vous à de nombreuses et excellentes nouvelles sous toutes les formes : lettres, appels téléphonique...

– Vous pourrez compter sur l'appui de personnes de votre entourage, ainsi que bénéficier de nombreuses aides imprévues. Une amie ou une relation jouera certainement un rôle important dans une situation qui vous tient à cœur. La sympathie et l'amitié sont réelles autour de vous. Entourez-vous de personnes compétentes pour la réalisation de votre projet, leur aide sera précieuse.

– Vous pouvez bénéficier d'une chance imprévue et inespérée, le coup de pouce du destin.

### ➤ Position 4 : L'IMPÉRATRICE (3)
**1ʳᵉ RÉPONSE** *à la question* : *JOIE & AVANTAGE.*

– Elle promet le succès et libère des angoisses. Même si les autres lames ont une tendance négative, L'IMPÉRATRICE annonce un imprévu qui vous comblera de joie. Ne perdez pas courage ni espoir : après la pluie, le beau temps ! Des solutions heureuses et avantageuses seront trouvées et vous pourrez résoudre vos problèmes de manière soudaine et rapide.

### ➤ Position 5 : L'IMPÉRATRICE (3)
<u>RÉPONSE *définitive à la question*</u> : *GUÉRISON & APAISEMENT.*

– Vous devriez connaître une joie, une surprise inattendue, une excellente nouvelle ! Bref, votre projet, votre souhait... ont toutes les chances d'aboutir ! Si votre situation ou votre relation laissait présager des difficultés, le temps est venu de rétablir l'ordre des choses.

– La chance est de retour, et vos projets ou souhaits sont sur la voie de la réalisation et de la concrétisation ! Fini les angoisses !

> ➤ **L'IMPÉRATRICE (3)** *dans cette position, redonne l'espoir,*
> *elle permet de « réparer » les erreurs,*
> *elle offre une seconde chance ...À SAISIR !*

## ☞ SUGGESTION D'interprétation

➢ **À LA COUPE :** *mettez en pratique vos idées... et RÉALISEZ !*

### En POUR et en CONTRE

➢ **AFFECTIF (*POUR*) :** VENUS, planète de la beauté et de l'amour vous rend éblouissante ! On succombe à votre charme ! Les amitiés et amours se développent harmonieusement. Saisissez les opportunités qui se présentent, provoquez les événements, lancez des invitations...
– Les échanges sont vécus dans la bonne humeur et la tendresse.
– Le moment est propice à la conception.

➢ **AFFECTIF (*CONTRE*) :** surveillez votre attitude qui pourrait être interprétée comme légère ou mondaine. Soyez discrète, mais également souriante et gaie. Sachez garder votre calme en toute circonstance. Faire preuve de franchise dans vos contacts amicaux et amoureux... N'oubliez pas que la véritable beauté vient de l'intérieur !
– Le désir de maternité est-il réel, ou n'est-ce qu'une échappatoire ?
– Méfiez-vous d'une femme de votre entourage : infidélité de la partenaire ou trahison du compagnon avec une de vos amies ? Sachez faire preuve de clairvoyance et de lucidité !

➢ **PROFESSIONNEL (*POUR*) :** vos démarches et contacts seront facilités. Les communications nombreuses : appels téléphoniques, courriers... apporteront de bonnes nouvelles.
– Si vous êtes à la recherche d'un emploi, prenez un maximum de contacts, provoquez les événements, faites preuve d'optimisme, la chance vous sourit actuellement !
– Aide possible d'une femme !

➢ **PROFESSIONNEL (*CONTRE*) :** vos démarches et projets pourraient se trouver contrariés !
– Méfiez-vous d'une opportunité trop alléchante, qui pourrait n'être que poudre aux yeux !

– On pourrait vous faire miroiter un poste intéressant, vous tenir en haleine, mais tout ceci ne serait qu'illusions !

– Il est possible également que vous fassiez preuve d'insouciance par rapport aux événements, que vous manquiez de discipline. Apprenez à vous fixer des objectifs et à les respecter !

– Méfiez-vous également d'une collègue de travail : commérages et bardages vont bon train et peuvent nuire à votre évolution !

➤ **MATÉRIEL (*POUR*)** : bien que vos finances semblent satisfaisantes, votre goût de luxe pourrait vous conduire à des dépenses inconsidérées ! Sachez freiner vos « appétits ». Vos excès dans ce domaine, pourraient donner quelques soucis. Bien que l'IMPÉRATRICE soit synonyme de chance et de satisfaction, modérez vos envies et ne vivez pas au-dessus de vos moyens !

➤ **MATÉRIEL (*CONTRE*)** : apprenez à vous priver ! Évitez en ce moment les dépenses futiles (séances d'épilation, de bronzage, coiffeur hebdomadaire...) Si vous ne maintenez pas une gestion stricte, vous courez à la catastrophe ! Restez loin des magasins de luxe et des lieux de mode tant que vos moyens ne vous le permettent pas ! Ne vivez pas au dessus de vos capacités financières !

➤ **SANTÉ (*POUR*)** : apprenez à gérer votre stress. Relaxez-vous davantage, le manque de sommeil, les soirées trépidantes, nuisent à votre santé. Le « burnout» vous guette !

➤ **SANTÉ (*CONTRE*)** : une grossesse difficile, une fausse couche possible...
Essayez de vous détendre, de vous reposer.
– Le surmenage vous menace ! Si vous n'y prenez pas garde, vous pourriez sombrer dans la dépression nerveuse.

# Pratique de la question précise «TIRAGE EN CROIX»
## 1ʳᵉ HYPOTHÈSE avec... en position *FAVORABLE* :

### ➢ Pour la question suivante : *(de Julien)*
« *Je suis veuf depuis 7 ans. J'ai fait une rencontre il y a 3 ans qui fut un échec total, bien que je crusse à cette nouvelle vie !
Qu'en sera-t-il de mon avenir affectif?* »

### Soit :
*L'IMPÉRATRICE (3)* + LE CHARIOT (7)
+ LA FORCE (11) + LA JUSTICE (8)
= 3 + 7 + 11 + 8 = 29 = 2 + 9 = **11**
donc : 29 - 11 = **9 (L'HERMITE)**

☞ **SUGGESTION DE RÉPONSE**

➢ **1/ L'IMPÉRATRICE (3) en position *favorable* :**
– Confirme que vous êtes de nouveau décidé à faire des rencontres, que vous savez vous mettre en valeur... Elle peut représenter également une femme qui vous aurait été présentée récemment.

➢ **2/ LE CHARIOT (7) en position défavorable :**
– Vous impose de contrôler vos émotions. Ne soyez pas trop impulsif. Par ailleurs, un accident vous obsède !
– Votre épouse en aurait-elle été victime ?
– En étiez-vous responsable ?

➢ **3/ LA FORCE (11) en $3^e$ position :**
– Vous demande de reprendre confiance en l'avenir, de maîtriser vos impulsions.
– LA FORCE représente également une femme au tempérament énergique, qui saura certainement s'adapter au vôtre, voire vous dominer !

➢ **4/ LA JUSTICE (8) en $1^{re}$ réponse :**
– Semble confirmer un nouvel équilibre apporté par une femme au caractère fort, mais juste et honnête.

➢ **5/ L'HERMITE (9) *en réponse définitive* :**
– Vous conseille de faire le point sur vous-même et annonce une période de solitude salutaire. Vous devez accepter votre veuvage et ne pas vous sentir coupable ; et sans doute que lors du second échec, vous y aviez une grande part de responsabilités. Vous devez apprendre à vous auto-analyser et à vous contrôler.
– Soyez patient, cette lente évolution vous permettra d'aboutir vers une histoire stable et durable.

## 2ᵉ HYPOTHÈSE avec... en position *DÉFAVORABLE* :

> **Pour la question suivante :** *(de Théo)*

*«Mon employeur au bord de la retraite, m'a informé que l'entreprise sera rachetée par une société étrangère, et que mon contrat risque de ne pas être renouvelé !*
*- Qu'en sera-t-il exactement de mon emploi?»*

**Soit :**
LE MAT (0) + *L'IMPÉRATRICE (3)*
+ L'HERMITE (9) + LA FAUX (13)
= 0 + 3 + 9 + 13 = 25 = 2 + 5 = __7__

## ☞ SUGGESTION DE RÉPONSE

### ➢ 1/ LE MAT (0) en position favorable :
– Souligne l'importance du changement. La rupture du contrat est bien là ! Mais voyez l'aspect positif de la situation. Ne restez pas passif, osez prendre les initiatives. Il faut savoir quelquefois repartir de zéro !

### ➢ 2/ L'IMPÉRATRICE (3) en position *défavorable* :
– Attire votre attention sur une personne (féminine) peu honnête dans votre entourage professionnel. Il est possible que le rachat se fasse par une femme ; cette dernière pourrait vous faire des promesses d'embauche qui ne seraient qu'illusoires !

### ➢ 3/ L'HERMITE (9) en $3^e$ position,
– Vous conseille la prudence et la réflexion. Devant toute proposition alléchante, restez les pieds sur terre. Méfiez-vous également d'une personne qui gravite dans votre entourage professionnel !

### ➢ 4/ LA FAUX (13) en $1^{re}$ réponse :
– Non seulement confirme la rupture de contrat, mais annonce également un remaniement radical dans l'entreprise. Il semblerait que votre temps dans cette société soit arrivé à son terme.
– Vous aussi, vous devez effectuer ce changement, annoncé par le MAT.

### ➢ 5/ LE CHARIOT (7) *en réponse définitive :*
– Insiste sur le fait de faire bouger les choses rapidement ! Vous bénéficiez actuellement d'un courant cosmique très favorable. Voyez ce bouleversement comme un signe du destin, vous obligeant ainsi à vous battre. Allez de l'avant, vos efforts porteront leurs fruits et vous finirez par obtenir un poste en fonction de vos compétences.

*UN HOMME BARBU, D'ÂGE MÛR, AU VISAGE AUSTÈRE,*
*TENANT DANS SA MAIN DROITE UN SCEPTRE,*
*ET DANS SA MAIN GAUCHE,*
*UN GLOBE SURMONTER D'UNE CROIX.*
*IL EST ASSIS DANS UN FAUTEUIL*
*SUR LEQUEL APPARAIT UN AIGLE.*

L'EMPEREUR 4$^e$ lame du TAROT,
incarne un personnage influent bénéfique.
Comme le HAUT GRADE qui fait peser son autorité
sur l'unité qu'on lui a confiée, dans le but de gagner la guerre,
Il donne l'image du conquérant qui a accompli sa mission.
L'EMPEREUR, avec la dureté apparente de son visage,
est le protecteur rigide qui nous contraint à agir, à réagir.
L'EMPEREUR est prêt à la concrétisation des actes et des projets.

## LES CARACTÉRISTIQUES DE L'EMPEREUR (4)

### ➢ L'EMPEREUR (4) c'est : *LE POUVOIR - LA RÉALISATION*

*Il correspond :*
– au signe du SAGITTAIRE
– à l'élément FEU
– à la planète JUPITER
– au JEUDI
– au mois de NOVEMBRE (fin)
– à L'AUTOMNE

*Le CHIFFRE 4 confirme l'accomplissement, la discipline, l'élaboration.*

➢ L'EMPEREUR annonce de bonnes nouvelles,
offre la garantie d'un appui masculin,
donne la force de caractère et affirme la personnalité.

➢ L'EMPEREUR symbolise le père, l'autorité, la force intérieure,
la loi, la sûreté de jugement.
Il annonce également que vous ne devez votre réussite
qu'à vos propres efforts,
et qu'à votre long travail sur vous-même.

➢ Cette lame, sous l'influence de JUPITER, planète d'expansion,
d'affirmation et d'épanouissement, peut symboliser la CHANCE,
l'optimisme ainsi qu'un bon équilibre social.

### CE QU'IL FAUT EN RETENIR :
*S'affirmer - maintenir ses efforts - rester souple -* **COMBATTRE !**

➤ *Sur LES PLANS suivants : L'EMPEREUR (4) est :*
– **SENTIMENTS :** *très propice*
– **BIENS/FINANCES :** *propice*
– **TRAVAIL :** *excellent*
– **ÉTUDES :** *propice*
– **SANTÉ :** *protégée*
– **VIE INTÉRIEURE :** *propice*

➤ **MOTS CLÉS *(au positif)* :** *peut représenter :* un homme entre 25 et 50 ans - un frère - un mari - un amant - un fonctionnaire - un homme du gouvernement - d'affaires - un chef d'entreprise…
Ainsi que : chance - force intérieure - loi - puissance – optimisme - bonne nouvelle - concrétisation - confiance en soi - stabilité - ordre et organisation - pouvoir - homme important - protecteur influant...

➤ **MOTS CLÉS *(au négatif)* :** *peut représenter :* un mari brutal - un père dur - un tyran - un ennemi puissant - un dictateur - un syndic - un huissier peu scrupuleux...
Ainsi que : abus de pouvoir - faiblesse - licenciement - manque de volonté - brutalité masculine - instabilité - intolérance - mauvaise nouvelle - inaptitude professionnelle - despotisme...

➤ *Une situation :* stable et solide ! Mais, ne jamais relâcher ses efforts ni son contrôle.
*En négatif :* adversité farouche !

➤ *Un lieu :* une capitale - une propriété - une forteresse - une mairie - un patrimoine - une montagne - un volcan...

➤ *Une profession :* sculpteur - banquier - architecte - géomètre - magistrat - haut fonctionnaire - administrateur - voyageur - médecin spécialisé dans les artères - juge...

➤ *Maladie de prédisposition :* se méfier d'une bonne table ! - hypertension - cholestérol - problèmes d'artères - embonpoint…

## ☞ *INTERPRÉTATION DE LA LAME*
## «TIRAGE EN CROIX»

### ➢ Position 1 : L'EMPEREUR (4)
### EN *POUR : MAITRISE DE SOI & DROITURE.*

– Vous êtes une personne ambitieuse qui va au bout de ce qu'elle entreprend. Vous maîtrisez parfaitement la situation. Réalisme et ténacité sont pour vous, 2 qualités à exploiter. Vous pouvez concrétiser vos projets les plus complexes.

### ➢ Position 2 : L'EMPEREUR (4)
### a) EN *CONTRE : FAIRE PREUVE DE PLUS DE SOUPLESSE.*

– Vous manquez d'une certaine souplesse ! Habituez-vous à faire des compromis ! Mettez de l'eau dans votre vin si vous ne voulez pas créer des conflits inutiles qui pourraient se retourner contre vous !

– Apprenez à tenir compte de la sensibilité de votre entourage, que vous pouvez déstabiliser par une attitude trop autoritaire.

### *b) LES DÉFIS : SE DÉBARRASSER D'UNE ÉVENTUELLE INQUIÉTUDE*

– Il se peut que vous deviez faire face à un partenaire ou adversaire hostile, grincheux ou indifférent. Imposez-vous, mais avec diplomatie.

– Ayez un comportement ferme et volontaire sans pour autant tomber dans la tyrannie.

### ➢ Position 3 : L'EMPEREUR (4)
### a) *FAIRE, CHANGER : IMPOSER SES COMPÉTENCES et RESTER FERMETÉ.*

– Optez pour une conduite ferme et solide ; montrez à votre entourage la confiance que vous avez en vos capacités, en votre projet. Vous devez vous préparer à la victoire et non à la défaite !

– Soyez responsable et combattant·e.

### b) *AIDES EXTÉRIEURES : AIDE EFFICACE & SÉCURISANTE.*

– Vous pourrez compter sur un protecteur influent. Un membre de vos fréquentations, bien intentionné à votre égard, vous viendra en aide prochainement.

– Une opportunité va vous être proposée ! Saisissez votre chance !

➤ **Position 4 :** L'EMPEREUR (4)
1ʳᵉ RÉPONSE <u>*à la question :*</u> *DES APPUIS EXTÉRIEURS.*

– Promet le succès de vos entreprises. Il confirme également que vous pourrez compter sur des appuis extérieurs.

– Il annonce qu'une personne bienveillante de l'entourage, apportera son aide si besoin est.

– Comme avec l'IMPÉRATRICE, même si les cartes qui l'entourent sont négatives, l'EMPEREUR neutralise la négativité, et augure une chance inespérée.

– Gardez une attitude rigoureuse et responsable ; regardez l'avenir avec sérénité.

– Vous récolterez le bénéfice de vos efforts.

➤ **Position 5 :** L'EMPEREUR (4)
<u>*RÉPONSE définitive à la question*</u> *: CONCRÉTISEZ !*

– Vous détenez la réussite et l'accomplissement de votre projet. Vous avez semé les bonnes graines qui donneront les bons fruits.

– Vous êtes perçu·e comme une personne stable, bienveillante et sûre d'elle sans pour autant prendre la grosse tête. Vous pouvez regarder l'avenir avec sérénité.

> ➤ *L'EMPEREUR (4) dans cette position,*
> *n'est qu'un coup de pouce du destin, un tremplin.*
> *Rien n'est acquit, il faudra tout faire pour maintenir le cap !*

### ☞ SUGGESTION D'interprétation

➢ **À LA COUPE :** *l'appui d'un personnage influent et particulièrement haut placé vous sera accordé. Soyez sûr·e de vous : AFFIRMEZ-VOUS !*

## En POUR et en CONTRE

➢ **AFFECTIF (*POUR*) :** vous pouvez avoir confiance dans votre relation. Elle est stable et équilibrée, même si vous (*ou si votre compagnon*) apparaissez un peu austère, froid·e, votre sincérité n'est pas moindre. Attention toutefois que votre rôle de protecteur.trice ne tourne pas à la tyrannie.
– Les amitiés sont solides, sécurisantes et présentes….

➢ **AFFECTIF (*CONTRE*) :** vous devez apprendre à faire preuve de plus de souplesse par rapport à votre entourage et à votre famille. Soyez moins autoritaire si vous désirez maintenir un équilibre harmonieux.
– Pour UN HOMME : Il se peut que vous ayez un rival puissant !
– Pour UNE FEMME : Ouvrez les yeux ! Cet homme est-il vraiment celui qu'il suppose être ?
– Les oppositions seront rudes et tenaces, vous devez vous imposer sans vous entêter. Sachez faire preuve de diplomatie.

➢ **PROFESSIONNEL (*POUR*) :** une opportunité vous sera proposée. Les chances sont de votre côté pour concrétiser les projets. Vous pourrez compter sur l'influence d'un personnage haut placé.
– Votre volonté et ténacité vous mèneront vers la réussite. En optant pour une attitude ferme, vous saurez surmonter les obstacles.

➢ **PROFESSIONNEL (*CONTRE*) :** soyez vigilant·e dans vos démarches et faites preuve de diplomatie tout en restant sur vos positions. Apprenez *«à mettre de l'eau dans votre vin»*.
– Méfiez-vous d'un homme de votre entourage professionnel (*supérieur sans doute*) qui pourrait devenir tyrannique et abuser de son pouvoir.

– Les obstacles seront difficiles à surmonter, et vous demanderont une bonne dose de courage.
– Attention à un risque de licenciement ou de faillite.

➤ **MATÉRIEL (*POUR*)** : le sens des affaires et des bons placements vous est acquis. Vous savez faire fructifier vos biens et maintenez une gestion rigoureuse et saine.
– Vous pouvez être rassuré·e sur l'avenir, votre sécurité matérielle s'annonce de façon certaine.

➤ **MATÉRIEL (*CONTRE*)** : ne comptez pas sur la bienveillance de votre banquier ! Au contraire, essayez de maintenir vos comptes en positif, sinon, vous aurez affaire à un intransigeant qui ne vous autorisera aucun découvert, vous voilà prévenu·e.
– L'avenir financier est incertain : perte de salaire, dépôt de bilan, passe difficile que vous saurez dominer si vous savez vous montrer vigilant·e.

➤ **SANTÉ (*POUR*)** : attention à votre alimentation un peu trop riche ! Vous prenez facilement du poids et il est toujours difficile de le reperdre. De plus, la tension artérielle pourrait être trop élevée. A surveiller !

➤ **SANTÉ (*CONTRE*)** : trouvez la volonté d'entamer un régime sinon vous risquez de sérieux problèmes de tout votre métabolisme. Ne prenez pas les petits malaises à la légère ! Consultez votre médecin, car une crise cardiaque, paralysie... liée à une poussée de tension artérielle pourrait vous surprendre. Apprenez à dominer vos émotions et vos pulsations. Un bon équilibre INTÉRIEUR entraîne un bon équilibre EXTÉRIEUR !

## Pratique de la question précise «TIRAGE EN CROIX»
### 1ʳᵉ HYPOTHÈSE avec... en position *FAVORABLE* :

### ➢ Pour la question suivante : *(d'Aline)*
*«Je vis depuis 5 ans avec un homme que je croyais sincère,*
*mais je pense qu'il me trompe !*
*Il n'arrête pas de faire du charme à mes amies, et quand nous sommes seuls, il est froid et distant. J'ai besoin de tendresse et d'amour...*
*Cette situation va-t-elle s'améliorer?»*

### Soit :
*L'EMPEREUR (4)* + LA MAISON DIEU (16)
+ LA JUSTICE (8) + LE PENDU (12)
= **4** + 16 + 8 + 12 = 40 = **4**
= 40 - 4 = 36 = 3 + 6 = **9 (L'HERMITE)**

### ☞ SUGGESTION DE RÉPONSE

#### ➢ 1/ L'EMPEREUR (4) *en* position *favorable :*
– Représente votre droiture, votre loyauté par rapport à votre conjoint, mais aussi votre autorité et votre besoin de domination. L'EMPEREUR pourrait également représenter votre compagnon comme un homme loyal et sincère, mais les lames suivantes confirment votre intuition.

#### ➢ 2/ LA MAISON - DIEU (16) en position défavorable :
– Indique l'effondrement de votre relation. Votre partenaire n'est pas amoureux et une période difficile s'annonce.

#### ➢ 3/ LA JUSTICE (8) en $3^e$ position :
– Vous conseille la prudence par rapport à une personne de votre entourage. On vous dupe, on abuse de votre confiance, on profite de vous !

#### ➢ 4/ LE PENDU (12) en $1^{re}$ réponse :
– Confirme une situation ou l'amour n'est pas partagé. Vous devez réagir et ne plus subir les humiliations de votre compagnon. Ne sacrifiez pas votre vie pour un homme qui n'en vaut pas la peine.

#### ➢ 5/ L'HERMITE (9) en *réponse définitive :*
– Réaffirme votre besoin de vous retrouver seule, de prendre du recul. Parfois, il vaut mieux rester seul·e que mal accompagné·e. Méditez sur cet échec, mais ne vous repliez pas autant sur vous-même !

– Le temps travaille pour vous ! D'autres occasions ne manqueront pas de se présenter, soyez patiente.

## 2ᵉ HYPOTHÈSE avec... en position *DÉFAVORABLE* :

➢ **Pour la question suivante** : *(de Joséphine)*
*«J'ai 20 ans et je suis célibataire.*
*J'ai rencontré voici 2 mois un homme marié, âgé de 25 ans.*
*Nous avons une très forte attirance mutuelle.*
*Est-ce que cette aventure aura une suite durable?»*

**Soit :**
L'ÉTOILE (17) + **l'EMPEREUR (4)**
+ LE MONDE (21) + LE JUGEMENT (20)
= **LA JUSTICE (8)** EN SYNTHÈSE

### ☞ SUGGESTION DE RÉPONSE

#### ➤ 1/ L'ÉTOILE (17) en position favorable :
– Souligne votre état d'esprit positif et ouvert. Vous êtes rayonnante, très en beauté, sûre de votre charme, vous avez confiance en vous ! Vous êtes tombée sous le charme de cet homme et votre vœu est qu'il fasse le premier pas, vous n'avez aucun doute : il le fera !

#### ➤ 2/ L'EMPEREUR (4) en position *défavorable* :
– Représente un homme puissant, sûr de lui avec une situation solide et stable, certes ! Mais il est MARIE ! Cela mérite réflexion !
– L'EMPEREUR dans cette position vous invite à la méfiance : est-il vraiment celui qu'il paraît ?

#### ➤ 3/ LE MONDE (21) en 3$^e$ position :
– La carte la plus positive de tout le TAROT, semble vous apporter son soutien et vous promet une réalisation facile de tous vos projets amoureux. La relation devrait s'établir sans difficultés. Il est fort probable que votre aventure débouche sur une liaison. Si cet homme est un étranger, la liaison sera encore plus rapide.

#### ➤ 4/ LE JUGEMENT (20) en 1$^{re}$ réponse :
– Confirme des changements inattendus pour vous. Bons ou mauvais, vous les subirez !

#### ➤ 5/ LA JUSTICE (8) en *réponse définitive :*
– Est assez ambiguë. Elle annonce l'équilibre dans une nouvelle relation, mais également des situations illégales. N'oubliez pas qu'il est marié... C'est une aventure qui comporte des risques.

*UN VIEIL HOMME BARBU TENANT
DE SA MAIN DROITE UNE CROIX,
ET DE SA MAIN GAUCHE, BÉNISSANT
DEUX PETITS ENFANTS
SE TENANT À SES GENOUX.*

Le PAPE, 5ᵉ lame DU TAROT,
est l'arcane de la bonté, de la bienveillance
et de la Bénédiction.
Il est symbole d'instruction, de Justice,
de compétence et de rigueur.
Le PAPE n'impose aucune règle, n'oblige aucune action,
ne condamne aucun comportement…
Il se contente de conseiller, de veiller, de protéger…
Chaque être doit trouver son chemin, et ne pas perdre de vue
que chaque acte à ses conséquences !

## LES CARACTÉRISTIQUES DU PAPE (5)

> **LE PAPE (5)** *c'est* : **CONNAISSANCE & DROITURE**

*Il correspond :*
– Au signe du LION
– à l'élément FEU
– au SOLEIL
– Au DIMANCHE
– au mois d'AOÛT (début)
– à L'ÉTÉ

*Le nombre 5 signifie HARMONIE et ÉQUILIBRE*

> Le PAPE apporte bienveillance, générosité et spiritualité.
Il neutralise toutes les influences négatives,
nous protège et assure de l'Amour Divin.
> Le PAPE est le confident, la personne sur qui l'on peut compter,
à qui l'on peut se confier.
Il est le guide spirituel, le porte-parole bienveillant,
le médiateur qui sait aplanir les désaccords.
> Le PAPE suggère des endroits tel que :
L'UNIVERSITÉ, LES GRANDES ÉCOLES,
L'ÉGLISE, LE TEMPLE, LA SYNAGOGUE…
Il représente les enseignants et les enseignements.

> **CE QU'IL FAUT EN RETENIR** :
*Une personne bienveillante
auprès de laquelle vous pourrez trouve aide et protection.*
– ***Écoutez ses conseils avisés !***

➢ *Sur LES PLANS suivants* : **LE PAPE (5)** *est :*
 – **SENTIMENTS** : *propice*
 – **BIENS/FINANCES** : *peu propice*
 – **TRAVAIL** : *propice*
 – **ÉTUDES** : très *propice*
 – **SANTÉ** : *très propice*
 – **VIE INTÉRIEURE** : *excellent*

➢ **MOTS CLÉS** *(au positif)* : *peut représenter :* un enseignant - un prêtre - un religieux - un protecteur - un médecin - un juge - un avocat - un homme âgé, instruit aux idées larges…
Ainsi que : connaissance - bienveillance - indulgence - confiance en soi - sagesse - intuition profonde - stabilité professionnelle - sens moral - protection inattendue - livres - écrits - évolution - dialogue - tradition - aide - bons conseils - médiateur - guide spirituel…

➢ **MOTS CLÉS** *(au négatif)* : *peut représenter :* un prêtre pédophile - personne bigote - personnage influent aux croyances ténébreuses - homme aux idées arrêtées - gourou - magistrat douteux - extrémiste/intégriste…
Ainsi que : manque de foi - de confiance en soi - personnage aux croyances douteuses - intolérance - conformisme - gourou - fanatique - incertitude - fausse intuition - divorce - mésentente - rupture contrat

➢ *Une situation :* sérieuse - une mission - une œuvre - une vocation ... Il est temps d'assumer vos responsabilités.
➢ *En négatif :* une remise en question s'impose avant de continuer !

➢ *Un lieu :* une agence matrimoniale - un lieu de culte - une église - une salle de réunion diplomatique - une chapelle - une école - l'université...

➢ *Une profession :* cardiologue - professeur - missionnaire - enseignant - psychologue - juge - prêtre - cardinal - philosophe - moine - philosophe - évêque

➢ *Maladie de prédisposition :* le cœur et le dos peuvent être fragilisés. Toutefois, propice à la longévité.

☞ **INTERPRÉTATION DE LA LAME**
«TIRAGE EN CROIX»

➢ **Position 1 : LE PAPE (5)**
EN *POUR : votre TEMPÉRAMENT SEREIN & CONCILIANT.*
– Attire les vibrations positives qui vous protègent comme un bouclier de toutes les mauvaises influences de la vie ; Vous portez l'amour et la bienveillance, ce qui vous permet de réaliser vos vœux.
– Vous êtes en paix avec vous-même, et cette paix intérieure vous mène au succès.

➢ **Position 2 : LE PAPE (5)**
a) EN *CONTRE : SAVOIR TIRER PROFIT DE SES DÉFAUTS !*
– Vous êtes conscient·e de vos défauts, acceptez-les ! Faites preuve d'un peu plus d'autorité et moins de générosité, car dans cette position, LE PAPE n'est pas considéré comme une bonté mais comme une faiblesse !
b) LES *DÉFIS : une remise en QUESTION s'impose !*
– Vous ne possédez pas encore tout le savoir ! Ne niez pas cette évidence, et cherchez plutôt à vous élever intellectuellement comme spirituellement. Vous vous mettrez ainsi en harmonie avec votre entourage.

➢ **Position 3 : LE PAPE (5)**
a) *FAIRE, CHANGER : être BIENVEILLANT·E et DISCRÉT.E !*
– Prenez du recul par rapport aux événements, faites preuve de sagesse et de philosophie.
– Ne vous impliquez pas dans les conflits d'autrui ! Laissez faire et ne dites rien. C'est la meilleure façon de vous faire respecter.
b) *AIDES EXTÉRIEURES : PROTECTION DIVINE !*
– Vous pourrez compter sur de réelles Forces Cosmiques Bienveillantes !
– N'hésitez pas à faire appel à la prière ou la méditation !

➢ **Position 4 : LE PAPE (5)**
1ʳᵉ <u>*RÉPONSE à la question :*</u> *ÉCOUTEZ LES BONS CONSEILS.*
    – Vous est totalement bénéfique. LE PAPE promet le mariage aux amoureux, une naissance pour les couples désireux de fonder une famille, l'intervention d'un personnage influent dans la recherche d'un emploi, une aide financière...
    – Quelle que soit votre question, LE PAPE vous apportera son aide et son appui. Faites preuve de patience et de foi. Sachez vous entourer de personnes influentes et n'hésitez pas à suivre les bons conseils que l'on vous prodigue. Tous les aspects positifs sont réunis pour mener à la réussite, à la réalisation de votre vœu, de votre projet.

➢ **Position 5 : LE PAPE (5)**
<u>*RÉPONSE définitive à la question :*</u> *RÉJOUISSEZ-VOUS !*
    – Le succès arrive ! Signatures de contrats ou actes notariés (mariage - projet d'habitat - gain d'un procès - contrat pro...), gardez FOI et espoir, car le temps de la récolte est venu !

    ➢ **LE PAPE (5)** *dans cette position, donne sa bénédiction.*
*En gardant confiance et foi, vos vœux seront exaucés !*

☞ **SUGGESTION D'interprétation**

➢ **À LA COUPE :** *LE PAPE apaise vos inquiétudes et vous conseille de faire preuve de FOI et de BONTÉ !*

## En POUR et en CONTRE

➢ **AFFECTIF (*POUR*)** : vous dégagez une énergie bienveillante et apaisante. Vous distribuez l'amour avec générosité. Vous savez faire preuve d'altruisme et de compassion par rapport à votre entourage.
– En cas de brouilles familiales ou de soucis relationnels, une réconciliation s'annonce.
– Avec LE PAPE, les échanges sont sincères, marqués de tendresse et d'harmonie.
– Une rencontre bénéfique en vue d'union s'annonce pour les célibataires.
– Les enfants ne manqueront pas au foyer et seront choyés.

➢ **AFFECTIF (*CONTRE*)** : reconnaissez vos torts et soyez plus tolérant·e. Dans un couple, il faut savoir s'auto-analyser ! Vous aussi, avez votre part de responsabilités et d'erreurs; savoir les reconnaître est déjà un grand pas vers l'amélioration.
– Ne vous laissez pas influencer par une personne plus âgée que vous, mais faites davantage confiance à la vie !

➢ **PROFESSIONNEL (*POUR*)** : si vous êtes à la recherche d'un emploi, une embauche est possible grâce à l'influence bénéfique d'un membre de votre entourage.
– Si vous êtes dans l'enseignement ou en profession libérale, vous êtes tout particulièrement protégé·e.
– Le PAPE vous dote d'une bonne réputation. La confiance que l'on vous témoigne vous assure une bonne renommée.
– vous devez vous exprimer en public, vos talents d'orateur feront de vous une personne écoutée.
– Vous possédez également le sens des négociations et menez vos affaires en paix et sérénité.

➤ **PROFESSIONNEL (*CONTRE*)** : si vous êtes à la tête d'une entreprise, sachez faire preuve de plus d'autorité. La générosité et l'indulgence : oui, mais bien dosées !

– Imposez-vous davantage, sachez prendre les décisions qui s'imposent, vous ne serez que plus respecté·e.

➤ **MATÉRIEL (*POUR*)** : cette lame, plus spirituelle que matérielle ne vous protège pas, donc, veuillez à maintenir une bonne gestion si vous ne voulez pas avoir des tracasseries. Toutefois, en cas de gros pépins, vous pourrez toujours compter sur l'aide d'une personne de votre entourage, sans doute âgée. Sa générosité pourra vous permettre de rééquilibrer votre situation délicate.

➤ **MATÉRIEL (*CONTRE*)** : attention ! Votre bonté peut vous jouer des tours.

– Évitez de prêter de l'argent, sachez dire non car les promesses de remboursement risquent de ne pas toujours être tenues.

– Soyez également ferme envers vous-même, en ne dépensant pas plus que vous ne pouvez !

➤ **SANTÉ *(POUR)*** : si vous avez quelques soucis de santé, LE PAPE annonce la guérison.

– Il incarne la personne qui vous «aidera», qui apportera une solution.

– Il représente le médecin qui saura vous donner le traitement adapté.

➤ **SANTÉ (*CONTRE*)** : pas de préoccupation particulière.

– LE PAPE en cette position protège la santé. Quelques petits troubles, maux de tête, de dents, ou un peu de tension artérielle sans gravité.

– Par contre le désir de paternité ou maternité connaîtra quelques obstacles, car cette position ne lui est pas favorable.

## Pratique de la question précise «TIRAGE EN CROIX»
### 1<sup>re</sup> HYPOTHÈSE avec... en position *FAVORABLE* :

### ➤Pour la question suivante : *(d'Isabelle)*
*«J'ai écrit plusieurs manuscrits et j'ai envoyé les maquettes à 2 maisons d'éditions.
J'aimerais savoir si j'ai des chances d'être publiée?»*

### Soit :
### *LE PAPE (5)* + L'IMPÉRATRICE (3)
### + LE JUGEMENT (20) + LA MAISON DIEU (16)
### = **LA JUSTICE (8)**

## ☞ SUGGESTION DE RÉPONSE

### ➢ 1/ LE PAPE (5) en position *favorable* :
– Dénote vos dons pour l'écriture. Il vous conseille également d'analyser la situation, de rester réaliste tout en gardant confiance en vos possibilités qui sont réelles.

### ➢ 2/ L'IMPÉRATRICE (3) en position défavorable :
– Souligne votre audace et l'abondance de vos idées, mais indique également une erreur commise.

### ➢ 3/ LE JUGEMENT (20) en 3ᵉ position :
– Vous conseille d'être plus objective. Le jugement peut être sévère à votre égard. Vous n'êtes pas à l'abri d'une désillusion.

### ➢ 4/ LA MAISON DIEU (16) en 1ʳᵉ réponse :
– Confirme l'effondrement de vos espoirs. Même si LE PAPE annonce le soutien d'un personnage bienveillant, vos manuscrits rencontrent également beaucoup trop d'hostilités qui leurs seront fatales...

### ➢ 5/ LA JUSTICE (8) *en réponse définitive :*
– Vous contraint à accepter la décision et vous conseille de regarder la vérité en face. Votre projet manquait encore d'objectivité. Vous avez de réelles capacités, toutefois, demandez conseil auprès de personnes compétentes et faites preuve de patience. Vous pourrez retenter votre chance dans quelque temps, après avoir apporté certaines modifications.

## 2ᵉ HYPOTHÈSE avec... en position *DÉFAVORABLE* :

➢ **Pour la question suivante** : *(de JUSTINE)*
– «*Ma belle-fille âgée de 13 ans, a vécu une enfance difficile dans un foyer ou les parents se disputaient constamment. Depuis qu'elle vit avec son père et moi, elle est agressive avec son entourage, n'a pas d'amis et souffre depuis quelques mois de boulimie. Je ne suis pas sa mère et elle me le fait souvent remarquer.*
– *Comment dois-je agir avec cette adolescente?*»

**Soit :**
LA MAISON DIEU (16) + ***LE PAPE (5)***
+ LE SOLEIL (19) + LA PAPESSE (2)
= **L'AMOUREUX (6)** (comme pour la LUNE (18)
Une «*levée de doutes* » est demandée en tirant une autre lame…
dans ce cas : **L'EMPEREUR (4)**

   *Levée de doutes*
➢

☞ **SUGGESTION DE RÉPONSE**

### ➢ 1/ LA MAISON DIEU (16) en position favorable :
– souligne la situation douloureuse vécue au foyer par votre belle-fille. L'effondrement de sa vie familiale fut un choc important, entraînant un problème de santé.

### ➢ 2/ LE PAPE (5) en position *défavorable* :
– Indique une rancœur, défaut de tendresse paternelle. Aurait-elle manqué de conseils au moment ou elle en avait le plus besoin ? Par ailleurs, LE PAPE dans cette position confirme la dysharmonie avec ses camarades de classe.

### ➢ 3/ LE SOLEIL (19) en $3^e$ position :
– Montre l'attitude hautaine de votre belle-fille par rapport à ses camarades et vous-même. Elle donne l'impression que rien ni personne ne peut l'atteindre !

### ➢ 4/ LA PAPESSE (2) en $1^{re}$ réponse :
– …certainement sa mère*. Femme qui semble rester dans l'ombre de sa fille. Cependant, elle a un grand rôle à jouer pour l'aider. Elle doit reprendre le dialogue avec cette dernière, qui est à un cap de l'existence où l'on a besoin de se confier ! (*ou psychologue !).

### ➢ 5/ L'AMOUREUX (6) *en réponse définitive :*
– valide bien entre autre, le problème de poids de votre belle-fille ; vous montre comme une personne hésitante, qui ne sait pas réellement s'imposer dans la vie. Vous devez réagir, peut-être prendre contact avec la maman en lui parlant de la situation, mais également conseiller une thérapie à votre belle-fille.

### ➢ 6/ L'EMPEREUR (4) *en complément (levée de doutes).*
– Lame de protection annonçant l'issue positive de cette situation. L'EMPEREUR représente également votre mari, le papa, qui a aussi un rôle à jouer ! Les parents doivent faire comprendre à leur fille que, s'ils se sont séparés, elle n'en était pas la cause, et que leur amour pour elle n'a pas changé. Elle doit admettre le remariage de son père et vous considérer comme une amie et non le contraire.

– Par ailleurs, l'EMPEREUR annonce la maturité de cette jeune fille et son équilibre psychologique.

EN FONCTION

DE CE QUE

VOUS AVEZ DÉJÀ APPRIS

AVEC

CE CHAPITRE

FAITES LES EXERCICES SUIVANTS

CORRESPONDANTS

AU

**DEVOIR N°2**

# DEVOIR N°2

ೠೞ

> Quelle interprétation allez-vous donner à ce genre de QUESTIONS ? (*)
Nota :
> Vous n'interprétez **que** les **LAMES SOULIGNÉES**
*Elles sont inscrites dans l'ordre d'un tirage ;*

a) indiquez la **position de chacune**…
b) donnez **la signification** de la LAME (soulignée)…
c) quelle sera la synthèse ? (**Détaillez le calcul (UNIQUEMENT)**…

> (*) 1ʳᵉ QUESTION / 1ᵉʳ TIRAGE

«*J'ai actuellement un problème avec une assurance, le litige va-t-il s'arranger?*»

**Pour des lames tirées dans l'ordre :**
**Le bateleur (1)** - le Diable (15) - la Justice (8) - le Chariot (7)
*en position 5 ?* =

> (*) 2ᵉᵐᵉ QUESTION / 2ᵉᵐᵉ TIRAGE

«*Je vis une relation amoureuse avec Stéphane. Est-il sincère?*»

Le soleil (19) - **le Bateleur (1)** - le Chariot (7) - le Pendu (12)
*en 5 ?* =

➢ **3ᵉ QUESTION :**

citer au moins 3 MOTS CLÉS *(non cités dans les cours et qui ont selon vous, un lien avec la lame !)*

➢ **Concernant LE BATELEUR (1) :**

**AU POSITIF :**
☞

**AU NÉGATIF :**
☞

Citer AU MOINS 3 lieux*:
☞

Citer AU MOINS 3 objets*:
☞


➢ **Concernant LA PAPESSE 2 :**

**AU POSITIF :**
☞

**AU NÉGATIF :**
☞

Citer AU MOINS 3 lieux*:
☞

Citer AU MOINS 3 objets*:
☞


➢ **Concernant L'IMPÉRATRICE 3 :**

**AU POSITIF :**
☞

**AU NÉGATIF :**
☞

Citer AU MOINS 3 lieux*:
☞

Citer AU MOINS 3 objets*:
☞

➢ **Concernant L'EMPEREUR 4 :**

**AU POSITIF :**
☞

**AU NÉGATIF :**
☞

Citer AU MOINS 3 lieux*:
☞

Citer AU MOINS 3 objets*:
☞

➢ **Concernant LE PAPE 5 :**

**AU POSITIF :**
☞

**AU NÉGATIF :**
☞

Citer AU MOINS 3 lieux*:
☞

Citer AU MOINS 3 objets*:
☞

>

Essayez d'établir :
a) une **interprétation de chacune** des lames citées en fonction de leur **POSITION** et de la question posée (ou des données)

b) qu'elle serait votre première **CONCLUSION** ?

**A/** *Une jeune fille a rencontré un homme beaucoup plus âgé qu'elle et vit une relation amoureuse, mais elle ne sait rien de lui (marié, célibataire, veuf...?)*

a) <u>**LA PAPESSE (2) sort en *POSITION 2* :**</u>

b) **vous en concluez que :**

**B/** *Marc, un homme d'une quarantaine d'années, est actuellement au chômage. Va-t-il trouver un emploi rapidement ?*

a) <u>Quelle réponse apporterait l'IMPÉRATRICE *en position 4*</u>

b) **vous en concluez que :**

**C/** Un homme, 60 ans environ pose la question suivante :
*« Mon fils de 30 ans à des rapports très conflictuels avec moi. Est-ce que notre relation va s'améliorer?»*

a) <u>L'EMPEREUR (4) sort *en POSITION 2 :*</u>

b) **vous en concluez que :**

> **5ème QUESTION :**

Essayez de donner une réponse à cette question :
(En fonction des <u>lames supposées être</u> tirées ci-après)
*«Vais-je rétablir ma situation financière?»*
**Faites *«parler»* les lames.**

☞ **En 1 :** L'IMPÉRATRICE (3)

☞ **En 2 :** L'EMPEREUR (4)

☞ **En 3 :** LE BATELEUR (1)

☞ **En 4 :** LA PAPESSE (2)

<u>*Ne donnez pas de synthèse.*</u>

> **QUESTION 6 :**

## Voici une liste de SIGNES PATHOLOGIQUES :
**Attribuez à CHACUN la lame correspondant en indiquant le N°…**

(1) pour le Bateleur - (2) pour la Papesse
- (3) pour l'Impératrice - (4) pour l'Empereur - (5) pour le Pape

<u>Exemple :</u>
– **rancune = 2**
– **autoritarisme = 4**
– **créativité intense = 3**

– Aime les distinctions - se faire remarquer =
– Caractère adaptable =
– Insouciant·e =
– Possède une grande force de caractère =
– Humeur changeante =
– Une tension nerveuse peut provoquer des maux de tête intenses =
– Aime les situations d'opposition =
– Un moulin à paroles =
– Esprit d'initiative =
– La patience n'est pas son fort =
– Les études et la littérature sont son domaine =
– Ne change pas d'avis =
– Fait constamment des projets =
– Don de « double vue » =
– Prends son temps =
– S'énerve facilement =
– Grande compréhension et diplomatie =

<u>*(Concerne uniquement les lames de ce chapitre N°2*</u>
<u>*soit celles de 1 à 5)*</u>

## Corrections en fin de livre…

# CHAPITRE 3

## <u>LES ARCANES MAJEURS</u>

&

Leurs interprétations

**6 - L'AMOUREUX
7 - LE CHARIOT
8 - LA JUSTICE
9 - L'HERMITE
10 - LA ROUE DE FORTUNE**

*UN HOMME JEUNE, SEMBLANT TIRAILLÉ
ENTRE DEUX FEMMES.
L'UNE BLONDE, L'AUTRE BRUNE.
AU-DESSUS DE LUI, CUPIDON, L'ANGE DE L'AMOUR
EST PRÊT À DÉCOCHER SA FLÈCHE !*

L'AMOUREUX 6ème lame du TAROT,
représente ici l'être HUMAIN
qui se laisse tenter par les bonnes choses de l'existence !
Plaisir de la vie sous toutes ses formes !
*(Luxe - sexualité - gourmandise - honneurs…)*

*L'AMOUREUX, c'est le disciple en présence de 2 voies :*

**L'UNE** : Le SAVOIR et la SPIRITUALITÉ,
avec le renoncement, l'humilité et la tâche de surmonter les épreuves
que lui impose la VIE !

**L'AUTRE** : L'IGNORANCE - L'INCRÉDULITÉ
la légèreté, la simplicité d'une vie facile, sans obligations,
Une vie dans l'insouciance, le laisser-aller… !

# LES CARACTÉRISTIQUES DE L'AMOUREUX (6)

➢ **L'AMOUREUX (6)** *C'est : l'obligation de FAIRE UN CHOIX !*

<u>*Il correspond :*</u>
- Aux signes du TAUREAU et GÉMEAUX
- aux éléments TERRE et AIR
- Aux planètes VÉNUS et MERCURE
- au VENDREDI et MERCREDI
- Aux mois de MAI et JUIN - au PRINTEMPS…

*<u>Le nombre 6 représente un conflit entre le BIEN et le MAL.</u>*

➢ L'AMOUREUX (6) vous met à la croisée des chemins.
Quelle route prendre ? Quel choix faire ?
Il vous conseille de garder votre libre arbitre,
de prendre votre décision SEUL·E, sans vous laisser influencer !
➢ Avec VENUS, planète de L'AMOUR,
astre du bonheur, de la beauté et des plaisirs,
L'AMOUREUX supporte mal les restrictions,
les privations ainsi que les efforts constants.
Il incite plutôt à la facilité et à l'excès en toute chose !
➢ Avec MERCURE, planète de L'INTELLECT,
astre de la connaissance et du mental…
Il invite à la réflexion et à la décision.

➤ *Sur LES PLANS suivants :* **L'AMOUREUX (6)** *est :*
 – **SENTIMENTS :** *faible*
 – **BIENS/FINANCES :** *peu propice*
 – **TRAVAIL :** *peu propice*
 – **ÉTUDES :** *peu propice*
 – **SANTÉ :** *faible*
 – **VIE INTÉRIEURE :** *faible*

➤ **MOTS CLÉS (au positif) :** *Il peut représenter :* un amoureux - un artiste - un parent - un employé - un amant - un apprenti - un enfant - un adolescent...
Ainsi que : choix difficile - amour sincère - un accord - un examen réussi - une union - un mariage - indécision - engagement - rencontre affective déterminante pour l'avenir - deux possibilités - dévouement.

➤ **MOTS CLÉS (au négatif) :** *Il peut représenter :* un faible - un indécis - un menteur - un délinquant - un fainéant...
Ainsi que : infidélité - stérilité - chagrin d'amour - situation confuse - inconstance - duplicité - hésitation - frivolité - personnalité double - manque d'ambition - doutes constants.

➤ *Un lieu :* carrefour - croisée des chemins - frontière - pont - lieu de rencontre...

➤ *Une profession :* les métiers en rapport avec l'esthétique - beauté - décoration - nourriture - top modèle - parfumeur - coiffeur mode - cuisinier...

➤ *Une situation :* des décisions s'imposent pour son l'évolution !
➤ *Au négatif :* incapacité de prendre une décision et se met en victime !

➤ *Maladie de prédisposition :* thyroïdite - gorge fragilisée - ainsi que les reins - pancréas - foie - diabète - albumine - embonpoint

➤ **CE QU'IL FAUT EN RETENIR :**
*Garder son libre arbitre - réfléchir - faire le bon choix et...*
***SE DÉCIDER !***

## ☞ INTERPRÉTATION DE LA LAME
### «TIRAGE EN CROIX»

### ➢ Position 1 : L'AMOUREUX (6)
#### EN *POUR : ANALYSER LES PROJETS et TRANCHER !*

– Indique que vous êtes en période décisive pour votre avenir ! Vous mordez la vie à pleines dents. Vous êtes enthousiasme, et plein·e de charme. Vous adorez être entouré·e et admiré·e. VÉNUS, Planète de l'amour et de la chance vous guide, saisissez cette opportunité et faites vos choix !

### ➢ Position 2 : L'AMOUREUX (6)
#### a) EN *CONTRE : SE DÉCIDER !*

– Vous vous posez trop de questions, et cette hésitation vous empêche de réussir !

– Décidez-vous ! Soyez plus déterminé·e, car en restant passif(ve), vous ne faites que repousser les échéances, et tôt ou tard, il faudra bien la prendre, cette décision !

#### *b) LES DÉFIS : le moment est venu de faire un CHOIX !*

– Vous êtes à la croisée de chemins ; vous devez faire face à un choix douloureux, une décision épineuse. Quel que soit le cas, quelqu'un devra en souffrir ! Vous ne pouvez pas courir deux lièvres à la fois ! Il faut savoir renoncer à quelque chose ou à quelqu'un pour réunir toutes les chances de vie meilleure.

### ➢ Position 3 : L'AMOUREUX (6) :
#### a) *FAIRE, CHANGER : AVOIR CONFIANCE EN SOI !*

– Gardez votre libre arbitre et n'attendez pas que l'on décide pour vous ! Écoutez votre intime conviction, votre petite voix intérieure, votre intuition et reprenez les rênes de votre existence, sinon la vie se chargera de décider pour vous et vous n'aurez plus qu'à accepter le résultat : BON ou MAUVAIS !

#### *b) AIDES EXTÉRIEURES : NE COMPTER QUE SUR SOI*

– N'attendez pas d'aide extérieure qui ne viendra pas ! Même si vous êtes très entouré·e, on promet puis on oublie ! Vous devez faire face seul·e aux circonstances !

– VOUS-MÊME pouvez vous sortir d'une situation délicate, restez indépendant·e et …DÉCIDEZ !

➢ **Position 4 : L'AMOUREUX (6)**
   **1ʳᵉ RÉPONSE** *à la question* **: *FAIRE LE BON CHOIX !***

– Vous ne pouvez suivre 2 routes différentes en même temps ! Même si les 2 possibilités qui s'offrent à vous sont tout autant intéressantes, l'une que l'autre, vous devez faire votre choix, prendre une décision. On ne peut accomplir 2 destins en même temps ! Soyez sincère envers vous-même, analysez les 2 alternatives, pesez le pour et le contre... Mais VOUS SEUL·E devez DÉCIDER !

➢ **Position 5 : L'AMOUREUX (6)**
   *RÉPONSE définitive à la question* **: *GARDER son LIBRE ARBITRE et… AGIR !***

– Une autre proposition vous sera faite et remettra en question votre souhait. Il y a (aura) double opportunité. Un événement que vous ne pouviez pas prévoir va se produire, et ce qui provoquera une indécision de votre part ! Vous devrez ou pourrez garder votre libre arbitre ;

**Prendre OU pas…** Mais vous seul·e pouvez agir !

➢ **L'AMOUREUX (6)** *dans cette position,*
*vous oblige à faire un choix !*
➢**Comme pour La LUNE (18)** *une levée de doutes* **est nécessaire.**

☞ **SUGGESTION D'interprétation**

➢ **À LA COUPE :** *fiez-vous à votre intuition.*
*Ne choisissez pas la facilité !...*
*Les difficultés sont profitables !*
*RÉFLÉCHISSEZ et DÉCIDEZ-VOUS !*

## En POUR et en CONTRE

➢ **AFFECTIF (*POUR*) :** l'amour, l'enthousiasme, la vie, vous sourient ! Profitez-en ! Mais ne vous laissez pas assaillir par le doute ! Croyez en votre chance du moment et décidez-vous ! Prenez vos engagements pour l'avenir...

➢ **AFFECTIF (*CONTRE*) :** doutes et incertitudes vous assaillent. Vous ne savez plus où vous en êtes dans votre relation. Vous remettez en question les liens existants. Votre cœur serait-il en *«balance»* entre 2 personnes ? Vous devez vous décider, sinon vous risquez de vous retrouver seul·e !

➢ **PROFESSIONNEL (*POUR*) :** bougez, réagissez, saisissez les opportunités si vous voulez voir évoluer votre situation ! Osez les initiatives risquées ! Ne comptez pas sur les autres !
– Il est temps de vous prendre en charge et d'aller de l'avant !
– Les métiers liés à l'esthétique, à la décoration, à la mode, mais aussi à l'alimentation… sont tout particulièrement favorisés.

➢ **PROFESSIONNEL (*CONTRE*) :** cessez de vous laisser marcher sur les pieds, réagissez et prenez les décisions qui s'imposent ! Votre faiblesse de caractère vous rend tributaire des autres. Vous devez apprendre à vous imposer fermement, prendre des initiatives, faire des choix et assurer les décisions qui s'imposent. Ne laissez personne décider pour vous !

➢ **MATÉRIEL (*POUR*) :** dur de maintenir l'équilibre financier, car les restrictions, les privations... très peu pour vous ! Et pourtant ! Si vous ne vous décidez pas à resserrer les cordes de votre bourse, vous risquez de vous retrouver dans une situation délicate ! Ne rêvez pas aux gains faciles (loto - tiercé...) redescendez sur terre, et essayez de réduire vos dépenses !

➢ **MATÉRIEL (*CONTRE*)** : RÉAGISSEZ avant que la situation ne devienne vraiment désastreuse ! Ne comptez pas sur les *«dons du ciel»* pour vous en sortir, mais refaites vos comptes et privez-vous un peu ! Et si besoin est, plutôt que de vous mettre *«la tête dans le sable»,* prenez rendez-vous avec votre banquier !

➢ **SANTÉ (*POUR*)** : surveillez votre alimentation, votre gourmandise vous jouera des tours et le surpoids, voire l'obésité sont à craindre.
– La gorge également est chez vous un organe sensible. Extinction de voix possible !

➢ **SANTÉ (*CONTRE*)** : la dépression nerveuse vous guette ! Menez une vie plus saine et plus équilibrée, sinon vous risquez des troubles sérieux !

# Pratique de la question précise «TIRAGE EN CROIX»
## 1ʳᵉ HYPOTHÈSE avec... en position *FAVORABLE* :

### ➢ Pour la question suivante : *(d'Ernest)*
*«Mon fils de 22 ans est sans emploi, avec un minimum de ressources et vit avec une personne plus âgée qui lui, qui ne m'inspire pas confiance. Que va-t-il devenir?»*

### Soit :
**L'AMOUREUX (6)** + LA PAPESSE (2)
+ LE PENDU (12) + L'IMPÉRATRICE (3)
= 6 + 2 + 12 + 3 = 23 = 2 + 3 = **5 (LE PAPE)**

## ☞ SUGGESTION DE RÉPONSE

### ➤ 1/ L'AMOUREUX (6) en position *favorable* :
– Représente effectivement votre fils comme un être faible, indécis, instable, jouissant de la vie mais ne prenant guère d'initiatives pour son avenir ! Il se laisse plutôt porter par les événements et reste tributaire des uns et des autres.

### ➤ 2/ LA PAPESSE (2) en position défavorable :
– Confirme bien une femme plus âgée que lui, qui lui est défavorable. Votre fils est manipulé ! Les intentions de cette personne sont douteuses, votre fils doit ouvrir les yeux !

### ➤ 3/ LE PENDU (12) en $3^e$ position :
– Montre bien la situation difficile dans laquelle votre fils se trouve. Il doit agir et réagir afin de sortir de cette histoire malsaine !

### ➤ 4 / L'IMPÉRATRICE (3) $1^{re}$ *réponse* :
– Transmet l'espoir en annonçant de bonnes nouvelles. Il se pourrait également qu'il rencontre une jeune femme qui lui redonne la motivation qui lui manque actuellement, et l'incite à se libérer de ses entraves.

### ➤ 5/ LE PAPE (5) *en réponse définitive* :
– Confirme la promesse faite par l'Impératrice en réponse 4. De plus, votre fils pourra compter sur le soutien d'un homme bienveillant, aux conseils sûrs (vous peut-être ?)

– Mais lui seul devra trouver la volonté de se tirer de cette impasse. Tout laisse croire que l'amour lui donnera des ailes, annoncé par L'IMPÉRATRICE)

## 2ᵉ HYPOTHÈSE avec… en position *DÉFAVORABLE* :

➢ **Pour la question suivante** : *(de Marie)*
«Rien ne va plus dans mon couple depuis 5 ans.
J'attends le mariage de ma fille qui aura lieu dans 6 mois
pour partir et demander le divorce.
J'espérais que ce soit mon mari qui s'en aille, mais il a changé d'avis.
Je voudrais connaître des jours meilleurs, mais j'ai peur de l'avenir !
Que me réserve-t-il?»

**Soit :**
LE PAPE (5) + **L'AMOUREUX (6)**
+ LE CHARIOT (7) + LE MONDE (21)
= 5 + 6 + 7 + 21 = 39 = 3 + 9 = **12 (LE PENDU)**

## ☞ SUGGESTION DE RÉPONSE

### ➤ 1/ LE PAPE (5) position favorable :

– Attire votre attention sur votre passivité ! Cessez de soupirer et de vous apitoyer sur votre sort ! Soyez plus déterminée et agissez maintenant !

### ➤ 2/ L'AMOUREUX (6) en position *défavorable* :

– Confirme votre hésitation. Le mariage de votre fille n'est-il qu'un prétexte pour repousser l'échéance du départ ? Apprenez à prendre vous-même les décisions !

– Si vous désirez connaître des jours meilleurs, prenez-vous en main. Vous devez faire un choix : continuer à vivre comme dans le passé, ou franchir une étape décisive pour votre avenir.

### ➤ 3/ LE CHARIOT (7) en 3$^e$ position :

– Vous conseille de maîtriser vos émotions. Engagez-vous dans la lutte, lancez-vous dans l'aventure, affirmez vos droits ! Le combat sera rude et inévitable, mais tel en est le prix à payer si vous voulez retrouver votre liberté.

### ➤ 4/ LE MONDE (21) 1$^{re}$ réponse :

– Lame très positive ! Vous redonne espoir et confiance en l'avenir ! Elle annonce le triomphe et couronne vos démarches de succès. Plus d'hésitation, agissez maintenant, soyez active et dynamique, vous sortirez victorieuse de cette épreuve.

### ➤ 5/ LE PENDU (12) *en réponse définitive :*

– Confirme qu'un changement irrémédiable s'annonce dans votre vie. Votre couple est bel et bien éteint !

– LE PENDU vous recommande toutefois de vous préparer à une période de restrictions, de sacrifices...

– Ne vous bercez pas d'illusions, vous devez vous adapter à votre nouvelle vie avant de connaître l'épanouissement tant attendu !

## *UN CHAR TIRÉ PAR DEUX CHEVAUX ;*
## *L'UN NOIR ET L'AUTRE BLANC.*
## *UN JEUNE HOMME TIENT LES RÊNES ;*

LE CHARIOT, $7^{ème}$ lame du TAROT,
Représente un jeune homme au caractère fort et dominateur.

Il tient solidement les rênes et guide avec fermeté
les chevaux qui représentent les Forces OPPOSÉES.
Il avance, coûte que coûte, en « *écrasant* » sur sa route les obstacles
qui peuvent se trouver sur son chemin.
Il avance en VAINQUEUR !

# LES CARACTÉRISTIQUES DU CHARIOT (7)

> **LE CHARIOT (7)** *c'est :* **VICTOIRE et TRIOMPHE sur les événements !**

*Il correspond* :
- Au signe du SAGITTAIRE - à l'élément FEU
- aux planètes JUPITER & MARS
- Au JEUDI - au mois de DÉCEMBRE à L'AUTOMNE (fin)…

*<u>LE CHIFFRE (7)</u> marque une transformation bénéfique.*

Chiffre SACRE de la Genèse ! L'accomplissement du $7^{ème}$ jour.
> LE CHARIOT annonce le succès mérité, la réussite inespérée...
L'aboutissement !
Il représente le courage et le sang-froid de l'être humain
face aux difficultés de l'existence,
et témoigne, avec JUPITER (*le Grand BÉNÉFIQUE*),
de la parfaite connexion avec les FORCES COSMIQUES.
> S'il représente un individu, celui-ci aime voyager,
va à la rencontre des autres…
– Il incarne une personne enthousiaste qui a le goût de la gloire,
et qui mettra tout en œuvre pour triompher...
> LE CHARIOT est également sous l'influence de la planète MARS,
qui lui donne l'impulsivité, la fougue, l'élan… nécessaires
à la réalisation de ses projets,
et lui procure l'énergie pour atteindre son but !

➢ *Sur LES PLANS suivants :* **LE CHARIOT (7)** *est :*
– **SENTIMENTS :** *faible*
– **BIENS/FINANCES :** *excellent*
– **TRAVAIL :** *excellent*
– **ÉTUDES :** *excellent*
– **SANTÉ :** *très encourageant*
– **VIE INTÉRIEURE :** *peu propice*

➢ **MOTS CLÉS** *(au positif)* : *Il peut représenter un :* voyageur - frère - amoureux sincère - patron - l'amant marié... AINSI QUE : succès et victoire sur les événements - grande confiance en soi - réussite - force de caractère - évolution - bonnes énergies - protection - indépendance - guérison - voyage - route - diplomatie - décision…

➢ **MOTS CLÉS** *(au négatif)* : *Il peut représenter :* un vaniteux - un incompétent - un inconscient - un imprudent... AINSI QUE : obstination aveugle - précipitation - excès de confiance en soi - caractère brutal - manque de volonté - d'élan - énergies dispersées - voyage reporté voire annulé - obstacles - doutes - impulsivité...

➢ *Un lieu :* les routes - les autoroutes - un circuit automobile - un champ de courses - un bal - une agence de voyage...

➢ *Une profession :* voyageur de commerce - entrepreneur de transports - militaire - ambassadeur - coureur automobile - garagiste avocat - professeur - navigateur - chauffeur de taxi - agent de voyage - cavalier - magistrat - missionnaire - bûcheron…

➢ *Une situation :* entreprise audacieuse et saine ! Continuez dans cette direction !
➢ *En négatif :* orgueil, échec, incompétence et vanité rendent la période difficile pour les affaires !

➢ *Maladie de prédisposition :* sciatique - troubles hépatiques et/ou voies respiratoires. Mais symbole de puissance physique et de longévité.

➢ **CE QU'IL FAUT EN RETENIR** :
*Avoir FOI et confiance en SOI pour triompher sur les événements !*
***VAINCRE !***

## ☞ *INTERPRÉTATION DE LA LAME*
### «TIRAGE EN CROIX»

➢ **Position 1 : LE CHARIOT (7)**
  **EN *POUR* : *ENTHOUSIASME & TÉNACITÉ* !**
  – Tel le jeune homme qui tient les rênes, vous savez tenir celles de votre destin ! Vous maîtrisez vos émotions (*représentées par les 2 chevaux*). Vous aimez relever les défis et n'éprouvez généralement que peu de doute tant qu'au succès de vos entreprises.
  – Votre très grande force de caractère, votre puissance et votre fougue, peuvent vous conduire au succès !

➢ **Position 2 : LE CHARIOT (7)**
  **a) EN *CONTRE* : *CONTRÔLE DE SOI AVANT TOUT* !**
  – Vous devez apprendre à dominer vos émotions et vos pulsions ! Trop de fougue et trop de passion peuvent nuire à la bonne marche du projet. Attention également à votre trop grande autorité et votre côté excentrique. Ces attitudes pourraient se retourner contre vous. Vous avez tendance à vous imposer à tout prix, votre ambition n'est pas toujours justifiée, et ce comportement peut faire échouer votre souhait. Mettez de l'eau dans votre vin, faites des compromis, apprenez à ménager votre entourage !
  – Cette lame, dans cette position, n'est guère favorable aux déplacements ! Si votre projet est en rapport avec une région éloignée ou concerne un voyage, la prudence est extrêmement recommandée ! Parfois, il est préférable de repousser la date de départ. Votre démarche risque dans ce cas d'être retardée et non annulée !
  ***b) LES DÉFIS* : *NE PAS ÊTRE AGRESSIF.VE!***
  – Grâce à votre force et à votre courage, vous saurez faire face aux obstacles qui se présentent à vous, car votre moral de vainqueur ne s'attarde pas sur les retards ou mauvaises nouvelles que vous aurez à gérer.
  – Toutefois, ne sous-estimez pas l'adversité qui, elle aussi, détient une certaine forme de pouvoir sur les éléments !

➢ **Position 3 : LE CHARIOT (7) :**
  **a) *FAIRE, CHANGER* : *AVOIR CONFIANCE EN SOI ET AVANCER* !**
  – Il est temps pour vous de vous imposer, car les choses ne s'arrangeront pas d'elles-mêmes ! Vous avez la force de caractère

nécessaire pour surmonter les difficultés. Allez de l'avant ! Soyez à l'affût de toutes les opportunités qui ne manqueront pas de se présenter !

– C'est dans l'action ferme et puissante que vous pourrez commencer à obtenir de bons résultats ! Sachez-vous imposer et convaincre !

### *b) AIDES EXTÉRIEURES : APPUIS IMPORTANTS.*

– Des aides efficaces dans vos relations vous permettront de porter votre projet à terme ! Une surprise agréable, une bonne nouvelle vous redonnera force et courage. D'heureuses opportunités vous seront offertes.

– De plus, les nouveaux contacts seront excellents et les perspectives se présentent dans les meilleurs délais.

### ➤ Position 4 : LE CHARIOT (7)

1$^{re}$ *RÉPONSE à la question : LA TÉNACITÉ PORTERA SES FRUITS !*

– La victoire vous est promise. Vous pouvez envisager l'avenir avec optimisme, même si les lames environnantes sont à tendance négative, vous gagnerez à terme, la partie grâce à votre force de caractère. *(Et ce, même si la lame en position 5 contredit !* il vous suffit de persévérer).

– Vous avez su passer avec succès les étapes et vous serez récompensé(e) de votre ténacité, de votre courage et de votre foi.

### ➤ Position 5 : LE CHARIOT (7)

*RÉPONSE définitive : LA PERSÉVÉRANCE vous conduit au TRIOMPHE !*

– En effet, votre force de caractère et votre tempérament de feu vous mènent à la victoire !

– Votre courage et votre foi seront récompensés. Vous êtes allé·e au bout de votre rêve ; vous ne vous êtes pas découragé·e et vous pouvez en être fier·e. Vous n'avez plus de soucis à vous faire, vous avez surmonté les étapes !

➤ **LE CHARIOT (7)** *dans cette position vous assure de la VICTOIRE prochaine !*
*Ne perdez pas de vue vos objectifs ! Continuez de CROIRE !...*

## ☞ SUGGESTION D'interprétation

➢ **À LA COUPE :** *annonce le triomphe sur les événements, à condition que vous fassiez preuve de volonté et de persévérance.*

### En POUR et en CONTRE

➢ **AFFECTIF (*POUR*) :** une rencontre possible s'annonce au cours d'un déplacement, d'un voyage. Votre enthousiasme et votre dynamisme vous attirent la popularité. Vos amitiés sont loyales et naturelles. Les conquêtes ne manquent pas. De nouveaux contacts et de nouvelles possibilités s'annoncent, vos vœux se réaliseront, car votre volonté est puissante.
– Si vous êtes à la recherche d'un logement, ou si vous désirez changer de région, le moment est propice aux démarches.

➢ **AFFECTIF (*CONTRE*) :** modérez vos ardeurs, soyez moins entreprenant·e, apprenez à ménager votre entourage et soyez plus tolérant·e, plus doux.ce ; on ne résout pas un conflit par l'agressivité. Sachez admettre vos erreurs, et reconnaissez vos torts si vous voulez sauver votre relation.
– Le souvenir d'un échec amoureux aurait-il laissé des traces ? Si tel en est le cas, ne faites pas subir ce que vous avez vécu ! La vengeance ne sert à rien, si ce n'est faire souffrir tout le monde inutilement.

➢ **PROFESSIONNEL (*POUR*) :** votre popularité est un atout précieux ; vous êtes apprécié·e pour votre entrain et votre dynamisme. Si besoin, vous trouverez rapidement des aides efficaces.
– Quelqu'un dans votre entourage ou dans vos relations est prêt à vous donner un coup de pouce. Les occasions ne manqueront pas ; des opportunités vous seront offertes. Foncez dès qu'elles se présentent.

➢ **PROFESSIONNEL (*CONTRE*) :** mettez votre orgueil de côté ; soyez moins agressif.ve envers vos collègues. Tout le monde n'a pas le même point de vue, acceptez les idées des autres, vous ne détenez pas toutes les vérités ! Faites marche arrière et revoyez vos plans, vous manquez actuellement de discernement !

– Si vous voyagez pour affaires, ou si vous êtes en déplacement, soyez prudent·e, un accident pourrait survenir ou un ennui lié à une région isolée.

➤ **MATÉRIEL (*POUR*) :** des possibilités d'augmenter les revenus se présenteront. Le succès financier est assuré si vous savez maîtriser votre gestion.
 – En cas de demande de prêt, sachez convaincre votre banquier, imposez votre volonté, vous obtiendrez les résultats souhaités.
 – Votre dynamisme professionnel vous vaudra très certainement une augmentation de salaire.

➤ **MATÉRIEL (*CONTRE*) :** reprenez les rênes de votre gestion ! Dominez vos envies, n'entreprenez aucun investissement dans l'immédiat, ni placement. Des dépenses imprévues s'annoncent, liées sans doute à des déplacements fréquents qui entraînent des frais supplémentaires.
 – Un déménagement imposé, une mutation pourrait également être source de dépenses non envisagées.

➤ **SANTÉ (*POUR*) :** excellente vitalité dans l'ensemble. Sportif.ve, optimiste, l'équilibre physique et psychologique est au top.
- Les énergies circulent et les malaises disparaissent.

➤ **SANTÉ (*CONTRE*) :** gare aux chutes et aux accidents ! Vous êtes tellement nerveux.se que vous en devenez imprudent·e !

## Pratique de la question précise «TIRAGE EN CROIX»
### 1ʳᵉ HYPOTHÈSE avec... en position *FAVORABLE* :

> **Pour la question suivante** *: (de Thérèse)*

*«En instance de divorce, mon mari et moi sommes en procès constants. Nous n'arrivons pas à nous accorder sur aucun point : Tant pour la garde des enfants que pour le partage des biens. Lequel d'entre nous en sortira vainqueur?»*

**Soit :**
**LE CHARIOT (7)** + LA FAUX (13)
+ LE SOLEIL (19) + L'EMPEREUR (4)
= 7 + 13 + 19 + 4 = 43 = 7 donc 43 - 7 = 36 = **(9) L'HERMITE**

☞ **SUGGESTION DE RÉPONSE**

### ➤ 1/ LE CHARIOT (7) en position *favorable :*
– Souligne votre détermination de triompher de cette situation. Vous débordez d'énergie, rien ne vous effraie ! Vous vous comportez comme une vaillante guerrière, qu'aucun obstacle n'arrête ! Toutefois, pensez à vos enfants, ils se trouvent au centre de votre bagarre !

### ➤ 2/ LA FAUX (13) en position défavorable :
– Vous devez vous libérer de votre passé. Prenez conscience de vos erreurs et regardez vers l'avenir. Vous devez effectuer une transformation intérieure, vous libérer de vos entraves et apprendre à voir les choses autrement. Vouloir gagner à tout prix, est-ce la solution ?

### ➤ 3/ LE SOLEIL (19) en 3$^e$ position,
– Souligne votre orgueil ! Vouloir toujours gagner ! Comme vous le propose LA FAUX, tournez la page avec votre passé, regardez vers l'avenir.
– Le SOLEIL est rempli de promesses, il vous annonce une nouvelle rencontre, réalisez-la dans de bonnes conditions !

### ➤ 4/ L'EMPEREUR (4) 1$^{re}$ réponse :
– Confirme l'arrivée d'un homme dans votre vie ! Sachez saisir cette chance qui s'offre à vous. Balayez vos rancœurs, soyez moins autoritaire ! À vouloir gagner à tout prix, vous risquez de passer à côté du bonheur !

### ➤ 5/ L'HERMITE (9) *en réponse définitive :*
– Confirme ce besoin de vous remettre en question ; Réfléchissez bien avant toute action, car comme vous l'a souligné l'EMPEREUR, votre autorité et votre intransigeance pourraient se retourner contre vous.
– Ne vivez pas avec LE PASSE comme vous le conseille LA FAUX. Regardez vers l'avenir. Toutefois, soyez prudente, courageuse et patiente, le temps (l'HERMITE) travaille pour vous !

## 2ᵉ HYPOTHÈSE avec... en position *DÉFAVORABLE*

### ➢ Pour la question suivante : *(d'Aurélie)*

*« J'ai quitté le fonctionnariat pour m'établir en activité libérale, la parapsychologie qui m'apporte une grande satisfaction. J'ai l'impression d'avoir trouvé ma voie et d'être enfin utile ! Le problème est que j'ai perdu la sécurité financière que me procurait mon précédent emploi. Ai-je commis une erreur ? »*

### Soit :
LE BATELEUR (1) + **LE CHARIOT (7)**
\+ LA FORCE (11) + LA JUSTICE (8)
**= 9 L'HERMITE**

## ☞ SUGGESTION DE RÉPONSE

### ➢ 1/ LE BATELEUR (1) en position Favorable :
– Confirme votre initiative, votre nouveau départ dans votre vie professionnelle. Il précise la satisfaction que vous retirez de cette nouvelle activité, et votre besoin de vous engager par rapport à autrui.

### ➢ 2/ LE CHARIOT (7) en position *défavorable* :
– Affirme que vous n'avez pas pris une route facile. Vous y rencontrerez beaucoup d'obstacles ; certaines relations se détourneront de vous.

– Sur le plan financier, vous devez redoubler de vigilance ! Les rentrées sont instables et demandes des prévisions.

### ➢ 3/ LA FORCE (11) en 3$^e$ position :
– Vous apporte la volonté, la Foi, nécessaires pour maintenir votre entreprise et vous octroie la force d'assumer votre choix.

### ➢ 4/ LA JUSTICE (8) 1$^{re}$ réponse :
– Symbolise votre équilibre intérieur. Vous êtes sereine et épanouie, vous savez que vous avez fait le bon choix. Elle vous assure également du maintien de votre gestion financière que vous savez tenir avec rigueur.

### ➢ 5/ L'HERMITE (9) en *réponse définitive* :
– Symbole de recherche spirituelle, lié aux sciences paranormales, L'HERMITE vous soutien dans votre choix en vous certifiant de sa justesse.

– Vous avez trouvé votre voie, votre vie matérielle sera sans doute plus sobre, mais votre vie intérieure plus riche !

***UNE FEMME ASSISE SUR UN SIÈGE AU DOSSIER DROIT,
TIENT DE SA MAIN GAUCHE : UNE BALANCE,
ET DE SA MAIN DROITE : UNE ÉPÉE.***

LA JUSTICE, 8$^{ème}$ lame du TAROT,
montre un visage sévère !
Elle est assise sur un TRÔNE
Au dossier DROIT.
De sa main GAUCHE, elle tient la balance
(représentant *les sentiments, l'affectif…*)
De sa main DROITE, elle tient l'épée
(représentant *la raison et l'insensibilité*).

LA JUSTICE permet de peser «le POUR et le CONTRE».

Austère et inflexible, ELLE déploie son autorité
et fait appliquer la LOI !

## LES CARACTÉRISTIQUES DE LA JUSTICE (8)

**LA JUSTICE (8)** *c'est : L'ÉQUILIBRE - LA DROITURE.*

*Elle correspond :*
– Au signe de la BALANCE - à l'élément AIR
– aux planètes VÉNUS & SATURNE
– Au VENDREDI et au SAMEDI
– aux mois D'OCTOBRE & FÉVRIER
– à L'AUTOMNE (milieu) et à L'HIVER (milieu).

*Le chiffre 8 est le symbole de l'infini.*

➤La JUSTICE est liée à L'AUTOMNE
(pour le signe de la BALANCE)
mais surtout à l'HIVER qui symbolise la rigueur, la « froideur ».
➤La JUSTICE (8) nous oblige à affronter les problèmes,
à mettre de l'ordre dans notre vie,
à redresser une situation précaire, à ouvrir les yeux,
à reconnaître nos erreurs.
➤ELLE est bien sûr, représentation du DROIT,
du tribunal, d'avocats et de juges
et de tout ce qui se rapporte à la justice au sens social.
Elle peut aussi figurer une femme à forte personnalité, rigoureuse,
sur qui l'on peut compter mais qui parfois a tendance à se montrer
intransigeante ou trop intolérante.
VÉNUS et SATURNE qui influencent LA JUSTICE
lui donnent un grand besoin de franchise et de légalité.

➢ *Sur LES PLANS suivants* : **LA JUSTICE (8)** *est :*
 – **SENTIMENTS** : *faible*
 – **BIENS/FINANCES** : *propice*
 – **TRAVAIL** : *propice*
 – **ÉTUDES** : *propice*
 – **SANTÉ** : *faible*
 – **VIE INTÉRIEURE** : *faible*

➢ **MOTS CLÉS** *(au positif)* : *peut représenter :* la belle-mère - mère - sœur - épouse - amie - femme honnête... AINSI QUE : Harmonie - équilibre - loyauté - manque de souplesse mais droiture - juste récompense - rigueur - sentence - achat - action bien intentionnée - mariage légalisé - discipline - sévérité - conseils utiles - signature de contrat - procès gagné...

➢ **MOTS CLÉS** *(au négatif)* : *peut représenter :* une femme malhonnête - à préjugés - intransigeante - juge partial - contrôleur (d'impôts - d'URSSAF...) sans scrupules - syndic... AINSI QUE : injustice - intolérance - malhonnêteté - problèmes juridiques ou administratifs - rigidité - perte procès - justice mal rendue - manque de discipline - mauvais conseils - divorce - IVG - inquiétude - rupture...

➢ *Un lieu :* où règne l'ordre - tribunal - morgue - palais de justice - administration - centre des impôts - salle d'examen...

➢ *Une profession :* police - chirurgie - inspecteur des impôts - homme (femme) de loi - comptable - détective privé - surveillant(e.

➢ *Une situation :* annonce parfois l'intervention de la justice pour faire régner l'ordre - redressement judiciaire – restructuration...

➢ *En négatif :* affaires litigieuses - faillite - redressement judiciaire dans de mauvaises conditions - dépôt de bilan...

➢ *Maladie de prédisposition :* équilibre psychique et physique - intervention chir. - problèmes urinaires - reins - prostate - diabète...

➢ **CE QU'IL FAUT EN RETENIR** :
*- Faire preuve de tact - être plus souple*
*- **RESTER dans la LÉGALITÉ !***

☞ **INTERPRÉTATION DE LA LAME**
«TIRAGE EN CROIX»

➢ **Position 1 : LA JUSTICE (8)**
 EN *POUR : ORDRE & DISCIPLINE !*

– La JUSTICE rétabli l'ordre des choses. Elle vous représente comme une personne honnête, rigoureuse et fiable. Vous abordez la vie en général, avec beaucoup de sérieux. Vous ne laissez rien au hasard ; vous avez un grand respect d'autrui et des Lois. Vous êtes quelqu'un de responsable qui ne prend rien à la légère, et l'on peut compter sur vous.

➢ **Position 2 : LA JUSTICE (8)**
 a) EN *CONTRE : NE PAS ÊTRE TROP STRICT ou SÉVÈRE !*

– Vous avez tendance à aborder la vie avec trop de sérieux. Votre comportement est alors perçu comme froid ! Vous décortiquez, vous analysez... À force de vouloir examiner les choses sous toutes leurs facettes, vous risquez de ne voir que le côté négatif !

– Il se peut que vous ayez affaire à un entourage austère, moralisateur, mal disposé à votre égard. Restez vigilant·e.

 *b) LES DÉFIS : SAVOIR ÊTRE TRÈS SOUPLE !*

– Redoublez de vigilance et de prudence en ce qui concerne tout problème juridique ou administratif.

– Il se peut que vous ayez une sentence à subir, une décision ou un jugement prononcé, qui ne soient pas en votre faveur... Vous avez commis des erreurs, vous devez les payer et les assumer. C'est en regardant ses propres erreurs et en y faisant face que l'on évolue. Acceptez cet état de fait ou de défaite, reconnaissez vos torts et envisagez changer votre façon d'être.

➢ **Position 3 : LA JUSTICE (8):**
 a) *FAIRE, CHANGER : S'ACCORDER UN DELAI DE RÉFLEXION.*

– Une solution existe à votre problème. Réfléchissez, observez, prenez du recul par rapport à la situation ou à votre objectif. Il se peut que vous soyez dans l'erreur, que vous vous fassiez des illusions... Pesez bien le POUR et le CONTRE avant de poursuivre...

### *b) AIDES EXTÉRIEURES : AIDE PROVIDENTIELLE !*

– Votre honnêteté, votre fiabilité vous vaudront les aides des Forces Cosmiques Bienveillantes !

– Votre karma sera effacé, les compteurs seront remis à zéro ! Considérez cette aide providentielle comme un coup de pouce du destin qui vous permet de repartir sur de nouvelles bases plus équilibrées. Vos qualités seront reconnues...

➤ Position 4 : LA JUSTICE (8)
1ʳᵉ RÉPONSE *à la question : RÉPONSE AMBIGÜE !*

– La JUSTICE dans cette position est à double tranchant ! Elle peut tout aussi bien confirmer l'union, le mariage par le passage devant Mr le maire, que le divorce en passant devant le juge !

– Un jugement de tribunal (*en votre faveur*, **tout comme :** *contre vous* !)

➤ Position 5 : LA JUSTICE (8)
*RÉPONSE définitive à la question : RÉPONSE AMBIGÜE !*

– Une réponse *favorable* ou *défavorable* devrait être donnée à votre question. *(voir les lames environnantes).*

– La JUSTICE (8) étant à double tranchant, le côté positif se fera en fonction des antécédents.

– Quel que soit le résultat, la JUSTICE tranchera ! Acceptez la réponse, car bonne ou mauvaise, la JUSTICE sait ce qui est bon pour vous à long terme !

➤ **LA JUSTICE (8)** *dans cette position,*
*répond favorablement ou défavorablement*
*en fonction des lames qui l'accompagnent !*
*ACCEPTEZ sa décision !*

## ☞ SUGGESTION D'interprétation

➢ **À LA COUPE :** *signifie que vous devriez retrouver l'équilibre de votre situation; mais vous recommande de peser le «**pour et le contre**» avant d'agir.*

### En POUR et en CONTRE

➢ **AFFECTIF (*POUR*) :** soyez un peu moins rigide et intransigeant·e dans vos amours ou amitiés. Votre relation est stable et bien équilibrée. Si vous n'êtes pas encore marié·e ou pacsé·e, la JUSTICE légalise la situation.

– Vous pouvez être rassuré·e sur l'honnêteté des sentiments que l'on vous porte (tant amoureux, qu'amicaux).

➢ **AFFECTIF (*CONTRE*) :** vous n'avez pas voulu écouter les conseils ni reconnaître vos erreurs, vous en payez les conséquences !

– Les mauvaises fréquentations, les relations malhonnêtes vous entraînent inévitablement vers une rupture, un divorce à vos torts ! Il faut savoir quelquefois *«coucher les pouces»* afin d'éviter la JUSTICE !

➢ **PROFESSIONNEL (*POUR*) :** les professions en rapport avec l'administration, la Loi, sont favorisées. En cas de période mouvementée, LA JUSTICE redresse la situation, quelquefois de façon stricte (*redressement judiciaire par exemple*) mais bénéfique.

– Si vous êtes chef d'entreprises, vous savez gérer vos affaires avec rigueur et fermeté.

– En cas d'incertitude professionnelle, la JUSTICE annonce la signature d'un contrat qui légalisera la situation.

➢ **PROFESSIONNEL (*CONTRE*) :** surveillez votre comportement ! Vous êtes perçu·e comme une personne insatisfaite, arrogante, intransigeante, qui refuse toute discussion. A force de vouloir tout diriger, vous risquez de vous retrouver seul·e.

– Si vous êtes à votre compte, mettez de l'ordre dans vos affaires, vos factures... Vous n'êtes pas à l'abri d'un contrôle fiscal.

– Si la société pour laquelle vous travaillez rencontre des difficultés, le licenciement vous guette !

➢ **MATÉRIEL** *(POUR)* : vous savez maintenir votre gestion financière avec rigueur. En cas de difficultés, vous savez faire quelques sacrifices pour retrouver l'équilibre. Dans l'éventualité d'une demande de crédit, le prêt vous sera accordé.

– Si vous avez subi un préjudice quelconque, vous serez dédommagé·e au-delà de vos espérances.

➢ **MATÉRIEL** *(CONTRE)* : redoublez de vigilance ! Vous n'êtes pas à l'abri d'un vol ou d'une escroquerie ! Surveillez vos dépenses, car un rappel à l'ordre de votre banquier, voire une interdiction bancaire, pourraient vous causer de graves préjudices, ou encore, vendre vos biens pour rétablir la situation !

➢ **SANTÉ** *(POUR)* : bon équilibre en général. Toutefois, couvrez-vous davantage et attention aux coups de froid !

– Revoyez votre alimentation ; un changement alimentaire pourrait rééquilibrer votre organisme.

➢ **SANTÉ** *(CONTRE)* : À SURVEILLER ! Une intervention chirurgicale n'est pas exclue ! Blessures physiques ou morales ; interruption de grossesse.

– Attention aux coups de froid qui peuvent dégénérer en bronchites ou angines chroniques !

## Pratique de la question précise «TIRAGE EN CROIX»
### 1re HYPOTHÈSE avec… en position *FAVORABLE* :

➢ **Pour la question suivante :** *(d'Anthony)*
*«Je suis actuellement infirmier dans une maison de retraite. Je suis en formation pour m'établir kinésithérapeute l'année prochaine. Ai-je des chances de réussir?»*

**Soit :**
**LA JUSTICE (8)** + LE MAT (0)
L'ÉTOILE (17) + LE MONDE (21)
= **(10) LA ROUE DE FORTUNE**

## ☞ SUGGESTION DE RÉPONSE

### ➢ 1/ LA JUSTICE (8) *Favorable* :

– Annonce que, quoi qu'il arrive, vous récolterez ce que vous avez semé !

– Vous avez sans doute suffisamment pesé le pour et le contre avant de vous engager, puisque la JUSTICE vous montre comme une personne équilibrée sachant prendre de fermes décisions.

### ➢ 2/ LE MAT (0) en position défavorable :

– Souligne de nombreux imprévus qui ne manqueront pas de se présenter.

– Il confirme également vos envies de changement. Le besoin de repartir à zéro ; mais il vous conseille toutefois, de vous régulariser avant de vous engager dans cette nouvelle voie. Soyez en règle vis-à-vis de la LOI.

### ➢ 3/ L'ÉTOILE (17) en 3$^e$ position :

– Votre bonne étoile veille sur vous et vous encourage dans vos projets. Poursuivez votre formation, donnez le maximum de vous-même, vous en serez récompensé !

### ➢ 4/ LE MONDE (21) 1$^{re}$ réponse :

– Lame de triomphe ! Elle confirme que vous avez fait le bon choix, la réussite vous attend, vous récolterez la couronne de lauriers. Vous avez trouvé votre voie et votre vocation...

### ➢ 5/ LA ROUE DE FORTUNE (10) *en réponse définitive* :

– Confirme la période de chance et accélère les événements. Le contexte est très favorable à votre projet. N'hésitez pas à faire toutes les démarches nécessaires et prévoir le lieu de votre installation. La ROUE confirme également la possibilité d'un déménagement.

## 2ᵉ HYPOTHÈSE avec... en position *DÉFAVORABLE* :

### ➢ Pour la question suivante :
*«Julien, divorcé depuis 3 ans et remarié depuis 1 an, pense que sa femme le trompe ! Qu'en est-il exactement?»*

**Soit**
L'HERMITE (9) + **LA JUSTICE (8)**
+ LE PENDU (12) + LA FORCE (11)
= **(4) L'EMPEREUR**

Dans le cas présent, est-il nécessaire de faire l'analyse complète !
Du premier coup d'œil, on voit la fidélité de son épouse !
*La carte en 4ᵉᵐᵉ position* : **LA FORCE (11)**
parle de « *haute moralité !* »
Confirmée par la carte en position 5 : **L'EMPEREUR (4)**

☞ **SUGGESTION DE RÉPONSE**

➢ **1/ L'HERMITE (9) en position favorable :**
– Qui désigne Julien, et nous renseigne sur sa façon de penser. Il est très méfiant, donc jaloux !

➢ **2/LA JUSTICE (8) en position défavorable :**
– Dans cette situation, laisse supposer qu'il a perdu un procès ; le divorce aurait-il été prononcé à ses torts injustement ?

➢ **3/LE PENDU (12) en 3$^e$ position :**
– Confirme un blocage au sein de son nouveau couple ; un amour instable. Il semblerait que JULIEN aime son épouse mais ce sentiment n'est pas partagé. Elle n'éprouve que de la tendresse, tout au plus !

➢ **4/ LA FORCE (11) en 1$^{re}$ réponse :**
– Comme cité ci-dessus, parle de **haute moralité.** Quoi que son épouse éprouve comme sentiments, elle est fidèle ! Mais étant une femme au caractère intrépide et fort, il est probable qu'étant agacée par la jalousie de son époux, elle pourrait avoir un comportement susceptible de mettre de l'huile sur le feu.

➢ **5/ L'EMPEREUR (9) en *réponse définitive* :**
– Confirme la fidélité de cette jeune femme. Fait allusion également au caractère assez froid et autoritaire de Julien.

En possession de toutes ces indications précieuses fournies par le tarot, l'interprétation pourrait être formulée de la manière suivante :
*« Vous semblez être traumatisé par l'infidélité de votre ex-épouse. Ne restez pas sur ce mauvais souvenir. Celle que vous avez épousée, est fidèle, et très bien disposée à votre égard. Elle a tout pour vous rendre heureux. Ne laissez pas votre jalousie non fondée vous gâcher ce nouveau bonheur.. Votre femme mérite votre confiance et amour. »*

**NOTA :** Il est important que votre consultant puisse tirer profit de votre interprétation. C'est l'objectif principal de la VOYANCE moderne ; Il ne faut ni l'accabler avec des annonces de malheurs, ni le flatter. Mais l'aider à diriger son destin ou du moins, à l'accepter avec philosophie.

*UN VIEIL HOMME MARCHANT LENTEMENT.*
*DANS SA MAIN GAUCHE, IL TIENT UN BÂTON,*
*DE LA MAIN DROITE, UNE LANTERNE.*
*IL EST COUVERT D'UN GRAND MANTEAU.*

L'HERMITE, 9$^e$ lame DU TAROT,
Représente un vieillard, au visage sévère et au dos courbé.
Recouvert d'un grand et ample manteau, il avance très lentement,
en s'aidant d'un bâton et, pour éclairer sa route,
Il élève une lanterne dont il voile étrangement la lumière
d'un pan de son manteau.

Le manteau représente : la discrétion, la pudeur, la modération…
– La lumière est celle de « l'intérieur » de sa quête spirituelle,
qui lui permet de communiquer avec les Forces Cosmiques.
– Son bâton est celui de la prudence,
qui lui, permet de communiquer avec les forces telluriques.
*(Les énergies contraires opposées).*

## LES CARACTÉRISTIQUES DE L'HERMITE (9)

➢ **L'HERMITE (9)** *c'est : le temps qui travaille pour vous !*

*Il Correspond :*
– au signe du CAPRICORNE
– à l'élément TERRE
– à la planète SATURNE
– Au SAMEDI
– aux mois de DÉCEMBRE & JANVIER
– à L'HIVER

***LE CHIFFRE 9*** *annonce la fin d'un cycle.*

➢ L'HERMITE, symbole de tranquillité,
de méditation et de concentration,
nous ouvre les portes de la connaissance et de la clairvoyance.
➢ Lié à SATURNE, astre lourd et lent,
il symbolise une personne d'expérience
qui s'accorde un temps de réflexion avant tout engagement.

➢ Il peut symboliser l'homme veuf, le célibataire endurci, le retraité…
L'être qui a souffert, celui pour qui la vie n'a été qu'épreuves,
mais qui a su retirer l'indispensable
en se détachant du monde charnel et matériel.

➤ *Sur LES PLANS suivants :* **L'HERMITE (9) est :**
– **SENTIMENTS :** *peu propice*
– **BIENS/FINANCES :** *peu propice*
– **TRAVAIL :** *peu propice*
– **ÉTUDES :** *très propice*
– **SANTÉ :** *précaire*
– **VIE INTÉRIEURE :** *excellent*

➤ **MOTS CLÉS** *(au positif)* : <u>peut représenter un :</u> divorcé - philosophe - moine - ermite - célibataire endurci - retraité - veuf - un grand-père - évêque - académicien... <u>AINSI QUE :</u>
sagesse - méditation - clairvoyance - solitude féconde - connaissance - discrétion - ténacité - mûrissement - recherche - retraite (volontaire) - longues études - recueillement - sérénité - spiritualité - patience...

➤ **MOTS CLÉS** *(au négatif)* : <u>peut représenter un :</u> avare - imposteur - un vieillard aigri - le malchanceux - l'ennemi caché - le méconnu... <u>AINSI QUE :</u> isolement - retraite ou solitude imposée - pessimisme - veuvage - séparation - abandon - manque de sincérité - indiscrétion - lenteur - repli sur soi - tristesse - blocage - impuissance - pauvreté - restrictions - illusions - délire de persécution - retard...

➤ <u>Un lieu :</u> vieille maison - cimetière - bibliothèque - phare ruine - monastère - prison - hospice - maison retraite - laboratoire - salle d'étude...

➤ <u>Une profession :</u> enseignant - guide - gardien de nuit - artisan - psychiatre - ostéopathe - rhumatologue - agent immobilier - médecines parallèles - agriculteur...

➤ <u>Une situation :</u> austère ! Savoir lâcher-prise !
- Se remettre en question et laisser le temps faire son œuvre !
➤ <u>En négatif :</u> destin pénible, voire évolution impossible !

➤ <u>Maladie de prédisposition :</u> l'ossature est fragilisée ! (Rhumatismes - ostéoporose - arthrose)...

**CE QU'IL FAUT EN RETENIR** :
*Réfléchir - écouter votre intuition - être patient·e*
**– *ne RIEN BRUSQUER !***

## ☞ INTERPRÉTATION DE LA LAME
### «TIRAGE EN CROIX»

➢ **Position 1 : L'HERMITE (9)**
   **- EN *POUR : FAIRE PREUVE DE PATIENCE !***
   – Indique que vous ne devez pas prendre de décisions hâtives.
   – Un besoin de réflexion vous est demandé. Soyez patient·e ! Le moment n'est pas encore venu pour voir vos démarches aboutir, **mais le temps travaille pour vous** !

➢ **Position 2 : L'HERMITE (9)**
   **a) EN *CONTRE : SE REMETTRE EN QUESTION.***
   – Vous faits preuve d'une très grande méfiance vis-à-vis de votre entourage, et cet excès de prudence peut freiner votre projet ! Vous devez vous libérer définitivement de vos mauvaises expériences du passé, si vous voulez réussir !
   – S'apitoyer sur son sort ne fait qu'accentuer le côté négatif des événements.
   ***b) LES DÉFIS : PUISER EN SOI, TOUTES LES ENERGIES.***
   – Vous vous verrez confronté·e à un certain nombre de contretemps, de retards de blocages... Votre projet n'évolue pas comme vous le souhaitez.
   – Il se peut également qu'une personne de votre entourage face obstacle à votre souhait...
   – Quoi qu'il en soit, il vous faut prendre sur vous ! Vous devez garder le moral coûte que coûte et puiser dans vos énergies afin de ne pas abandonner la partie.

➢ **Position 3 : L'HERMITE (9)**
   **a) *FAIRE, CHANGER : PRENDRE SON MAL EN PATIENCE.***
   – Réfléchissez encore sur votre projet, votre souhait... Ne vous enthousiasmez pas trop vite ! Vous devez garder votre sang froid en toute circonstance et avoir constamment à l'esprit que le temps travaille pour vous ; Même si les événements ne se débloquent pas aussi vite que prévu, prenez votre mal en patience.
   ***b) AIDES EXTÉRIEURES : LE TEMPS !...***
   – Vous pourrez compter sur une aide précieuse et constante : LE TEMPS !

– L'HERMITE indique que les choses ont besoin d'être mûries !
– Vous avez semé la graine, donnez-lui LE TEMPS de germer !
– Soyez patient·e, et à terme, vous aurez la satisfaction de voir la réalisation de votre projet.

### ➢ Position 4 : L'HERMITE (9)
1ʳᵉ **RÉPONSE** *à la question :* *MURISSEZ votre PROJET !*
– Votre projet aura du mal à se concrétiser. Vous devrez faire face à diverses difficultés, à certains obstacles. Prenez votre mal en patience, et si vous n'obtenez pas le résultat souhaité, il est fort probable que votre souhait n'était pas suffisamment mature !

### ➢ Position 5 : L'HERMITE (9)
*RÉPONSE définitive à la question :* *MÉDITEZ sur vos erreurs et tirez les leçons qui s'imposent !*
– Recommande de prendre son mal en patience !
– Vous vous sentirez frustré·e, vos espoirs sont voués à l'échec, la solitude pesante.
– Vous serez mélancolique, découragé·e et seul·e !
– Face à cette situation, essayez de comprendre pourquoi votre projet n'a pas abouti !
– Tirez des leçons de vos expériences négatives et n'oubliez pas qu'un ÉCHEC n'est jamais qu'un TREMPLIN vers le SUCCÈS !
– Le temps n'est pas encore venu de triompher, **mais il travaille pour vous.**
– Soyez patient·e et persévérez dans vos démarches et entreprises.

– Par contre, si vous êtes en période de grandes études, elles seront favorisées, ainsi que tout ce qui touche au domaine spirituel, à la recherche scientifique, à l'ésotérisme, aux sciences occultes...

> ➢ *L'HERMITE (9) dans cette position,*
> *n'est pas négatif pour qui sait « comprendre » !*
> *LE TEMPS est un atout puissant pour qui sait « attendre » !*

☞ SUGGESTION D'interprétation

**LA COUPE :** *Blocages et obstacles s'annoncent !
Prenez votre mal en patience !*

## En POUR et en CONTRE

➢ **AFFECTIF (*POUR*) :** votre trop grande réserve nuit pour développer une relation. Vous êtes sincère, mais ne savez pas dévoiler vos sentiments, ce qui donne l'impression d'être froid·e, insensible.
– Cette lame représente également le célibat, l'homme veuf, l'homme âgé vivant seul, retiré de tous, peu d'amis... La solitude domine. Si vous désirez faire des rencontres, vous devez apprendre à changer votre façon d'être, de sortir de «votre retraite», être plus sociable.

➢ **AFFECTIF (*CONTRE*) :** si vous espérez faire une rencontre amoureuse, la réponse est plutôt négative. Vous ne fournissez pas suffisamment d'efforts pour provoquer les événements !
– Sortez, soyez gai·e et enthousiasme ! Ce n'est pas en vous repliant sur vous-même que vous pourrez rencontrer l'âme sœur. Votre isolement rend toute possibilité de rencontre stérile.
– Si vous vivez en couple, votre attitude austère et froide ne peut que mettre votre relation en péril ! Vous ne devrez vous en prendre qu'à vous-même si votre conjoint recherche ailleurs la tendresse et l'affection qui lui manquent !
– Vous devez communiquer davantage, exprimer vos sentiments, si vous désirez voir votre relation évoluer favorablement.

➢ **PROFESSIONNEL (*POUR*) :** si vous êtes à votre compte, vous pouvez enregistrer une baisse dans le rendement. Vous ne devez pas laisser le découragement vous gagner. Profitez de cette période de ralentissement pour refaire le point, envisager de nouvelles structures qui redonneront un peu de jeunesse à votre entreprise.
– Si vous êtes à la recherche d'un emploi, les démarches ne sont guère encourageantes dans l'immédiat. Soyez patient·e et ne baissez pas les bras ; votre persévérance sera récompensée en temps voulu. Par contre, tout ce qui touche au domaine de la recherche

intellectuelle est favorisé. Votre intuition est grande et la concentration ne vous demande que peu d'efforts !

➤ **PROFESSIONNEL** (*CONTRE*) : découragé·e par un ralentissement sévère, vous vous repliez sur vous-même en évitant tout contact ! Ceci est une attitude franchement négative à rectifier !
— Fournissez des efforts de dialogue et profitez de ces contretemps pour réfléchir à la meilleure façon de sortir de cette passe stagnante. Faites preuve de patience et de persévérance. Le temps apportera des solutions à vos attentes.

➤ **MATÉRIEL** (*POUR*) : période de restrictions ! Les rentrées se font attendre ou des délais vous sont demandés, ce qui vous met en position délicate. N'envisagez aucune forme de crédit actuellement, il vous sera refusé. Apprenez plutôt l'art de l'économie. Quelques privations vous contrarient, mais seront bénéfiques à votre porte-monnaie.

➤ **MATÉRIEL** (*CONTRE*) : des restrictions budgétaires importantes sont à prévoir ! Des pertes de salaire, chômage, fin d'allocations diverses sont à craindre ! Ne faites aucune dépense fantaisiste dans l'immédiat. En cas de difficultés financières, vous ne pourrez compter que sur vous-même pour vous en sortir. Aucun crédit, aucun découvert supplémentaire ne vous sera accordé, aucun délai de paiement... Soyez très prudent·e et faites preuve de discipline. Vous retirerez de cette situation de restriction, un sérieux sens de l'économie qui vous sera bénéfique !

➤ **SANTÉ** (*POUR*) : la colonne vertébrale est très fragile. Les rhumatismes se réveillent. Des signes de vieillissement prématuré peuvent se faire sentir. Vous traversez une période de grande fatigue, reposez-vous davantage.

➤ **SANTÉ** (*CONTRE*) : la prudence s'impose ! L'HERMITE en cette position annonce des risques de chutes pouvant entraîner des fractures. L'ossature est tout particulièrement fragilisée.
— Des rhumatismes chroniques, décalcification des os, vieillissement prématuré... *Mais aussi :* lassitude de vivre...

# Pratique de la question précise «TIRAGE EN CROIX»
## 1ʳᵉ HYPOTHÈSE avec... en position *FAVORABLE* :

### ➤ Pour la question suivante : *(de Rosine)*
*«J'aime un homme beaucoup plus jeune que moi ;*
*nous avons 15 ans de différence.*
*Il dit m'aimer, mais cette relation me fait peur;*
*non seulement pour la différence d'âge,*
*Mais également pour le fait qu'il désire s'engager dans l'armée.*
*Je ne sais plus ou j'en suis, je suis sûre de mes sentiments,*
*mais pas des siens !»*

### Soit :
**L'HERMITE (9) + LA LUNE (18)**
**+ LE JUGEMENT (20) + L'IMPÉRATRICE (3)**
**= (5) LE PAPE**

## ☞ SUGGESTION DE RÉPONSE

### ➢ 1 /L'HERMITE (9) en position *Favorable :*
– Vous conseille de vous isoler, d'adopter une attitude prudente face à votre relation, de prendre du recul...
– Cette lame indique que votre confiance n'était pas très bien placée et que votre intuition était juste...

### ➢ 2/LA LUNE (18) en position *défavorable* :
– Confirme les doutes et les incertitudes dont vous faites preuve actuellement ainsi que les rêves utopiques dont vous avez été victime !
– Vous avez fantasmé sur cette relation, vous avez voulu y croire, malgré les évidences qui vous éloignent l'un de l'autre...

### ➢ 3/ LE JUGEMENT (20) en $3^e$ position :
– Vous aide à éclaircir la situation. Remettez-vous en question.
– Il annonce une déception momentanée qui vous sera bénéfique pour l'avenir.

### ➢ 4/ L'IMPÉRATRICE (3) $1^{re}$ réponse :
– Parle d'une jeune femme. Y aurait-il de l'infidélité dans l'air ? Quoi qu'il en soit, elle vous libère de vos doutes et vos angoisses, et vous promet une nouveauté sous forme d'imprévus.
– Ne perdez pas espoir, même si cette relation arrive à son terme, votre charme naturel et votre jeunesse d'esprit vous permettront de faire une nouvelle rencontre.

### ➢ 5/ LE PAPE (5) *en réponse définitive* :
– Confirme l'annonce de l'IMPERATRICE. Votre intuition vous a guidée ! Vous vous apercevrez avec le temps, que cette rupture vous aura été bénéfique.
– Vous trouverez en temps voulu, le véritable bonheur d'une vie à deux, et cette fois, ce sera du solide. Vous pourrez envisager fonder une famille.

## 2ᵉ HYPOTHÈSE avec... en position *DÉFAVORABLE* :

### ➢ Pour la question suivante : *(de Juliette)*
*«Je suis bénévole dans une association d'aide aux personnes
en difficulté physique et morale.
La souffrance des autres me sensibilise
et je voudrais pouvoir la soulager.
On m'a dit que je possédais un don !
Qu'en est-il exactement?»*

**Soit :**
LE CHARIOT (7) + **L'HERMITE (9)**
+ LE JUGEMENT (20) + L'ÉTOILE (17)
= **L'EMPEREUR (4)**

☛ **SUGGESTION DE RÉPONSE**

### ➤ 1/LE CHARIOT (7) en position favorable :
– Vous représente comme une femme sincère et équilibrée, toujours prête à défendre une cause juste.
– Les courants cosmiques vous sont favorables.
– Vous savez contrôler vos émotions et vous savez parfaitement servir d'intermédiaire ou de médiatrice entre les malades et les forces spirituelles.

### ➤ 2/L'HERMITE (9) en position *défavorable* :
– Vous accorde sa protection puisqu'il est favorable au domaine spirituel ! Il vous initie ! Toutefois, il vous conseille une extrême prudence ! Gardez vos projets et vos intentions, secrets ! Vos motivations risqueraient d'être incomprises, voire mal interprétées !

### ➤ 3/LE JUGEMENT (20) en 3ᵉ position :
– Représente ces forces célestes qui vont vous soutenir dans vos démarches.
– Il vous procure l'énergie indispensable que vous devez redistribuer afin de redonner la santé et le moral aux personnes dont vous vous occupez. Il vous procure le magnétisme nécessaire.

### ➤ 4/ L'ÉTOILE (17) 1ʳᵉ réponse :
– Confirme votre don ! Vous savez donner espoir aux personnes qui l'ont perdu ! Vous êtes «leur bonne étoile». Vous êtes une femme de cœur, qui sait donner l'amour à autrui.

### ➤ 5/ LA JUSTICE (8) en *réponse définitive* :
– Affermi votre équilibre intérieur ; votre droiture.
– Vous donnez sans arrière-pensée.
– Votre cause est juste et vous savez la défendre.
– Vous avez su conquérir une véritable sensibilité cosmique.
– Vous êtes en parfaite harmonie avec le ciel et la terre.

*DEUX GÉNIES SONT ACCROCHÉS À UNE ROUE ET LA FONT TOURNER.*
*(LE GÉNIE DU BIEN :* Position *MONTANTE)*
*(LE GÉNIE DU MAL :* Position *DESCENDANTE)*
*AU-DESSUS EST INSTALLÉ UN PERSONNAGE ÉNIGMATIQUE, AILÉ.*

LA ROUE DE FORTUNE, $10^{ème}$ lame DU TAROT,
représente la CHANCE et la MALCHANCE !
La VIE et la MORT, le BIEN et le MAL, les JOIES et les PEINES...
La ROUE tourne ; il nous faut savoir saisir les bons moments
Quant ils se présentent, et accepter les mauvais, en en retirant
des leçons qui nous obligent à « grandir ».
La ROUE est mouvement continu.
Elle tourne pour nous défaire
d'une situation paralysée.

# LES CARACTÉRISTIQUES DE LA ROUE DE FORTUNE (10)

> **LA ROUE DE FORTUNE (10)** *c'est* :
les MOUVEMENTS & les CHANGEMENTS !

*Elle correspond à :*
− Aux signes du SAGITTAIRE & du VERSEAU
− aux éléments FEU & AIR
− Aux planètes de JUPITER & d'URANUS
− au JEUDI & au SAMEDI
− Aux mois DÉCEMBRE et FÉVRIER
− L'AUTOMNE & l'HIVER

*Le **NOMBRE 10** annonce un recommencement !*

> ELLE peut indiquer la CHANCE
apportée par JUPITER *(le Grand Bénéfique)*
ou annoncer des événements soudains et imprévus
qui déclenche un changement inattendu (*BON ou MAUVAIS*)
envoyé par URANUS.
> Cette lame occasionne toujours un revirement de situation,
une nouvelle orientation.
> Elle apporte la CHANCE ou la MALCHANCE
suivant les cartes qui l'entourent et sa position dans un jeu.
Avec la ROUE, rien n'est immobile, tout est mouvement !
> Elle engendre un changement rapide
et débloque toute situation paralysée.

➢ *Sur LES PLANS suivants :* **LA ROUE DE FORTUNE (10)** *est :*
   − **SENTIMENTS** : *propice*
   − **BIENS/FINANCES** : *excellent*
   − **TRAVAIL** : *excellent*
   − **ÉTUDES** : *propice*
   − **SANTÉ** : *protégée*
   − **VIE INTÉRIEURE** : *propice*

➢ **MOTS CLÉS** *(au positif)* : peut représenter : un·e joueur.se - aventurier·e - homme (femme) d'Église... AINSI QUE : chance à saisir - voyage - nouvelles opportunités - déménagement souhaité - nouveau départ - nouvelle orientation - revirement situation - bonnes initiatives - dénouement - changement rapide et faste..

➢ **MOTS CLÉS** *(au négatif)* : trafiquant·e - tricheur.se - gourou - arnaqueur.se... AINSI QUE : période de malchance - régression - mauvaise orientation - changement négatif - chômage - licenciement - blocage - interruption d'un projet - stagnation - revirements - pertes - mauvais investissement...

➢ *Une situation :* en plein mouvement ! Savoir maîtriser les événements ! Saisir les périodes de chance tout en sachant qu'elles peuvent être éphémères !
*En négatif :* une période de stagnation et de blocage ! Ne rien forcer !

➢ *Un lieu :* cirque - casino - fête foraine - lycée - bourse - école - collège...

➢ *Une profession :* mécanicien·ne - superviseur - astrologue - horloger - astronome - parapsychologue - informaticien·ne...

➢ *Maladie de prédisposition :* problèmes intestinaux et circulatoires possibles. Malgré tout : bonnes énergies dans l'ensemble !

➢ **CE QU'IL FAUT EN RETENIR** :
*S'attendre à une période agitée ! des hauts et des bas !*
**SAISIR les coups de CHANCE et TIRER des LEÇONS**
*des coups du SORT !*

### ☞ *INTERPRÉTATION DE LA LAME*
### «TIRAGE EN CROIX»

➢ **Position 1 : LA ROUE DE FORTUNE (10)**
  EN *POUR : CHANCE & OPPORTUNITÉ.*

– Votre situation est en train d'évoluer positivement. La chance et les opportunités ne manqueront pas de se présenter prochainement, sachez les saisir !

– On aime votre compagnie ! Vous êtes généralement chanceux.se et votre optimisme à toute épreuve fait de vous une personne très recherchée. L'enthousiasme est contagieux !

➢ **Position 2 : LA ROUE DE FORTUNE (10)**
  a) EN *CONTRE : REVIREMENTS & CONTRETEMPS.*

– Vous pourriez avoir à faire face à un revirement de situation pénible. Quelque chose ne se passe pas comme prévu. Un événement négatif se dresse en travers votre route, et votre souhait risque d'en pâtir ; Ne vous laissez pas abattre par ce contretemps et imprévu aussi difficile soit-il. Car il n'est que passager.

  b) *LES DÉFIS : ACCEPTER l'épreuve et se RESSAISIR !*

– Vous êtes dans une période de stagnation, de blocages, voire de malchance ! Vous devez prendre votre mal en patience et accepter cette situation passagère. Toutefois, vous ne devez en aucun cas, vous laisser aller ! Ne vous laissez pas bercer par les événements ! Ne vous en remettez pas au destin en croyant que les choses vont s'arranger d'elles-mêmes ! Reprenez-vous en main, prenez des initiatives.

➢ **Position 3 : LA ROUE DE FORTUNE (10)**
  a) *FAIRE, CHANGER : SAISIR LES OPPORTUNITÉS...*

– Vous avez tous les éléments nécessaires pour faire aboutir votre projet. Si des imprévus se présentent, vous devez y faire face avec le sourire et accepter ces changements, voire les provoquer ! Vous devez prendre rapidement des décisions, car la CHANCE est présente mais non constante !

– Soyez audacieux.se, spontané·e et énergique ! les énergies positives du moment vous soutiendront dans la réalisation de votre souhait !

b) <u>*AIDES EXTÉRIEURES*</u> : *« DAME CHANCE » à vos côtés.*

– Vous devriez bénéficier, dans un avenir proche, d'un appui inespéré et très bénéfique, ce sera une excellente surprise !

– Mais, ce n'est pas par le biais de votre entourage habituel que vous trouverez cette aide. Plutôt par une nouvelle rencontre qui fera que la situation se débloquera de manière rapide et inattendue.

– La roue dans cette position, peut annoncer également un voyage ou un déplacement qui s'avérera bénéfique pour la réalisation du projet. Vous pouvez compter sur DAME CHANCE pour vous soutenir dans les moments les plus pénibles, et vous apportera changements, joie et optimisme.

➢ <u>Position 4</u> : **LA ROUE DE FORTUNE (10)**
   1$^{re}$ RÉPONSE <u>*à la question*</u> : *TEMPS DE LA RÉCOLTE.*

– Dans cette position LA ROUE de FORTUNE vous conseille de saisir votre chance MAINTENANT !

– Elle est là, mais pour combien de temps ? Des opportunités se présenteront sous peu, la situation va se débloquer. Vous récolterez ce que vous avez semé ; bonne ou mauvaise graine, il fallait y penser AVANT !

➢ <u>Position 5</u> : **LA ROUE DE FORTUNE (10)**
   <u>*RÉPONSE définitive à la question*</u> : *N'ATTENDEZ PAS DEMAIN POUR RÉAGIR ! C'est MAINTENANT ou JAMAIS !*

– Votre souhait devrait se concrétiser en fonction d'une opportunité qui ne tardera pas à se présenter, mais attention ! Qui ne se renouvela pas ! Il se pourrait que vous ayez droit à un coup de théâtre, une chance inespérée, même si les cartes environnantes sont négatives ! Mais hâtez-vous ! Ce bonheur ne peut être qu'éphémère. Donc, profitez bien du moment présent pour consolider votre entreprise !

➢ **LA ROUE de FORTUNE (10)** *dans cette position, conseille de ne pas se poser trop de questions et de… FONCER !*

☞ **SUGGESTION D'interprétation**

➢ **À LA COUPE :** *avec la **ROUE DE FORTUNE**, les événements, bons ou mauvais, évoluent à vitesse grand V !*

## En POUR et en CONTRE

➢ **AFFECTIF (*POUR*) :** vous mettez tout en œuvre pour faire une rencontre décisive pour votre avenir sentimental, et la chance vous sourira. Vous êtes perçu·e comme une personne joviale, pleine d'entrain, l'on apprécie votre compagnie, votre optimisme à toute épreuve.

➢ **AFFECTIF (*CONTRE*) :** rien n'évolue comme vous l'aviez souhaité ! Vous entrez dans une phase négative qui n'est que le résultat de votre esprit pessimiste. Vous manquez de réflexion, vous êtes trop impulsif.ve, voire entêté·e.
– Votre manque de tact éloigne vos relations, ressaisissez-vous !
– Vous vous laissez bercer par les événements et vous risquez de passer à côté d'opportunités.
– Par votre côté aventureux, vous rendez vos relations instables. Attention, on fini toujours par récolter ce que l'on a semé !
– Mais la pluie revient également après le beau temps !

➢ **PROFESSIONNEL (*POUR*) :** le domaine commercial est tout particulièrement favorisé. Echanges, contacts… vous avez la «pêche» et vos affaires s'en ressentent.
– Dans les autres domaines, une promotion est à prévoir.
– De nouvelles possibilités de carrière s'offrent à vous !
– Si vous êtes à la recherche d'un emploi, des opportunités sous peu ! Ne passez pas à côté de votre chance ! Faites toutes les démarches qui s'imposent, bougez ! Vous récolterez les fruits de vos efforts !
– Les voyages professionnels s'avéreront bénéfiques.

➢ **PROFESSIONNEL (*CONTRE*) :** tout tourne de travers ! Vous avez sous-estimé la concurrence ! Votre moral est au plus bas, et vos affaires s'en ressentent, reprenez-vous en main !

– Cette mauvaise période n'est que passagère, ne vous laissez pas abattre par les aspects négatifs du moment. Montrez-vous patient·e, une phase meilleure se fera jour, la ROUE tourne !

– Remettez-vous en question : avez-vous vraiment tout mis en œuvre pour améliorer votre situation ?

➤ **MATÉRIEL (*POUR*)** : la chance vous ouvre les portes de la félicité ! C'est le moment d'acheter des billets de loterie !

– La période est propice également pour demander une augmentation de salaire ou une demande de crédit !

– Les affaires prospèrent, l'argent rentre !

➤ **MATÉRIEL (*CONTRE*)** : rien ne va plus ! Les dettes et les factures s'accumulent et vous ne pouvez y faire face en ce moment ! La chance vous fui ! Fuyez, vous aussi, les casinos et les terrains de courses ! Ne faites aucun projet d'investissement dans l'immédiat.

– N'envisagez pas de crédit bancaire, il vous serait refusé.

– N'achetez pas de futilités, attendez une période plus faste !

– La ROUE tourne, une période de renouveau s'annonce, soyez patient·e.

– Cette mauvaise passe n'est que passagère !

➤ **SANTÉ *(POUR)*** : vous avez de l'énergie à revendre ! Profitez-en pour vous adonner à un sport.

– Contrôlez toutefois vos sautes d'humeur, souvent liées à une certaine nervosité pas toujours contrôlée.

– Surveillez votre tension artérielle ainsi que votre alimentation trop copieuse : gare au surpoids !

➤ **SANTÉ (*CONTRE*)** : préférez la marche au grand air qui vous calmera et favorisera votre circulation sanguine, plutôt que prendre le volant et vous mettre dans les embouteillages. Vous êtes tellement nerveux.se en ce moment que vous pourriez provoquer des accidents !

**Pratique de la question précise «TIRAGE EN CROIX»**
**1ʳᵉ HYPOTHÈSE avec... en position *FAVORABLE* :**

➢ **Pour la question suivante** *: (de Kevin)*
*«Je suis au chômage depuis la fin de mes études.
Je travaille en intérim, mais je n'arrive pas à me stabiliser.
J'aimerais trouver un emploi dans un domaine ou l'on s'occupe
d'enfants en difficultés ou de personnes âgées sans famille.
Ai-je des chances de trouver dans cette voie?»*

**Soit :**
**LA ROUE DE FORTUNE (10)** + LE PAPE (5)
+ LA LUNE (18) + Le MAT (0)
= **L'AMOUREUX (6)**
+ **LE SOLEIL (19)** *lame tirée en supplément
pour «LEVÉE DE DOUTES»*

 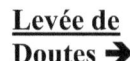 **Levée de Doutes ➔**

☛ **SUGGESTION DE RÉPONSE**

➢ **1/ LA ROUE DE FORTUNE (10) en position *favorable* :**
– Représente votre dynamisme, votre joie de vivre. L'enthousiasme que vous pouvez prodiguer à autrui. La période est favorable pour entreprendre des démarches, rechercher une formation, un établissement dans lequel vous pourriez commencer à faire connaissance avec ce milieu.

➢ **2/ LE PAPE (5) en position défavorable :**
– Indique que vous avez encore de réels progrès à faire. Pour jouer un rôle d'apaisement et d'aide à autrui, il faut que vous mûrissiez. Vous avez encore beaucoup à apprendre de la vie. Il faut également avoir une bonne maîtrise de ses émotions. Vous n'êtes pas sans douter que vous pouvez rencontrer des cas très difficiles.

➢ **3/ la LUNE (18) en 3$^e$ position :**
– Dénote votre trop grande émotivité. Vous pleurez devant le malheur d'autrui, et du coup, vous ne pouvez plus passer à l'action. Il faut savoir doser sa sensibilité.

➢ **4/ le MAT (0) en 1$^{re}$ réponse :**
– Confirme que dans l'immédiat, vous ne savez pas trop où vous en êtes. Vous avez certes, l'envie d'aider autrui, mais au moindre coup dur, vous risquez de fuir vos responsabilités, vous ne vous sentez pas le cœur à supporter cette détresse humaine.

➢ **5/ L'AMOUREUX (6) *en réponse définitive* :**
– Confirme vos incertitudes. Vous êtes à la croisée de chemins, vous devez faire un choix, savoir vraiment quelle route prendre et suivre votre destinée.

➢ **6/ LE SOLEIL (19) *levée de doutes* :**
– Annonce des événements heureux. Vous finirez par trouver votre voie, et vous en retirerez entière satisfaction !

## 2 HYPOTHÈSE avec... en position *DÉFAVORABLE* :

### ➢ Pour la question suivante : *(de Jacques)*
*« Je tiens une affaire de vente directe en lingerie
et j'ai eu récemment une proposition d'association avec un ami
qui lui, tient une affaire de vente directe également, mais en bijoux.
Réunir nos 2 entreprises s'avérerait-il fructueux pour l'avenir? »*

### Soit :
LA LUNE (18) + **LA ROUE DE FORTUNE. (10)**
+ LA JUSTICE (8)
+ LA MAISON - DIEU (16) = **LE CHARIOT (7)**

## ☞ SUGGESTION DE RÉPONSE

### ➢ 1/LA LUNE (18) en position favorable :
– Montre que vous êtes une personne qui a un excellent sens du commerce. Vous savez être ouvert à toute forme d'entretien, mais également de négociation. De plus vous avez un sens intuitif et créatif très développé ; ainsi qu'une imagination débordante !

### ➢ 2/ ROUE DE FORTUNE (10) en position *défavorable* :
– Vous met en garde contre votre impulsivité ! Ne voyez pas que le côté lucratif de cette éventualité d'association !
– Êtes-vous sûr de bien connaître ce futur partenaire ?
– Ne vous engagez pas dans une situation que vous pourriez regretter amèrement plus tard !

### ➢ 3/ LA JUSTICE (8) en 3ᵉ position :
– Vous met également en garde contre le risque de litiges.
– L'affaire de votre ami est-elle saine ? Ne chercherait-il pas un associé pour renflouer son commerce défaillant ? Ne serait-ce pas une forme de couverture ? Dans une association, il faut peser le *pour et le contre* ! comme vous le suggère LA JUSTICE.

### ➢ 4/ LA MAISON - DIEU (16) en 1ʳᵉ réponse :
– Est la carte la plus négative du tarot. Elle vous annonce que cette association ne se fera pas ! N'entretenez pas de faux espoirs, ne vous bercez pas d'illusions. L'écroulement de ce projet est proche et vous en serez totalement abattu à l'annonce de la raison pour laquelle il n'y a pas de suite !

### ➢ 5/ LE CHARIOT (7) *en réponse définitive :*
– Quoi qu'il en soit, vous sortirez vainqueur de cet échec.
– Vous retrouverez la force de continuer la route seul, en vaillant guerrier, et vous remercierez le ciel de ne pas avoir exaucé votre vœu !
– Préservez votre indépendance, allez de l'avant, le succès vous est promis, mais… sans associé !

# EN FONCTION

# DE CE QUE

# VOUS AVEZ DÉJÀ APPRIS

# AVEC

# CE CHAPITRE

# FAITES LES EXERCICES SUIVANTS

# CORRESPONDANTS

# AU

# **DEVOIR N°3**

# DEVOIR N°3

## ➢ QUESTION 1 :
– (*) *(Non cités dans les cours ! qui ont, selon vous, un lien avec la lame citée)*

### ➢Concernant L'AMOUREUX 6 :
**AU POSITIF :**
☞

**AU NÉGATIF :**
☞

Citer AU MOINS 3 objets*:
☞

Citer AU MOINS 3 lieux*:
☞

### ➢ Concernant LE CHARIOT 7 :
**AU POSITIF :**
☞

**AU NÉGATIF :**
☞

Citer AU MOINS 3 objets*:
☞

Citer AU MOINS 3 lieux*:
☞

➢ **Concernant LA JUSTICE 8 :**
**AU POSITIF :**
☞

**AU NÉGATIF :**
☞

Citer AU MOINS 3 objets*:
☞

Citer AU MOINS 3 lieux*:
☞

– À quelle **SAISON** pourriez-vous comparer la JUSTICE 8 et **pourquoi ?**

➢ **Concernant L'HERMITE (9) :**
**AU POSITIF :**
☞

**AU NÉGATIF :**
☞

Citer AU MOINS 3 objets*:
☞

Citer AU MOINS 3 lieux*:
☞

## ➢ Concernant LA ROUE DE FORTUNE (10) :
**AU POSITIF :**
☞

**AU NÉGATIF :**
☞

Citer AU MOINS 3 objets*:
☞

Citer AU MOINS 3 lieux*:
☞

## ➢ QUESTION 2 :
– *Quelle lame sort pour ce tirage ?*
Le chariot (7) + la Justice (8 + l'Amoureux (6) + l'Empereur (4)
= _____

## ➢ QUESTION 3 :
– *Une élève de terminale se demande si en fin d'année scolaire, elle obtiendra son bac ?*
**a) essayez d'établir une interprétation des lames en :**
**1ʳᵉ hypothèse :**
**Position 1 (*POUR*) : L'IMPÉRATRICE (3)**
☞

**Position 2 (*CONTRE*) : LE BATELEUR (1)**
☞

– *Quels conseils lui donneriez-vous ?*

**2ème hypothèse :**
**Position 1 (*POUR*) : LE CHARIOT (7)**



**Position 2 (*CONTRE*) : LA PAPESSE (2)**



– Quels conseils lui donneriez-vous ?



➤ **QUESTION 4 :**
   *«Christiane, la trentaine, s'interroge sur le devenir de son couple qui a des difficultés en ce moment.*
   *– La situation va-t-elle s'améliorer entre les partenaires?»*

<u>**Les Lames tirées sont :**</u>
   – En 1 : L'EMPEREUR (4)
   – En 2 : LA JUSTICE (8)
   – En 3 : LE PAPE (5)
   – En 4 : LE CHARIOT (7)

   a) Calculez **la synthèse** =
   b) Essayez de donner une **réponse** **à ce tirage** en fonction de la question :
☞

➤ **QUESTION 5 :**
Comme pour le cours précédent,
voici une liste de SIGNES PATHOLOGIQUES
Auxquels vous attribuerez le N° de lame correspondant
**(Concernant uniquement les lames de ce chapitre soit de 6 à 10)**

– Orgueil et rigueur =
– Irritable et susceptible, se disperse facilement =
– Le lait n'est pas sa boisson favorite =
– Aime sa liberté, s'oppose au progrès =
– Anorexie possible =
– Dévotion et mysticisme =
– Contrôle ses émotions =
– Caractère insensible et détaché =
– Pense par lui-même (elle-même) =
– Ne sombre pas facilement dans la dépression =
– Aime les plaisirs de la table (entre autres) =
– S'irrite facilement =
– Gère mal ses émotions =
– Curiosité inassouvie =
– Tendance au narcissisme, voire soupe au lait =
– Besoin de peu de sommeil - se requinque vite =

Corrections en fin de livre…

# CHAPITRE 4

## **LES ARCANES MAJEURS**

&

Leurs interprétations

**11 - LA FORCE**
**12 - LE PENDU**
**13 - LA FAUX**
**14 - TEMPÉRANCE**
**15 - LE DIABLE**

## *UNE JEUNE FEMME DEBOUT AUPRES D'UN LION.*
## *ELLE LUI OUVRE LA GUEULE SANS FORCER !*

LA FORCE, 11$^{ème}$ lame du TAROT, nous présente
une jeune femme d'une grande beauté !
– Son visage à l'air décontracté, sans peur…
– Ses mains écartent les mâchoires du LION,
sans effort semble-t-il, puisque les muscles de ses bras
ne donnent pas l'impression d'être tendus.
Il n'y a pas de violence physique dans cette représentation !
Symbolise plutôt une grande CONFIANCE en soi !
– Un fort MAGNÉTISME - une FOI inébranlable.
3 mots clés qui permettent à LA FORCE
de dominer toutes les situations !

## LES CARACTÉRISTIQUES DE LA FORCE (11)

➢ **LA FORCE (11)** *c'est* : **FORCE INTÉRIEURE – FOI & MAÎTRISE !**

*Elle correspond à :*
– Au signe du LION
– à L'élément FEU
– au SOLEIL
– Au DIMANCHE
– au mois d'AOÛT
– à L'ÉTÉ

*LE NOMBRE 11 est un chiffre maître qui marque un conflit, une dualité, L'opposition du 2 (1+1)*

➢ **LA FORCE (11)**, c'est la maîtrise de nos pulsions, de nos actes...
Elle nous transmet FOI et FORCE INTÉRIEURE.
➢ Elle représente notre force de caractère, notre courage face aux événements.
En cas de conflit, ELLE nous préserve de la violence, de la vengeance...
➢ Elle nous accorde la ténacité et le respect.
➢ Elle nous enseigne l'honnêteté et la loyauté.
Elle est notre CONSCIENCE.
Toutefois, **LA FORCE (11)** ne fait guère preuve d'affection et encore moins de complaisance.

➢ *Sur LES PLANS suivants :* **La FORCE (11)** *est :*
  – **SENTIMENTS** : *propice*
  – **BIENS/FINANCES** : *propice*
  – **TRAVAIL** : *propice*
  – **ÉTUDES** : *propice*
  – **SANTÉ** : *excellente*
  – **VIE INTÉRIEURE** : *propice*

➢ **MOTS CLÉS (*au positif*) :** *peut représenter :* une femme influente entre 30 et 40 ans - énergique - un·e organisateur.trice - un·e leader… AINSI QUE : courage - loyauté - puissance et maîtrise sur les événements - force de caractère - domination - vitalité - confiance en soi - détermination - performance - volonté - efforts couronnés de succès - décision - contrôle de soi…

➢ **MOTS CLÉS (*au négatif*) :** *peut représenter :* ennemie puissante - intransigeante - une femme arrogante - une arriviste - une femme violente... AINSI QUE : doutes - travail occulte dans un sens négatif - manque de loyauté - despotisme - tyrannie - harcèlement - abus - autorité excessive - agressivité - manque de foi - rigidité - violence - faiblesse d'esprit - pouvoir par la force...

➢ *Une situation :* stable, solide et concrète. Les efforts fournis permettent de contrôler favorablement les événements.
➢ *En négatif :* affaires compromises par manque de souplesse et d'ouverture d'esprit !

➢ *Un lieu :* salle de sport - une arène - corrida - forêts vierges - abattoirs.
➢ *Une profession :* gestionnaire - administrateur.trice de biens - chef.fe de chantier - dompteur.trice - parapsychologue - psychologue - déménageur.se - infirmier·e - sportif.ve…

➢ *Maladie de prédisposition :* tendance au surmenage et à l'hypertension artérielle ! Savoir se détendre... Bonne endurance.

➢ **CE QU'IL FAUT EN RETENIR** :
– *Être déterminé·e - rester confiant·e -* **CONTRÔLE de SOI !**

## ☞ INTERPRÉTATION DE LA LAME
### «TIRAGE EN CROIX»

➢ **Position 1 : LA FORCE (11)**
   **EN *POUR : DÉTERMINATION & COURAGE...***
   – Vous permet de maîtriser les événements. Vous faites suffisamment preuve de courage, de foi et de détermination pour faire face aux épreuves. Vous savez utiliser toutes vos énergies, tant mentales que physiques pour faire aboutir votre projet. Sachez toutefois éviter toute forme d'agressivité en maîtrisant votre tempérament impulsif.

➢ **Position 2 : LA FORCE (11)**
   **a) EN *CONTRE : MANQUE DE TOLÉRANCE.***
   – Contrôlez davantage votre caractère trop autoritaire, voire tyrannique ! Vous avez tendance à vouloir régler toute situation difficile par la force ! Vous devez prendre conscience qu'une telle attitude ne peut qu'envenimer la situation.
   – Peut annoncer également dans cette position, des adversaires rudes !
   **b) *LES DÉFIS* : *Ne TOMBEZ PAS DANS LE PIÈGE TENDU !***
   – Une violente dispute risque de contrecarrer vos projets ; quelqu'un de votre entourage pourrait chercher à vous faire sortir de vos gonds ! RÉSISTEZ ! C'est en conservant votre sang froid que vous pourrez arriver à un compromis.

➢ **Position 3 : LA FORCE (11)**
   **a) *FAIRE, CHANGER : IMPOSEZ-VOUS en DOUCEUR !***
   – Ayez une attitude ferme et déterminée, tout en restant diplomate ! Ayez l'audace d'imposer vos idées, affirmez-vous auprès de vos partenaires...
   – Ayez confiance en vous et en vos possibilités. C'est avec FORCE, COURAGE et DÉTERMINATION que vous ferez évoluer votre situation.
   **b) *AIDES EXTÉRIEURES : DES APPUIS PUISSANTS* !**
   – Vous pourrez compter sur des appuis, sur des relations solides qui vous soutiendront dans vos démarches, vos projets.
   – Votre entourage est loyal et bien disposé à votre égard.

– Des relations de confiance s'installeront et vous pourrez franchir les obstacles.

➢ **Position 4 : LA FORCE (11)**
   1ʳᵉ RÉPONSE *à la question : GARDER LA FOI !*
   – Vous avez vaincu les difficultés qui faisaient obstacles à votre souhait ! Gardez FOI en votre projet, même si celui-ci n'est pas tout à fait au point, votre détermination et votre courage vous donnent toutes les chances de réussir.

➢ **Position 5 : LA FORCE (11)**
   *RÉPONSE définitive à la question : VICTOIRE EN VUE !*
   – Indique que vous avez su vaincre les obstacles qui pouvaient entraver votre route.
   – Bien que La FORCE n'annonce pas un résultat immédiat, vous êtes sur la bonne voie ! À vous de continuer à œuvrer dans le bon sens, ayez foi en vous et en l'avenir, vous possédez toute l'énergie nécessaire pour faire évoluer votre souhait favorablement.

➢ *LA FORCE (11) dans cette position, vous promet la victoire ! Gardez confiance et persévérez ! Vous obtiendrez les résultats en fonction de vos efforts !*

☞ **SUGGESTION D'interprétation**

➢ **À LA COUPE :** *LA FORCE MORALE et votre FOI sont vos atouts pour vaincre les difficultés.*

## En POUR et en CONTRE

➢ **AFFECTIF (*POUR*) :** en cas de problèmes de couple, faites des efforts, assouplissez votre caractère, vous retrouverez ainsi l'harmonie conjugale ou familiale.
– La confiance mutuelle consolide fortement votre relation.

➢ **AFFECTIF (*CONTRE*) :** évitez les rapports de force et ne cherchez pas à avoir raison à tout prix ! Apprenez l'art de la tolérance et du compromis !
– Ne laissez pas la jalousie détruire votre relation ; ne cherchez pas à contrôler la vie de tout votre petit monde, ne vous évertuez pas à résoudre un problème d'ordre familial par la force ou avec des paroles blessantes, vous ne feriez qu'envenimer la situation.
– Il se pourrait que vous ayez affaire à plus fort que vous !

➢ **PROFESSIONNEL (*POUR*) :** votre force de caractère vous permet de dominer toute situation et ainsi, faire aboutir vos projets.
– Vous savez faire preuve d'une grande clarté de jugement, et ne vous laissez nullement influencer par les événements contraires.
– Votre tempérament volontaire et votre grande détermination font de vous une personne à qui l'on accorde une totale confiance.
– Votre esprit loyal et votre haute moralité attirent les appuis cosmiques.
– Ayez confiance en vous et en l'avenir, vos ambitions seront couronnées de succès !

➢ **PROFESSIONNEL (*CONTRE*) :** harcèlement sexuel ou moral, tyrannie de l'employeur (à moins que ce soit vous qui soyez tyrannique vis-à-vis de vos collègues, de vos employés). Tout est possible et vous devez y faire face !

– Les obstacles sont nombreux, les relations professionnelles guère favorisées, l'ambiance est tendue, vous avez du mal à faire accepter vos idées, et vos ambitions sont loin d'être satisfaites.

– Contrôlez-vous, mettez votre orgueil de côté, traitez vos affaires avec souplesse et diplomatie plutôt qu'avec des rapports de force, qui finiraient par les rendre stériles.

➢ **MATÉRIEL** (*POUR*) : vous gérez vos finances avec maîtrise et prévoyance.

– En cas de tracasseries, vous savez y faire face en toute sérénité.

– Votre loyauté et votre honnêteté font de vous une personne à qui l'on accorde facilement un prêt, un crédit.

➢ **MATÉRIEL** (*CONTRE*) : manque de prévoyance, mauvaise gestion sont les causes de vos tracasseries financières. Vous ne devez vous en prendre qu'à vous-même !

– Vous devez modérer vos dépenses et en cas de difficultés pour payer vos factures en temps voulu, trouvez un compromis avec vos créanciers, demandez un délai de paiement et imposez-vous une discipline financière.

➢ **SANTÉ** (*POUR*) : bien que bonne dans l'ensemble, il vous est conseillé de ne pas abuser de vos forces.

– Surveillez le cœur et les artères.

➢ **SANTÉ** (*CONTRE*) : vous avez abusé de vos forces, et vous en payez les conséquences.

– Imposez-vous du repos afin de retrouver votre vitalité.
– Attention aux problèmes cardiaque et circulatoires.

## Pratique de la question précise «TIRAGE EN CROIX»
### 1re HYPOTHÈSE avec... en position *FAVORABLE*

### ➢ Pour la question suivante : *(de Séverine)*
*«Depuis 2 ans, j'ai rencontré ÉRIC, et nous sommes devenus de très bons amis. Lui, à l'époque, était en instance de divorce et recherchait une confidente.*
*- Après son divorce, notre relation a évolué vers un sentiment amoureux.*
*- Nous nous voyons très souvent et toujours avec un réel plaisir, toutefois, il ne s'engage pas. Jamais il ne fait allusion à la possibilité de vivre ensembles. Dois-je espérer?»*

### Soit :
### LA FORCE (11) + L'AMOUREUX (6)
### + LA LUNE (18) + L'ÉTOILE (17)
### = LE CHARIOT (7)

### ☞ SUGGESTION DE RÉPONSE

#### ➤ 1/ LA FORCE (11) en position *favorable :*
– Confirme l'équilibre de vos caractères respectifs, refusant la passion qui se révèle bien souvent destructrice.
– Vous savez maîtriser vos pulsions et dominer vos sentiments.
– La FORCE vous transmet également la loyauté de votre ami ÉRIC.

#### ➤ 2/ L'AMOUREUX (6) en position défavorable :
– Dénote le tiraillement actuel de votre ami.
– Après le divorce, il est tout à fait normal d'avoir des difficultés à s'engager à nouveau dans un mariage. Il hésite encore entre une relation libre et une relation légalisée.

#### ➤ 3/ LA LUNE (18) en $3^e$ position :
– Joue en votre faveur dans le sens où elle symbolise le foyer, la famille.
– Elle vous apporte son aide.
– Il se pourrait également qu'elle représente votre future demeure !

#### ➤ 4/ L'ÉTOILE (17) en *$1^{re}$ réponse* :
– Vous apporte l'espoir et vous guide dans vos démarches.
– Votre amour respectif est sincère et protégé par votre bonne étoile.

#### ➤ 5/ LE CHARIOT (7) *en réponse définitive :*
– Confirme le verdict. Vous obtiendrez gain de cause !
– Votre vœu se réalisera. Il n'y aura peut-être pas mariage, mais vous emménagerez bientôt ensemble !

## 2ᵉ HYPOTHÈSE avec... en position *DÉFAVORABLE* :

➢ **Pour la question suivante :** *(de BERNADETTE)*
*«Nous sommes mariés depuis 7 ans,
et notre couple traverse actuellement une période difficile.
La situation va-t-elle s'améliorer?»*

**Soit :**
LE DIABLE (15) + **LA FORCE (11)**
+ LE CHARIOT (7) + L'ÉTOILE (17)
= **LE PAPE (5)**

## ☞ SUGGESTION DE RÉPONSE

### ➤ 1/ LE DIABLE (15) en position favorable :

– Côté sexuel, votre relation a l'air épanouie ; mais il semble également régner un sentiment de jalousie, de manque de confiance mutuelle, de rancune tenace.

– Essayez de dominer votre côté passionnel, et soyez plus tolérante.

### ➤ 2/ LA FORCE (11) en position *défavorable* :

– Vous vous interrogez sur votre relation !

– Mais avez-vous pris conscience que vous avez une grande part de responsabilités dans votre désaccord. Vous avez un caractère trop autoritaire. Vous êtes têtue et violente, sachez vous assouplir ! Ne cherchez pas à imposer vos idées ou vos convictions par la force !

– Apprenez l'art du compromis, acceptez vos erreurs, vous n'êtes pas parfaite, et faites taire cette jalousie !

### ➤ 3/ LE CHARIOT (7) en $3^e$ position :

– Vous aide à contrôler vos pulsions et vos instincts.

– Vous pouvez retrouver l'harmonie de votre couple en évitant les conflits.

– Un petit voyage en amoureux pourrait être bénéfique, songez-y !

### ➤ 4/ L'ÉTOILE (17) en $1^{re}$ réponse :

– Ne gâchez pas tout par votre mauvais caractère.

– Vous pouvez retrouver l'harmonie de votre couple ; il n'en tient qu'à vous !

– Pourquoi vouloir détruire une relation qui a tout pour durer ?

### ➤ 5/ LE PAPE (5) *en réponse définitive* :

– Symbole d'union et de réconciliation, représente l'amour sincère de votre mari.

– Ne doutez pas de ses sentiments !

*UN JEUNE HOMME PENDU PAR UN PIED
À UNE BRANCHE ENTRE 2 ARBRES.
TOUTES LES BRANCHES ONT ÉTÉ SCIÉES.
IL SEMBLE ÉGALEMENT AVOIR LES POINGS
LIÉS DANS LE DOS !*

LE PENDU, 12$^{ème}$ lame du TAROT,
représente un être qui n'est plus libre de ses mouvements.
mais il s'est pendu par un pied, et ce, VOLONTAIREMENT !
Ainsi, dans cette position, Il perd les pièces de monnaies
Qu'il avait encore dans ses poches !
Ce qui laisse penser qu'il ne souhaite plus avoir d'attachement
aux biens terrestres,
Mais qu'il préfère s'abandonner aux grâces célestes.

## LES CARACTÉRISTIQUES DU PENDU (12)

**LE PENDU (12)** *c'est* : **DON de SOI & DÉTACHEMENT**

*Il correspond à :*
– Au signe des POISSONS
– à l'élément EAU
– à la planète NEPTUNE
– Au JEUDI
– au mois de FÉVRIER
– à L'HIVER

*Le NOMBRE 12 représente un double CHOIX (6 X 2)*

➤ **LE PENDU (12),** lame très spirituelle,
nous conseille d'être moins terre à terre, moins matérialiste !

➤ La vie n'est qu'un passage ici bas et nous n'emporterons
aucun de nos biens au moment du grand départ !
➤Acceptons les épreuves
qui nous sont imposées, et prenons conscience
que ces tourments sont salutaires pour notre évolution intérieure.

➤ Nous devons assumer les conséquences en fonction de nos actes.
➤ LE PENDU nous conseille également
la méditation, l'humilité et la prière.

➤ *Sur LES PLANS suivants :* LE PENDU (12) *est :*
- **SENTIMENTS :** *peu propice*
- **BIENS/FINANCES :** *peu propice*
- **TRAVAIL :** *peu propice*
- **ÉTUDES :** *peu propice*
- **SANTÉ :** *précaire*
- **VIE INTÉRIEURE :** *excellent*

➤ **MOTS CLÉS (*au positif*) :** *peut représenter :* un mystique - médium - mendiant - prisonnier - chômeur - ami dévoué et désintéressé - être faible... AINSI QUE : attente - prière - lâcher-prise - abandon - désintérêts pour le matériel - limitation - blocage - don de soi - renonciation - sacrifice - libération par acceptation - action occulte - contrainte - recueillement - réceptivité - renaissance...

➤ **MOTS CLÉS (*au négatif*) :** *peut représenter :* un suicidaire - faux prophète - égocentrique - psychopathe - malade mental... AINSI QUE : détention - prison - lâcheté - victime de ses actes, de ses erreurs peur - échec - endettement - angoisse - situation sans issue - fin d'une relation - vol - viol - perte de vitalité...

➤ *Une situation :* stagnation et blocages divers ; ne pas forcer les événements - rien n'évolue dans l'immédiat.
➤ *En négatif :* sans espoir d'amélioration ! Accepter la défaite et renoncer à ses projets.

➤ *Un lieu :* prison - refuge - hôpital psychiatrique - pharmacie - la nature...

➤ *Une profession :* guérisseur - inventeur – poète - activité bénévole...

➤ *Maladie de prédisposition :* dépression - manque de vitalité - psychisme fragilisé. Pieds fragiles ! Attention aux champignons et microbes.

➤ **CE QU'IL FAUT EN RETENIR** :
*Savoir lâcher prise - assumer les conséquences de ses actes*
*– ACCEPTER l'épreuve !*

## ☞ INTERPRÉTATION DE LA LAME
### «TIRAGE EN CROIX»

➢ **Position 1 : LE PENDU (12)**
   **EN _POUR_ : _PRENDRE SON MAL EN PATIENCE_ !**

– Prenez votre mal en patience ! Attendez que la situation se débloque d'elle-même. Vous ne pouvez rien changer pour faire évoluer les événements, il est trop tard pour agir. Un temps de réflexion est nécessaire, observer et patienter, voici ce qui vous reste à faire !

➢ **Position 2 : LE PENDU (12)**
   **a) EN _CONTRE_ : _OPPOSITION PUISSANTE._**

– Trop d'obstacles se mettent sur votre route pour pouvoir envisager une issue favorable. RENONCEZ, la conjoncture et mauvaise, les engagements non tenus ! Lâchez prise, ne vous focalisez plus sur ce projet, faites-vous une raison et occupez-vous ailleurs !

   **b) _LES DÉFIS_ : _ACCEPTER LA DÉFAITE_ !**

– Abandonnez votre projet si vous ne voulez pas souffrir inutilement ! Un obstacle imprévu vient bloquer votre situation et vous ne pouvez rien y faire ! Renoncez pour le moment ! Acceptez ce sacrifice et concentrez-vous sur autre chose. Mieux vaut attendre une conjoncture meilleure pour passer à nouveau à l'action !

➢ **Position 3 : LE PENDU (12)**
   **a) _FAIRE, CHANGER_ : _RÉFLÉCHIR, PRENDRE DU RECUL_ !**

– Il vous est vivement recommandé de vous accorder un temps de réflexion avant de vous engager. Remettez-vous en cause, ainsi que votre projet ! Interrogez-vous sur la sincérité de votre entourage, cherchez en vous vos véritables motivations, sont-elles justes ? Il est possible que vous vous fassiez de fausses idées, que vous vous voiliez la face, fasse aux événements actuels.

– Êtes-vous sûr·e de ne pas vous apprêter à commettre une erreur ?

   **b) _AIDES EXTÉRIEURES_ : _NE COMPTER QUE SUR SOI_ !**

– N'attendez pas une aide qui ne viendra pas ! L'entourage s'avérera décevant et les aides que vous espériez ne seront pas à la hauteur de vos ambitions.

– Puisez dans vos énergies, car c'est en vous que vous trouverez cette aide ! Parfois, la solitude peut avoir du bon, car elle permet de réfléchir à l'action la plus pertinente pour mener à bien son entreprise. Ne parlez pas de vos projets, restez discret·e ! Pensez à la prière, cette force qui se trouve au plus profond de vous-même, qui sera votre alliée la plus précieuse !

### ➤ Position 4 : LE PENDU (12)
**1ʳᵉ RÉPONSE** *à la question* : *MIEUX VAUT RENONCER PROVISOIREMENT !*

– Trop de blocages viennent contrecarrer vos projets du moment ! Vous vous sentez découragé·e, épuisé·e, vous n'avez plus la force de vous battre, et vous avez perdu la FOI en l'avenir. Vous ne devez pas cependant, vous laisser aller à la déprime. Si les événements n'ont pas abouti comme vous l'aviez espéré, il se peut que, s'ils s'étaient réalisés, vous en auriez retiré que des ennuis ! Il faut savoir accepter la réponse DIVINE. Dieu seul sait ce qui est bon pour nous ! Acceptez ce verdict, revoyez vos positions, retravaillez votre projet sous une autre forme, et vous aurez peut-être la solution pour les réaliser !

### ➤ Position 5 : LE PENDU (12)
*RÉPONSE définitive à la question* : *ESPOIRS DÉÇUS !*

– De nombreux retards vous mettent dans une position d'attente, de renoncement ; Ne cédez pas au découragement ! Même si vos élans sont freinés, gardez la FOI, car si votre souhait ne se réalise pas comme espéré, il y a forcément une raison ! Même si vous aviez tout misé sur ce projet, acceptez cette défaite, regardez la situation en face et prenez les décisions qui s'imposent !

– Méditez également sur cette maxime,
elle vous apportera certainement un peu de réconfort :
*«RAPPELEZ-VOUS ! Si vous éprouvez n'importe quelle déception,
c'est peut-être le travail silencieux d'un ami invisible,
entrain de vous mettre à l'abri des ennuis !»*

➤ *LE PENDU (12) dans cette position, déçoit !*
*Mais en même temps, si l'on sait*
*«ouvrir son esprit», on peut en retirer une leçon !*
*À nous de COMPRENDRE le message du PENDU !*

## ☞ SUGGESTION D'interprétation

➢ **À LA COUPE :** *Une période d'attente s'impose. Il est trop tard pour agir ; prenez du recul et PATIENTEZ !*

### En POUR et en CONTRE

➢ **AFFECTIF *(POUR)*** : prenez du recul vis-à-vis de votre relation.
— Ne vous bercez pas d'illusions tant qu'à l'éventualité d'une rencontre dans l'immédiat.
La situation est bloquée, et quoi que vous entrepreniez, rien ne se concrétisera avant longtemps.
— Si vous vivez en couple, LE PENDU annonce le sacrifice de soi par rapport à sa famille.
— Même si votre amour est éteint, vous préférez vous résigner à supporter la situation, plutôt qu'entreprendre les démarches nécessaires pour la débloquer.

➢ **AFFECTIF *(CONTRE)*** : cette situation, vous le savez, est sans issue ! Réagissez ! Mettez-y un terme ! Pourquoi vouloir vous sacrifier ? Qu'avez-vous à y gagner ? La peur de l'inconnu vous empêche de bouger ! Sortez de cet état d'esprit négatif, prenez vos responsabilités, émergez de votre léthargie, une autre vie vous attend !

➢ **PROFESSIONNEL *(POUR)*** : rien n'évolue, tout est bloqué, ce qui entraîne un découragement total.
— Vous vous sentez dans l'impossibilité de maîtriser la situation, et cela vous déprime.
— Prenez du recul, accordez-vous un temps de réflexion, essayez de comprendre pourquoi vous en êtes arrivé·e là ! vous avez sans doute votre part de responsabilités dans ce résultat.
— Acceptez cet échec, vous retrouverez bientôt le courage d'entreprendre de nouvelles démarches.

➤ **PROFESSIONNEL** *(CONTRE)* : ne renoncez que temporairement à vos projets.

– Adoptez un temps de réflexion, assumez vos responsabilités, prenez conscience de vos actes et de vos erreurs et agissez afin de vous sortir de cette impasse.

– Ne vous laissez pas submerger par les soucis, ressaisissez-vous !


➤ **MATÉRIEL** *(POUR)* : attendez-vous à faire des sacrifices importants.

– Méfiez-vous également des possibilités de vol et d'escroquerie.

– Ne prêtez pas d'argent, vous risqueriez de le regretter.

– Une perte d'emploi entraîne une perte de salaire, à moins que vous arriviez en fin de droits au niveau Assedic. Toujours est-il qu'une passe de restrictions sérieuses se fait sentir.

➤ **MATÉRIEL** *(CONTRE)* : la situation financière est catastrophique ! Réagissez avant de vous retrouver dans une ornière !

– Soyez très vigilant·e en ce qui concerne toute forme de papiers. Ils pourraient être perdus ou volés !

– L'argent est pour vous une priorité secondaire, certes ! Pensez tout de même à régler vos factures et votre loyer !

– Ne dépensez pas sans compter ! Ne jetez pas l'argent par les fenêtres ! Apprenez l'art des économies !


➤ **SANTÉ** *(POUR)* : le moral est au plus bas ! La déprime vous guette ! Par ailleurs, un certain laisser-aller, un manque de surveillance régulière, entraînent des problèmes que vous auriez pu éviter. Ce n'est pas parce que vous êtes en baisse d'énergie que vous devez vous déresponsabiliser de votre santé !

➤ **SANTÉ** *(CONTRE)* : la dépression vous guette ! Ne vous laissez pas dominer par les événements ! Vous devez réagir ; assurez vos responsabilités, prenez rendez-vous avec un spécialiste si besoin est ! Se laisser aller ne résout jamais un problème.

– Ne cherchez pas à «oublier» vos tracas en vous réfugiant dans l'alcool ou la drogue ! Vous détruisez votre organisme.

## Pratique de la question précise «TIRAGE EN CROIX»
### 1ᵣₑ HYPOTHÈSE avec... en position *FAVORABLE* :

### ➤ Pour la question suivante : *(CAMILLE)*
*«Je suis depuis 1 an au chômage. J'ai répondu à une offre d'emploi de l'A.N.P.E.*
*Ma candidature sera-t-elle acceptée ?*

### Soit :
### LE PENDU (12) + L'ÉTOILE (17)
### + LA ROUE DE FORTUNE (10) + LA JUSTICE (8)
### = **LA FORCE (11)**

☞ **SUGGESTION DE RÉPONSE**

### ➢ 1/ LE PENDU (12) en position *favorable :*
– confirme cette période d'attente, vous mettant dans une situation difficile et jusqu'à présent, bloquée.

### ➢ 2/ L'ÉTOILE (17) en position défavorable :
– évoque bien tous vos espoirs vains. Vous deviez avoir une bonne situation avant cette mise au chômage. *(période faste annoncée par l'ÉTOILE).*

### ➢ 3/ LA ROUE DE FORTUNE (10) en $3^e$ position :
– semble confirmer qu'après avoir bénéficié d'une situation professionnelle enviable, vous traversez une phase difficile, mais la ROUE tourne !

### ➢ 4/ LA JUSTICE (8) en $1^{re}$ réponse :
– annonce toutefois un nouvel équilibre dans votre vie.
– Vous pourriez également bénéficier des conseils, voire soutiens d'une personne travaillant dans le domaine administratif ou juridique.

### ➢ 5/ LA FORCE (11) *en réponse définitive :*
– vous redonne FOI et espoir en l'avenir ; même si votre candidature n'était pas retenue cette fois, LA FORCE semble annoncer une situation aussi bonne, sinon meilleure que la précédente !
– Gardez de bons contacts avec les personnes susceptibles de vous épauler dans vos démarches ; faites preuve de tact et de diplomatie. Au moment où vous ne vous y attendrez pas, le chômage prendra fin !

## 2ᵉ HYPOTHÈSE avec... en position *DÉFAVORABLE* :

➤ **Pour la question suivante** : *(de RAYMOND)*
- *Je suis veuf depuis 10 ans, aucune attache dans la région, peu d'amis. Mes enfants me conseillent de vendre ma maison afin de m'établir plus près d'eux !*
*Je pense de plus en plus à cette éventualité, mais arriverais-je facilement à la vendre?»*

**Soit :**
LE CHARIOT (7) + **LE PENDU (12)**
+ LA FAUX (13) + LE MAT (0)
= **LE PAPE (5)**

## ☞ SUGGESTION DE RÉPONSE

### ➢ 1/ LE CHARIOT (7) en position favorable :
– signale votre envie de bouger. Vos enfants ont raison de vous inciter à faire ce choix !

– Il vous sera très profitable. Vous aurez le plaisir de voir plus souvent vos enfants et vous pourrez également faire de nouvelles rencontres.

### ➢ 2/ LE PENDU (12) en position *défavorable* :
– indique toutefois, qu'actuellement tout est bloqué !

– Les négociations pour vendre votre maison seront certainement très lentes.

– Attention de ne pas avoir affaire à un administrateur «véreux».

### ➢ 3/ LA FAUX (13) en $3^e$ position :
– révèle que vous vous trouvez au terme d'une période de votre vie. Un changement radical s'impose et vous sera bénéfique.

– Le destin, lui aussi, s'en mêle, Il vous incite à trancher avec votre passé !

### ➢ 4/ LE MAT (0) en $1^{re}$ réponse :
– symbole même du déménagement, confirme ce départ.

– Toutefois, vous avez l'impression de repartir à zéro, et vous appréhendez un peu cette nouvelle vie qui vous attend.

– Il est vrai qu'il vous faut passer le cap de la vente de la maison, et pouvoir en trouver une autre, dans un lieu qui cette fois, vous convient. Armez-vous de courage, cette phase difficile ne sera qu'une étape dans votre vie.

### ➢ 5/ LE PAPE (5) en *réponse définitive* :
– lame qui apaise, mais également qui annonce la signature d'un contrat.

– Vous allez donc bien signer une promesse de vente pour votre maison.

*UN SQUELETTE MANIANT UNE FAUX*
*SUR UNE TERRE ARIDE*
*D'OU SORTENT DE JEUNES PLANTS ;*
*MAIS AUSSI DES MAINS,*
*UNE TÊTE D'HOMME COURONNÉE*
*ET UNE TÊTE DE FEMME !*

Ce « PERSONNAGE » 13ᵉ lame du TAROT…
Ne possédant aucun nom,
nettoyé de ses chairs putrides, ne montrant que ses os,
Symbolise le DÉPOUILLEMENT.
Avec sa FAUX, il coupe les attaches, il tranche les habitudes,
Il fauche ce qui doit l'être !
L'ARCANE SANS NOM ou LA FAUX
nous fait comprendre que nous devons
nous LIBÉRER du passé, pour pouvoir penser à l'avenir !

## LES CARACTÉRISTIQUES DE LA FAUX (13)

➢ **LA FAUX (13)** *c'est* :
**La FIN D'UN ÉTAT - D'UNE SITUATION !**

*Correspond à :*
- Au signe du SCORPION - à l'élément EAU - à la planète PLUTON
- Au MARDI - au mois de NOVEMBRE - à L'AUTOMNE

*<u>LE NOMBRE 13</u> annonce la fin d'une période
et le début d'une autre.*

➢ **LA FAUX (13),** annonce une fin, une transformation.
MOURIR* pour RENAITRE !
L'influence de PLUTON marque la fatalité,
nous oblige à affronter notre côté sombre !
➢ Avec la FAUX, il est trop tard pour se remettre en question et espérer !ce qui est fait est FAIT ! Il faut accepter !
ATTENTION, il s'agira d'un passage souvent brutal et irrévocable !
➢ Il s'agit le plus souvent d'une «*mort» symbolique.
On quitte l'ancien pour réaliser quelque chose de neuf,
on récolte ce que l'on a semé ;
une page se tourne, une autre s'ouvre !
un trait est tiré, on passe à autre chose !
ceci fait partie des étapes importantes de notre
évolution INTÉRIEURE !

➤ *Sur LES PLANS suivants* : LA FAUX (13) *est :*
  – **SENTIMENTS** : *peu propice*
  – **BIENS/FINANCES** : *peu propice*
  – **TRAVAIL** : *peu propice*
  – **ÉTUDES** : *peu propice*
  – **SANTÉ** : *précaire*
  - **VIE INTÉRIEURE** : *propice*

➤ **MOTS CLÉS *(au positif)*** : *Peut représenter :* veuf.ve - ancêtre - personne décédée... AINSI QUE :
- transformation - désunion - changement rapide - fin d'un état - fin d'une situation - fin d'un amour - un divorce - fin d'un chapitre de l'existence - libération nécessaire et bénéfique - rupture avec le passé - défaite utile...

➤ **MOTS CLÉS *(au négatif)*** : *Peut représenter :* un·e suicidaire - un·e vieillard·e abandonné·e de tous...
AINSI QUE : échec - néant - cessation d'activité - maladie grave - faillite - fatalité - chômage - idée suicidaire - restriction financière - fin irréversible d'une situation - changement radical imposé par les circonstances - accident mortel...

➤ *Une situation :* fin de carrière, changement radical mais bénéfique, un tournant de votre vie... Nouvelle orientation !
➤ *En négatif :* arrêt inévitable et irréversible d'une situation ! Changement non souhaité mais imposé par les circonstances !

➤ *Un lieu :* cimetière - décharge publique - la morgue…

➤ *Une profession :* examinateur.trice - huissier - ostéopathe - médium - radiologue - archéologue - rhumatologue...

➤ *Maladie de prédisposition :* les os sont fragilisés ! Attention aux chutes ! Anémie - anorexie...

**CE QU'IL FAUT EN RETENIR** :
– *Trop tard pour avoir des regrets !* - *Laisser le passé derrière soi !*
– *ACCEPTER & AVANCER !*

## ☞ INTERPRÉTATION DE LA LAME
### «TIRAGE EN CROIX»

➢ **Position 1 : LA FAUX (13)**
   **EN *POUR* : SE *LIBÉRER DU PASSÉ* !**
   – Annonce une libération et une transformation nécessaires et bénéfiques. Libérez-vous de vos préjugés, de l'esclavage intellectuel et matériel, accédez à la liberté de pensées !
   –Vous traversez une phase de transformation profonde, en réglant les aspects négatifs de votre passé. Vous êtes décidé·e, rien ni personne ne peut vous empêcher maintenant d'avancer sur le chemin d'une nouvelle vie !

➢ **Position 2 : LA FAUX (13)**
   a) **EN *CONTRE* : *NE RIEN MODIFIER* pour l'instant !**
   – Malgré votre soif de renouveau, ne prenez pas de décisions hâtives et ne transformez pas les choses de fond en comble, cela ne servirait à rien. Vous avez conscience qu'il y a quelque chose à changer, certes ! Mais ne s'agirait-il pas tout simplement de modifier votre attitude dans un premier temps. Réfléchissez, regardez la situation bien en face, osez affronter ce qui vous bloque réellement plutôt que vous attaquer à de faux problèmes !
   ***b) LES DÉFIS : SE TOURNER VERS L'AVENIR !***
   – Un changement important est entrain de prendre forme dans votre environnement. Ne cédez pas au découragement ni à la mélancolie, même si la chance n'est pas au rendez-vous ! (pour l'instant). Vous êtes encore très attaché·e à votre passé et à certaines habitudes ; faites une analyse de la situation et trouvez le courage de changer ce qui doit l'être ! Allez de l'avant, regardez vers l'avenir !

➢ **Position 3 : LA FAUX (13)**
   a) ***FAIRE, CHANGER* : *ACCEPTER LES RÉFORMES & S'ADAPTER* !**
   – Vous traversez une phase de transformation profonde ; vous êtes à un tournant de votre vie ; acceptez ces changements, adaptez-vous ! Libérez-vous de tout ce qui vous retient au passé et regardez vers l'avenir. Vous ne devez pas rester bloqué·e sur des expériences négatives que vous avez vécues, efforcez-vous d'avoir un regard neuf sur l'avenir, libérez votre esprit, et aussi difficile soit-il, regardez vers l'avenir !

**b) AIDES *EXTÉRIEURES* :**
*NE PAS COMPTER SUR LES ANCIENNES RELATIONS !*
— Le contexte n'est pas propice à la communication ni aux échanges. De plus, des blocages viendront paralyser vos élans ; vos appuis habituels vous feront défauts et il est fort probable qu'une rupture dans votre entourage, provoque des répercussions cuisantes sur votre projet ! Restez disponible et ouvert·e afin de prendre de nouveaux contacts plus propices à votre futur. Acceptez la rupture avec votre passé, vous aurez ainsi les meilleures chances pour concrétiser votre avenir !

➢ **Position 4 : LA FAUX (13)**
1$^{re}$ RÉPONSE *à la question* : *DÉBLOQUE SITUATION FIGÉE !*
— Même si l'ensemble du jeu est positif, LA FAUX annonce l'arrêt de quelque chose, d'une situation, d'un état.
— Cet arrêt peut être volontaire ; il peut symboliser que vous avez changé d'avis, que vous avez décidé de renoncer au but que vous vous étiez fixé, et aller ainsi vers une nouvelle orientation. Dans cette position, LA FAUX débloque une situation figée, elle permet de se libérer du passé, pour aller vers quelque chose de neuf, vers l'avenir.

*La LAME EN POSITION 5 indiquera comment est (sera) vécue cette transformation !*

➢ **Position 5 : LA FAUX (13)**
*RÉPONSE définitive à la question :* *ÉCHEC DES PROJETS !*
— Montre que la situation sur laquelle vous vous interrogez, va vers un dénouement très certainement négatif !
— Vous aurez peu de chances de concrétiser votre souhait.
— Même si l'ensemble du tirage est positif, une rupture est à prévoir, le projet risque d'être avorté de manière impromptue, en fonction d'événements extérieurs, qui même s'ils ne vous concernent pas directement, auront une forte influence sur votre vœu.
— Il se peut également que ce soit vous-même qui décidiez de renoncer à votre but, de vous tourner vers une nouvelle orientation !

➢ *LA FAUX (13) dans cette position, confirme la fin*
*d'un état, d'une situation, d'une relation…*
*Action volontaire, ou involontaire,*
*vous n'avez d'autre choix que d'accepter*
*et de passer résolument à autre chose !*

☞ **SUGGESTION D'interprétation**

➢ **À LA COUPE :** *CHANGEMENT RADICAL !*
*Faites table rase de votre passé,*
*acceptez les changements inévitables, libérez-vous !*

## En POUR et en CONTRE

➢ **AFFECTIF (*POUR*) :** laissez les mauvais souvenirs derrière vous ! Libérez-vous des fantômes du passé ! Cette relation arrive à son terme, ne cherchez pas à vous accrocher à ce qui est définitivement mort ! L'avenir vous appartient !
– Soyez courageux.se dans vos actions et vos pensées; tranchez avec ce qui est juste, analysez-vous et modifiez en vous ce qui devrait l'être. Devenez un être neuf !

➢ **AFFECTIF (*CONTRE*) :** votre couple ou relation est au bord de la rupture, mais ne prenez pas encore de décision en ce qui concerne son devenir ! Avant de vouloir pulvériser ce qui vous reste de sentiments, réfléchissez ! Remettez-vous en question ! Une rupture dans l'immédiat serait du pur gâchis !
– Osez et trouvez le courage de vous auto-analyser, de faire un retour sur le passé afin de comprendre pourquoi vous en êtes arrivé·e là, et changez ce qui doit l'être, sans pour autant détruire ce qui reste !

➢ **PROFESSIONNEL (*POUR*) :** c'est la fin d'une situation qui vous guette !
– Il s'agit peut-être d'un départ à la retraite, du changement de société...
– Peut annoncer également, hélas, un licenciement.
– Dans le sens positif, il peut s'agir du passage de l'inactivité à l'activité ! (du chômage au marché de l'emploi!) À moins qu'il s'agisse d'un départ à la retraite !
– Quoi qu'il en soit, vous devez accepter cette étape comme une période nécessaire à votre évolution. Profitez-en pour faire le point, éliminez ce qui est *«mort»*, ne vous bloquez pas sur des expériences négatives, forcez-vous à avoir un regard neuf sur l'avenir.

➤ **PROFESSIONNEL (*CONTRE*)** : vous avez envie de tout plaquer, de poursuivre une nouvelle direction... Réfléchissez avant de commettre l'irréparable ! Par les temps qui courent, serait-il vraiment raisonnable de tout abandonner ? De faire table rase sur votre vie professionnelle ! Avez-vous songé que, s'il y a des conflits dans l'entreprise, ou si votre activité vous semble pénible, vous avez sans doute votre part de responsabilités ! Ne cédez pas au découragement, et affrontez de front les problèmes !

➤ **MATÉRIEL (*POUR*)** : la FAUX n'est guère encourageante en général sur le plan financier ! Des restrictions sont à craindre, voire des pertes d'allocations ou de pensions, soyez strict·e dans votre gestion.
 – Par contre, s'il est question d'un héritage, LA FAUX l'annonce !
 – Par ailleurs, si vous êtes totalement démuni·e, sans ressource aucune, LA FAUX symbole de changement radical peut vous annoncer un gain imprévu, un bénéfice quelconque, un revirement de situation !

➤ **MATÉRIEL (*CONTRE*)** : ne vendez pas votre maison sur un coup de tête ! Prenez le temps de la réflexion !
 – Ne vous séparez pas de vos biens, pensez à l'avenir ! Vouloir satisfaire vos enfants en faisant une donation (par exemple), certes ! Mais si vous deviez aller en maison de retraite, qui paierait ?
 – N'aggravez pas votre situation en cherchant à emprunter ! Fuyez casinos et terrains de jeux ! Ne prêtez pas d'argent ! Méfiez-vous des escrocs de tous poils ! Les promesses de gains mirobolantes ne sont qu'arnaque !

➤ **SANTÉ (*POUR*)** : attention aux chutes et aux fractures de toutes sortes ! L'ossature est très fragilisée. Vous manquez très certainement de calcium et vitamines diverses. Faites une cure de sels minéraux.

➤ **SANTÉ (*CONTRE*)** : grave problèmes de santé, maladie incurable, accident fatal...

## Pratique de la question précise «TIRAGE EN CROIX»
### 1ʳᵉ HYPOTHÈSE avec... en position *FAVORABLE* :

➢ **Pour la question suivante :** *(de GERMAINE)*
*«Veuve depuis 18 ans, je travaille pour me faire une situation et la garder... Aujourd'hui, je veux vendre mon commerce, car je n'arrive plus à faire face à mes échéances. J'ai un procès pour dettes et je suis inquiète. Quelle en sera l'évolution?»*

**Soit :**
**LA FAUX (13)** + **LE JUGEMENT (20)**
+ **L'AMOUREUX (6)** + **L'HERMITE (9)**
= **LE PENDU (12)**

## ☞ SUGGESTION DE RÉPONSE

### ➢ 1/ LA FAUX (13) en position *favorable :*
– est la lame qui décrit le mieux votre situation actuelle.
– Une situation inquiétante et que vous semblez subir comme une véritable fatalité. Cette lame annonce la fin d'un travail, elle confirme bien que vous allez cesser votre activité commerciale.
– Elle annonce également que des difficultés financières vous attendent, mais tout n'est pas négatif ; cette carte indique aussi que vous êtes en train de vivre une profonde transformation intérieure, indispensable au renouvellement de votre personnalité. Seule cette transformation vous permettra de sortir de la crise que vous traversez.
– Apprenez à penser autrement, la clé de l'avenir est là !

### ➢ 2/ LE JUGEMENT (20) en position défavorable :
– annonce du retard dans vos projets. Les acheteurs se feront rares, et l'embarras financier annoncé par LA FAUX se confirme.
– Peut-être n'avez-vous pas fourni le maximum d'efforts pour rééquilibrer la situation ? Maintenant vous devez en assumer les conséquences.

### ➢ 3/ L'AMOUREUX (6) en $3^e$ position :
– montre que votre gestion est trop hésitante et que vous devez faire un choix urgent ! Votre principale difficulté est là !

### ➢ 4/ L'HERMITE (9) en $1^{re}$ réponse :
– indique des restrictions financières et annonce qu'il faudra attendre un peu avant de pouvoir vendre votre commerce.
– Il propose un renouveau marqué par le temps de réflexion propice à la bonne décision.

### ➢ 5/ LE PENDU (12) en *réponse définitive :*
– confirme l'attente. La vente ne se fera pas dans les prochains mois ! Il vous conseille d'accepter ce temps mort, et d'être très stricte dans vos dépenses, de ne pas vous désespérer ; la situation se débloquera en temps voulu !

## 2ᵉ HYPOTHÈSE avec... en position *DÉFAVORABLE* :

➢ **Pour la question suivante :** *(de Béatrice)*
*« J'ai un nouvel ami depuis 6 mois, mais je suis mariée...
Je m'interroge : vais-je divorcer et pourrais-je aller vivre
avec ce nouvel ami ?*

**Soit :**
LE SOLEIL (19) + **LA FAUX (13)**
+ LE MAT (0) + L'ÉTOILE (17)
**L'HERMITE (9)**

☞ **SUGGESTION DE RÉPONSE**

➤ **1/ LE SOLEIL (19) en position favorable :**
– indique un bonheur actuel, dû à cette nouvelle rencontre qui vous donne entièrement satisfaction sur le plan sentimental et érotique.

➤ **2/ <u>LA FAUX (13) en position *défavorable* </u>:**
– souligne le mauvais état de votre mariage. Vous devez totalement changer vos rapports avec votre mari, car ils ne vous conviennent pas à tous les deux.
– si vous n'arrivez pas à rééquilibrer votre relation, votre couple sera détruit.
– Cette lame concerne également la liaison entamée.
– Votre nouvel ami désire-t-il former un couple ?
– La question se pose...!

➤ **3/ LE MAT (0) en 3ᵉ position :**
– évoque votre besoin de liberté, votre côté «papillon».
– cette lame indique également par ailleurs, que votre nouvel ami n'est peut-être pas fiable. N'a-t-il pas peur de s'engager ?

➤ **4/ l'ÉTOILE (17) en 1ʳᵉ réponse :**
– est rassurante ! Cette carte de chance et de bien-être, protège actuellement votre liaison.

➤ **5/ L'HERMITE (9) en <u>*réponse définitive :*</u>**
– toutefois, vous invite à réfléchir sur cette relation et sur votre avenir, car vous risquez de vous retrouver seule !
– L'HERMITE n'annonce pas une relation durable avec cet ami !

*UN ANGE AILÉ QUI TRANSVASE L'EAU
CONTENUE
D'UNE CRUCHE EN ARGENT
DANS UNE CRUCHE EN OR !*

TEMPÉRANCE, 14$^{ème}$ lame du TAROT, représente un ange.
CET ANGE a l'allure d'une femme ailée.
Il transvase l'eau, symbole de la vie.
– Le vase d'ARGENT, représente la vie TERRESTRE,
– Le vase d'OR, représente la vie ÉTERNELLE !
– L'eau représente les énergies vitales qui circulent !

# LES CARACTÉRISTIQUES DE TEMPÉRANCE (14)

➢ **TEMPÉRANCE (14)** *c'est* : **La CAPACITÉ D'ADAPTATION.**

*Correspond à :*
– Au signe du VERSEAU
– à l'élément AIR
– à la planète URANUS.
– Au SAMEDI
– au mois de FÉVRIER
– à L'HIVER.

*Le chiffre 14 est synonyme d'harmonie et d'équilibre.*

➢**TEMPÉRANCE** apporte la paix, l'entente, le bien-être.
➢ Elle nous revitalise, elle représente la liaison
entre le passé, le présent et le futur.
Elle évoque l'idée de réincarnation, de la vie éternelle.

➢TEMPÉRANCE, c'est la Providence !
Dans tous les cas, l'on peut envisager l'avenir en toute quiétude !

➢TEMPÉRANCE nous protège et nous met en harmonie
avec ce qui nous entoure !

➢TEMPÉRANCE, c'est notre ange gardien !

➢ *Sur LES PLANS suivants :* **TEMPÉRANCE (14)** *est* :
  – **SENTIMENTS** : *propice*
  – **BIENS/FINANCES** : *propice*
  – **TRAVAIL** : *propice*
  – **ÉTUDES** : *excellente*
  – **SANTÉ** : *protégée*
  – **VIE INTÉRIEURE** : *excellente*

➢ **MOTS CLÉS** *(au positif)* : *peut représenter :* un ange gardien - ami·e - étranger·e - parrain - marraine - diplomate - personne de toute confiance - confident·e…
AINSI QUE : grande facilité d'adaptation, de communication - études - bien-être - énergies physique et morale - patience - bienveillance - équilibre - harmonie - la campagne - calme – opportunités tolérance - voyage - vacances - nouvelle relation - négociation réflexion - naissance - mutation souhaitée – liberté…

➢ **MOTS CLÉS** *(au négatif)* : *peut représenter :* un ange déchu - ennemi·e - femme indiscrète - personne impulsive, irréfléchie.
AINSI QUE : querelles - stérilité - intolérance - difficultés travail ou famille - déséquilibre - excès - impatience - stagnation - danger en voyage - accident d'avion - malveillance - mauvais réflexes.

➢ *Une situation :* une opportunité - une circonstance nouvelle et heureuse - un échange construction et positif - possibilité d'exploiter tous les atouts, tous les moyens mis à votre disposition...
➢ *Au NÉGATIF :* l'impulsivité et le manque de réflexion peuvent mettre en difficultés !

➢ *Un lieu :* les lieux dits de «passages» : aéroports - stations thermales - gare - accueil - standard - pays tempérés...

➢ *Une profession :* magnétiseur.se – guérisseur.se - diplomate - standardiste - aviateur.trice - inventeur.trice...

➢ *Maladie de prédisposition :* les énergies circulent bien.
➢ *En négatif :* problèmes circulatoires possibles - vertiges…

➢ **CE QU'IL FAUT EN RETENIR** :
- Rester tempéré(e) - s'adapter - **avoir CONFIANCE en L'AVENIR !**

☞ *INTERPRÉTATION DE LA LAME*
## «TIRAGE EN CROIX»

### ➢ Position 1 : TEMPÉRANCE (14)
#### EN *POUR* : *HAUTE PROTECTION DIVINE !*
– Étant une lame extrêmement bénéfique, vous bénéficiez d'une haute protection !

– Les échanges et les contacts seront favorisés, et votre entourage vous prouvera bientôt le réel intérêt qu'il vous porte !

– Vous faites preuve d'une grande sérénité par rapports à vos objectifs. Vous savez toutefois ce que vous voulez, vous ne perdez pas votre but de vue, vous savez aussi mettre de votre côté tous les atouts pour réussir !

### ➢ Position 2 : TEMPÉRANCE (14)
#### a) EN *CONTRE* : *SE MONTRER FERME & TENACE.*
– Vous devez vous affirmer davantage, savoir dire NON quand cela s'impose !

– Votre caractère trop conciliant, trop «arrangeant» peut faire de vous un être timide, un être faible !

– Cette attitude peut passer aux yeux de votre entourage pour un manque de personnalité.

#### b) *LES DÉFIS* : *SAVOIR VOUS IMPOSER !*
– Vous avez du mal à vous adapter à cette situation !

– Il se peut également que vous soyez confronté·e à une indifférence de votre entourage, et cela vous sape le moral. Ressaisissez-vous et imposez-vous !

– Vous devez maîtriser les événements et assumer vos responsabilités.

### ➢ Position 3 : TEMPÉRANCE (14)
#### a) *FAIRE, CHANGER* : *S'IMPOSER EN DOUCEUR !*
– Apprenez à développer votre esprit de conciliation, ayez une humeur égale.

– C'est par un comportement pondéré et aimable que vous arriverez à faire passer vos idées.

– Ne soyez pas impatient·e, faites preuve de respect mutuel...

– En cas de brouille, il serait bon que vous fassiez le premier pas vers une réconciliation.

### b) <u>*AIDES EXTÉRIEURES*</u> *: la PROVIDENCE & VOTRE ANGE GARDIEN !*

– Vous bénéficiez d'une grande protection, qu'elle soit Divine ou terrestre !

– Vous serez en parfaite harmonie avec ce qui vous entoure !

– Un événement inattendu et heureux va vous apporter beaucoup de joie.

– En cas de brouille, une personne bien intentionnée de votre entourage organisera une tentative de réconciliation.

– Les situations se débloquent lentement, mais dans le calme et l'harmonie.

– Vous pouvez envisager l'avenir avec confiance et sérénité.

### ➢ Position 4 : TEMPÉRANCE (14)
1<sup>re</sup> RÉPONSE *à la question* : BONHEUR et PAIX !

– Annonce la paix de l'esprit, la tranquillité.

– TEMPÉRANCE promet l'harmonie et vous encourage à garder confiance en vous et en l'avenir. Même si les événements évoluent lentement, vous récolterez les fruits que vous avez semés.

– Restez humble et modeste, et votre entreprise, quelle qu'elle soit, connaîtra le succès et la longévité espérée.

### ➢ Position 5 : TEMPÉRANCE (14)
<u>*RÉPONSE définitive à la question*</u> : AVENIR BRILLANT !

– Les choses se mettent en place lentement, voire difficilement, mais la réussite sera là !

– Gardez un esprit serein par rapport au succès souhaité, et la chance vous accompagnera encore pour longtemps.

– Soyez en paix avec vous-même, confiant·e et humble ; cette attitude sera le meilleur gage de longévité de votre souhait.

### ➢ TEMPÉRANCE (14) *dans cette position,*
*veille sur vous, sur votre projet et vous apporte son soutien.*
*Croyez en votre réussite, elle arrive !*

### ☞ SUGGESTION D'interprétation

➢ **À LA COUPE :** *votre ange gardien veille sur vous ! Sachez faire preuve de modération en toute circonstance, et vous serez en harmonie avec ce qui vous entoure !*

## En POUR et en CONTRE

➢ **AFFECTIF** *(POUR)* : sincère dans vos amitiés ou vos amours, vous maintenez des relations profondes et durables. Sachant faire preuve d'harmonie, de tact et de diplomatie en toutes circonstances, vous savez apaiser les esprits délicats.
– Votre compagnie est recherchée ! Vous donnez l'image d'une «force tranquille.»

➢ **AFFECTIF** *(CONTRE)* : le courant ne passe pas, vous n'avez pas envie de communiquer ! Et vos blocages nuisent à une relation durable.
– Vous donnez l'image d'une personne instable, sans énergie, qui se laisse influencer par les dires d'autrui.
– Vous manquez de dynamisme et de projets ; réagissez !
– Montrez-vous plus ferme et plus volontaire ; donnez une autre image de vous-même si vous désirez voir les événements évoluer en votre faveur.

➢ **PROFESSIONNEL** *(POUR)* : votre caractère sociable et doux, fait de vous un employeur ou un(e) collègue agréable à côtoyer.
– Votre évolution professionnelle est lente mais régulière.
– Si vous êtes à la recherche d'un emploi, les contacts avec de futurs employeurs s'avéreront positifs. Le «courant» passe agréablement, vous aurez toutes les chances de voir votre candidature retenue.
– Les activités liées à l'échange vous seront favorisées, telles que : Médiateur.trice, diplomate, hôtesse d'accueil.

➢ **PROFESSIONNEL** *(CONTRE)* : votre caractère peut sociable et taciturne font de vous un employeur ou un(e) collègue qui manque de personnalité.

— Ne cherchez pas à plaire à tout prix ! Soyez vous-même avec vos qualités et vos défauts, mais faites preuve de fermeté et d'efficacité !

— Si vous êtes à la recherche d'un emploi, sachez exactement ce que vous recherchez ! Imposez-vous davantage ; soyez ambitieux.se !

— Apprenez à ne pas vous déstabiliser par les obstacles, surmontez-les !

➤ **MATÉRIEL** *(POUR)* : si vous avez quelques soucis matériels, Ils devraient se trouver vite solutionnés.

— TEMPÉRANCE redonne l'équilibre et vous permet de maintenir une gestion saine et stable.

— Les rentrées se font régulières, l'évolution lente mais certaine. Dans une demande de crédit, votre savoir-faire vous sera d'un réel secours !

➤ **MATÉRIEL** *(CONTRE)* : soyez vigilant·e dans votre gestion, car les mauvais réflexes pourraient vous entraîner dans une situation pour le moins déséquilibrée.

— Être généreux.se, soit ! Mais ne vous laissez pas abuser ! l'amitié ne s'achète pas !

— Ne prêtez pas d'argent sous peine de ne jamais voir les remboursements.

➤ **SANTÉ** *(POUR)* : bonne circulation en général. Vous êtes protégé·e grâce au magnétisme naturel curatif qui est en vous !

— Si vous rencontrez quelques soucis de santé, tout rentrera vite dans l'ordre.

➤ **SANTÉ** *(CONTRE)* : sensible aux virus, contrôlez votre prise de médicaments, voire de drogues, vous pourriez vite en devenir dépendant·e.

— Sur une question éventuelle de grossesse, et suivant l'entourage des autres lames, stérilité possible.

# Pratique de la question précise «TIRAGE EN CROIX»
## 1ᵉ HYPOTHÈSE avec... en position *FAVORABLE* :

### ➢ Pour la question suivante : *(de DOMINIQUE)*
*«Ma fille passe son bac à la fin de cette année scolaire.*
*Quelles sont ses chances de réussite?»*

**Soit :**
**TEMPÉRANCE (14)** + LE SOLEIL (19)
= LA ROUE DE F. (10) + L'EMPEREUR (4)
= **L'HERMITE (9)**

## ☞ SUGGESTION DE RÉPONSE

### ➢ 1/ TEMPÉRANCE (14) en position *favorable* :

– Des études qui se passent bien, de bonnes relations avec les amis et les professeurs, des facilités pour apprendre *(le va et vient du liquide entre les vases qui correspond à l'échange entre professeur.e-élève & élève-professeur.e).*

– Tout se déroule au mieux, d'autant plus que la section choisie semble lui plaire, sans doute les langues.

### ➢ 2/ LE SOLEIL (19) *en position défavorable* :

– Des relations conflictuelles avec le père ? Rien que de très normal à cet âge où l'on a besoin de s'affirmer et de se positionner par rapport aux parents. On est tellement sûr que l'on fera mieux qu'eux !

– Attention également à ne pas se croire invincible et à n'être pas trop sûre de soi ! Même si les études ne posent pas de problèmes majeurs, il faut tout de même étudier ses cours pour avoir son bac !

### ➢ 3/ LA ROUE DE FORTUNE (10) *en $3^e$ position* :

– La roue tourne inlassablement et nous entraîne vers notre destin. Celui de cette jeune femme est en train de se faire.

– Regardons plus avant pour avoir une réponse concrète.

### ➢ 4/ LE JUGEMENT (20) en *$1^{re}$ réponse* :

– La trompette sonne aux oreilles du vainqueur et l'invite à récolter les fruits de ses efforts. Je pense que cette jeune fille aura son bac et que ce diplôme correspondra, pour elle, au démarrage d'un nouveau cycle.

### ➢ 5/ L'HERMITE (9) *en réponse définitive* :

– Annonce que cet examen, elle obtiendra, mais il lui demandera plus d'efforts qu'elle ne le pense. Un travail d'études et d'apprentissage, de mémoire et de recherche s'impose !

– Pour le bac, il n'y a pas que les langues ! Il est aussi question d'histoire, de géographie, de physique et de philosophie.

## 2° HYPOTHÈSE avec... en position *DÉFAVORABLE* :

### ➢ Pour la question suivante :
Supposons qu'une jeune femme vous demande :
*«vais-je avoir un enfant?»*

### Soit :
LE PAPE (5) + **TEMPÉRANCE (14)**
+ LE SOLEIL (19) = LA PAPESSE (2)
= **LE PENDU 12**

## ☞ SUGGESTION DE RÉPONSE

### ➤ 1/ LE PAPE (5) en position favorable :
– Est en effet, une lame dont l'une des multiples significations se réfère aux enfants.
– Il semble donc désigner la consultante comme prédestinée à la maternité.

### ➤ 2/TEMPÉRANCE (14) en position *défavorable* :
– Signale la nécessité de patienter.

### ➤ 3/ LE SOLEIL (19) en *3ᵉ* position :
– Prouve que la consultante se trouve, sur le plan familial, dans une période favorable.

### ➤ 4/LA PAPESSE (2) en 1ʳᵉ réponse :
– *Signifie* : FÉCONDITÉ et gestation, *mais aussi :* patience, attente...

### ➤ 5/ LE PENDU (12) *en réponse définitive* :
– Nous le savons, le PENDU fait allusion à une situation difficile, mais nullement désespérée. En conclusion, on pourrait lui dire :
– *«Votre vœu sera exaucé, mais peut-être pas dans l'immédiat.*
*Pour des raisons indépendantes de votre volonté, vous pourriez être obligée de patienter pour le moment.*
– *En tout cas, c'est certain, vous connaîtrez la joie de la maternité !»*

***UN PERSONNAGE AILÉ ET CORNU
MONTE SUR UN PIEDESTAL
AUXQUELS SONT ATTACHÉS
2 CRÉATURES CORNUES ÉGALEMENT,
ET POURVUES DE CORNES.***

Le DIABLE, 15ème lame DU TAROT,
représente un personnage antipathique, qui ne montre aucune pudeur,
et est monté sur un piédestal,
tenant dans une main, une épée symbole d'autorité,
voire de despotisme.
Il a attaché 2 êtres qui lui sont ainsi soumis.
Ne pouvant agir, ils se laissent dominer
par leurs penchants et leur nature terrestre !

# LES CARACTÉRISTIQUES DU DIABLE (15)

> **LE DIABLE (15)** *c'est* : **LA SUPÉRIORITÉ & la TENTATION**

*Il correspond à :*
– Au SCORPION & au SAGITTAIRE
– aux éléments EAU & FEU.
– Aux planètes PLUTON & JUPITER
– aux MARDI & JEUDI.
– Aux mois de NOVEMBRE & DÉCEMBRE
– à L'AUTOMNE…

*LE CHIFFRE 15 impose sa volonté !*

>**Le DIABLE (15)** symbolise le monde MATÉRIEL.
La SPIRITUALITÉ lui est inconnue !
– Il désigne les mauvais penchants et l'orgueil des humains.
– Il donne le pouvoir par la domination et favorise
la chance en matière d'argent !
>LE DIABLE est un être au magnétisme puissant, un homme de commandement, le plus souvent dangereux, car il «écrase» toute personne qui lui résiste. Il est prêt à tout pour anéantir. Il représente la force qui doit être combattue avec adresse et humilité.
Il est le geôlier des choses cachées,
des mystères, de l'occulte, de la voyance,
des mondes invisibles, de la magie noire entre autres…

➤ *Sur LES PLANS suivants* : **LE DIABLE (15)** *c'est :*
– **SENTIMENTS** : *faible*
– **BIENS/FINANCES** : *très propice*
– **TRAVAIL** : *moyen*
– **ÉTUDES** : *faible*
– **SANTÉ** : *faible*
– **VIE INTÉRIEURE** : *contraire*

➤ <u>**MOTS CLÉS** *(au positif)*</u> : <u>*peut représenter :*</u> un individu riche - une idole - travesti.e - homosexuel.le... AINSI QUE : pouvoir par la domination - pouvoirs magiques - bon instinct - magnétisme - ambition - passion constructive - énergies mystérieuses - situation financière ou matérielle florissante - force physique - chaleur profits -volonté - séduction - fortes influences...

➤ <u>**MOTS CLÉS** *(au négatif)*</u> : <u>*peut représenter :*</u> prostitué·e - souteneur.se – maquereau.relle - mafieux.se - pédophile - gourou - proxénète - trafiquant·e *(drogue - animaux – humains...)* - nie son homosexualité... AINSI QUE : addiction - esclavage - forces du mal jalousies malsaines - viol - corruption - esprit dominateur - fatalité - attentat - malveillance - machinations magouilles politiques - manipulations - mensonges - ennemis cachés - vengeance - harcèlement.

➤ <u>*Une situation :*</u>...financière avantageuse - tout ce qui touche le matériel est favorisé - l'expression d'une passion, crise, colère...
➤ <u>*En négatif :*</u> affaires occultes - forces malveillantes...

➤<u>*Un lieu :*</u>...de fascination et de grande activité - boite de nuit - salle de jeux - champs de courses - taverne - studios de radio - de télévision - cinéma - cabaret... *ainsi que :* les banques - la bourse...

➤<u>*Une profession :*</u> Gynécologue - politicien·ne - agent d'assurances - banquier·e – prêteur.se sur gages...

➤ <u>*Maladie de prédisposition :*</u> principalement les maladies sexuelles transmissibles et infectieuses - le sida - la syphilis...

➤ <u>**CE QU'IL FAUT EN RETENIR**</u> :
- *Contrôler ses bas instincts - ne pas se sentir supérieur·e*
- ***ne pas succomber aux TENTATIONS !***

## ☞ *INTERPRÉTATION DE LA LAME*
## «TIRAGE EN CROIX»

### ➢ Position 1 : LE DIABLE (15)
### EN *POUR : MAGNÉTISME & VOLONTÉ !*

– Vous pouvez dominer la situation en vous servant de votre magnétisme et votre volonté.

– Vous ne doutez pas un seul instant de votre projet, et vous savez déployer des trésors d'ingéniosité pour arriver à vos fins !

– Vous savez faire preuve d'un tel pouvoir de persuasion et de volonté que votre entourage ne peut que se plier à vos désirs.

– D'un tempérament fort et autoritaire, vous savez imposer vos idées.

### ➢ Position 2 : LE DIABLE (15)
### a) EN *CONTRE : SOYEZ HONNÊTE & CLAIR·E !*

– Vous cherchez à tout prix à imposer vos idées, votre point de vue !

– Vous êtes perçu·e comme un être brutal et égoïste.

– Vous ne laissez pas le temps à votre entourage d'adhérer à votre projet.

– Avec une telle attitude, vous risquez fort de vous retrouver seul(e), car plus personne ne voudra vous côtoyer !

### *b) LES DÉFIS :* **ADVERSITÉ SANS SCRUPULES !**

– Vous devez redoubler de prudence, car quelque chose de néfaste se trame contre vous : *intrigues, machinations, médisances...*

– Quelqu'un cherche à nuire à la bonne marche de votre projet. Restez sur vos gardes durant les échanges qui auront lieu prochainement.

### ➢ Position 3 : LE DIABLE (15)
### a) *FAIRE, CHANGER : PERSUADEZ & SÉDUISEZ !*

– Vous devez opter pour une attitude déterminée et sans faille.

– Vous devez développer votre pouvoir de persuasion et de séduction. Savoir convaincre votre entourage ! Et ne pas se laisser influencer par autrui !

### b) *AIDES EXTÉRIEURES : RESTER DÉTERMINÉ·E & S'AFFIRMER !*

– Vous ne pourrez réellement compter que sur votre détermination et votre volonté pour atteindre votre but.

– Il se peut que vous ayez de puissants partenaires qui s'impliquent dans votre projet, mais à condition que vous soyez déterminé·e à les convaincre du bien fondé de votre objectif.
– Ne baissez pas votre garde, défendez sans cesse votre point de vue si vous voulez que l'on vous soutienne !

### ➢ Position 4 : LE DIABLE (15)
#### 1<sup>re</sup> RÉPONSE *à la question* : *SUCCÈS ÉPHÉMÈRE !*

– Promet le succès d'ordre matériel.
– Pour les autres questions, la réponse est ambiguë.
– Il peut annoncer une réussite, un succès, mais qui risque d'être éphémère.
– Les intrigues et les jalousies qui sévissent font beaucoup de tort.
– De plus, vous êtes trop attaché·e à l'aspect matériel des choses, votre manque d'élévation spirituelle vous empêche de connaître le succès durable.

### ➢ Position 5 : LE DIABLE (15)
#### *RÉPONSE définitive à la question* : *TENIR sa VIGILANCE*

– Réponse évasive. Il se peut que le résultat de votre demande soit positif, mais éphémère. Médisances, intrigues et jalousies feront que votre projet risque d'en souffrir. Vous devez maintenir votre vigilance vis-à-vis de l'entourage, et ne pas baisser votre garde !

### ➢ LE DIABLE (15) *dans cette position, conseille de*
«Se méfier de l'eau qui dort » !
– Ne *faites confiance à personne et ne succombez pas aux flatteries !*
– *Aucune sincérité autour de vous !*

☞ **SUGGESTION D'interprétation**

➢ **À LA COUPE :** *LE DIABLE vous accorde le pouvoir sur les événements.*
*Sachez utiliser au mieux votre magnétisme.*

## En POUR et en CONTRE

➢ **AFFECTIF (*POUR*) :** sûr·e de votre pouvoir de séduction et de votre magnétisme, vous dominez votre petit monde ! Attention toutefois de ne pas abuser de vos atouts. Les rapports de force ne sont pas les meilleurs.
– Faites le tri dans vos relations. Certaines ne sont pas franches et des brouilles familiales liées à la jalousie sont fréquentes.
– L'entente sexuelle est excellente et peut être la consolidation du couple, si vous ne vous laissez pas dominer par vos bas instincts.

➢ **AFFECTIF (*CONTRE*) :** la méfiance s'impose ! Un·e adversaire trouble et sans scrupules agit dans l'ombre ! Vous risquez de vous retrouver victime de médisances, d'intrigues et de jalousies.
– Ne sous-estimez pas l'adversité, mais n'entrez pas dans son jeu ! Restez honnête dans vos sentiments et votre façon d'agir.

➢ **PROFESSIONNEL (*POUR*) :** doué·e pour les affaires, vous gérez votre entreprise de main de maître. Vous vous imposez avec orgueil.
– D'un tempérament fort autoritaire, vous savez imposer vos idées et vos convictions. Vous décelez très vite les points faibles des personnes avec qui vous faites affaires, et vous retournez ainsi la situation à votre avantage.
– À la tête d'un syndicat, vous faites (feriez) merveilles ! Apprenez toutefois à contrôler votre agressivité.

➢ **PROFESSIONNEL (*CONTRE*) :** vos projets risquent d'être contrariés. Vous avez contre vous une force puissance, dominatrice et intrigante. Vous devez faire preuve d'une grande méfiance, car machinations et jalousies malsaines vous entourent !
– Dans vos agissements personnels, restez clair·e et honnête. Ne manifestez pas votre désir de domination et d'orgueil, ne soyez pas

manipulateur.trice ni malveillant·e, car vos actes se retourneraient contre vous ! L'on récolte ce que l'on sème !

➤ **MATÉRIEL** (*POUR*) : lame de richesses ! Vos finances se portent bien ! Vous connaissez tous les astuces pour faire fructifier vos acquis ; toutefois, vos ressources sont souvent à la limite de la légalité ; vous avez besoin de maîtriser l'argent et vous y arrivez très bien.
– Tous les métiers de finances vous sont favorables, ainsi que les jeux de casinos et les courses.

➤ **MATÉRIEL** (*CONTRE*) : votre besoin de dominer l'argent peut vous entraîner dans des affaires louches ! Ne succombez pas à la tentation, sinon vous risquez de vous retrouver dans une situation peu confortable. Attention également à ne pas être victime d'une escroquerie, d'un maître chanteur.

➤ **SANTÉ** (*POUR*) :
– le stress vous guette ! vérifiez (ou faites vérifier) votre tension artérielle. La gourmandise vous jouera des tours, surveillez votre alimentation ainsi que votre consommation de drogues et de médicaments. N'abusez pas des excitants, car le sommeil étant difficile, l'insomnie répétée risque de causer des troubles psychiques. Contrôlez-vous, vous êtes fragile.

➤ **SANTÉ** (*CONTRE*) :
– sexualité ambiguë. Homosexualité possible ; tendance perverse... Abus de drogues, d'alcool... Pouvant entraîner de sérieux problèmes.

## Pratique de la question précise «TIRAGE EN CROIX»
### 1ʳᵉ HYPOTHÈSE avec... en position *FAVORABLE* :

➢**Pour la question suivante** : *(de Françoise)*
*«J'ai rencontré mon ami en 1994. Pour des raisons professionnelles nous avons été séparés pendant plus d'un an, puis réunis à nouveau en août 1996. Récemment Il est reparti travailler en Australie. Quelle sera l'évolution de notre relation?»*

**Soit :**
**LE DIABLE (15)** + TEMPÉRANCE (14)
+ L'IMPÉRATRICE (3) + LE BATELEUR (1)
= **L'AMOUREUX (6)** + *levée de doutes : **LA JUSTICE (8)***

   *levée de doutes*  ➔

## ☞ SUGGESTION DE RÉPONSE

### ➢ 1/ **LE DIABLE (15) en position *favorable* :**
– Évoque le côté passionné de votre liaison, et votre forte attirance pour cet homme.
– Cette lame annonce aussi les risques dus à des changements indépendants de votre volonté... Vous avez une attitude méfiante et vous avez raison.

### ➢ 2/ TEMPÉRANCE (14) en position défavorable :
– Révèle un amour inestimable, mais modéré dans les affections du compagnon, et qui lui, ne connaît pas la passion. Ses projets professionnels sont au moins aussi importants que ses sentiments, sinon plus !

### 3/ L'IMPÉRATRICE (3) en $3^e$ position :
– Indique un certain manque de communication. Au-delà des rapports physiques, le couple à du mal à se décider ensemble de son avenir. L'IMPERATRICE vous conseille d'agir, sous peine de perdre votre ami.

### ➢ 4/LE BATELEUR (1) en $1^{re}$ réponse :
– Vous lance un défi que vous devez relever ! si vous ne faites rien, vous serez piégée et ce sera l'échec ! Ne perdez pas votre temps en ruminant, agissez en suivant vos intuitions et vos impulsions.

### 5/ L'AMOUREUX (6) *en réponse définitive* :
– Confirme vos sentiments, mais vous laisse dans le doute par rapport à ceux de votre ami.

### ➢Pour la levée de doutes, LA JUSTICE (8)
– ... est à double tranchant : rupture ou mariage ! Toutefois, en confirmation du BATELEUR, elle n'est pas favorable aux décisions fondées sur la passion et vous conseille de jouer la carte de la prudence ! Elle annonce plutôt la séparation !

# 2ᵉ HYPOTHÈSE avec... en position *DÉFAVORABLE* :

### ➤Pour la question suivante : *(Dominique)*
*«Vais-je avoir une rentrée d'argent prochainement?»*

### Soit :
LA ROUE (10 + **LE DIABLE (15)**
+ LE CHARIOT (7) + L'ÉTOILE (17)
= **LA FAUX (13)**

### ☞ SUGGESTION DE RÉPONSE

#### ➢ 1/ LE CHARIOT (7) en position favorable :
– Désigne le consultant ; vous pouvez déduire qu'il se trouve dans une phase de succès, ou du moins, qu'une réussite l'attend.

#### ➢ 2/ LE DIABLE (15) en position *défavorable* :
– Évidemment fait allusion dans ce contexte précis, aux complications, embarras de toutes sortes, pouvant compromettre ou du moins retarder cette rentrée d'argent qui préoccupe Dominique.

#### ➢ 3/ LA ROUE DE FORTUNE (10) en $3^e$ position :
– Semble indiquer que la situation professionnelle ou financière (ou les 2 à la fois) de Dominique périclite·s. Il s'expose à des hauts et de bas constants, ce qui nous aide à mieux comprendre le pourquoi de sa question !

#### ➢ 4/ L'ÉTOILE (17) en $1^{re}$ réponse :
– Possède tant qu'à elle, un sens fort positif et annonce que l'espoir du consultant devrait être exaucé.

#### ➢ 5/ LA FAUX (13) en *réponse définitive :*
– Malgré son aspect rebutant, signifie non seulement la fin d'une liaison, d'une amitié, d'une affaire, mais aussi la fin d'une période (bonne ou mauvaise) ainsi qu'un héritage !

**Nous pouvons donc en conclure :**
*« À priori, vous ne serez pas déçu ; vous obtiendrez, même si vous devez faire face à de nombreuses difficultés, l'argent que vous attendez ! »*

# EN FONCTION

# DE CE QUE

# VOUS AVEZ DÉJÀ APPRIS

# AVEC

# CE CHAPITRE

# FAITES LES EXERCICES SUIVANTS

# CORRESPONDANTS

# AU

# **DEVOIR N°4**

# DEVOIR N°4

ଛଓ

## ➤ QUESTION 1 :
citer au moins 3 MOTS CLÉS *(non cités dans les cours et qui ont selon vous, un lien avec la lame !)*

### ➤ Concernant LA FORCE (11) :
**AU POSITIF :**
☞

**AU NÉGATIF :**
☞

Citer AU MOINS 3 objets* :
☞


Citer AU MOINS 3 lieux* :


### ➤ Concernant LE PENDU (12) :
**AU POSITIF :**
☞

**AU NÉGATIF :**
☞

Citer AU MOINS 3 objets* :
☞


Citer AU MOINS 3 lieux* :

➢ **Concernant LA FAUX (13) :**

**AU POSITIF :**
☞

**AU NÉGATIF :**
☞

b) citer AU MOINS 3 lieux*:
☞

c) citer AU MOINS 3 objets*:
☞

➢ **Concernant TEMPÉRANCE (14) :**

**AU POSITIF :**
☞

**AU NÉGATIF :**
☞

b) citer AU MOINS 3 lieux*:
☞

c) citer AU MOINS 3 objets*:
☞

**Concernant LE DIABLE (15) :**

**AU POSITIF :**
☞

**AU NÉGATIF :**
☞

b) citer AU MOINS 3 lieux*:

c) citer AU MOINS 3 objets*:
☞

## ➢ 2ème QUESTION :

*Quelles lames sortent **en synthèses** pour ces tirages ?*
**(Détaillez vos calculs)**

☞ LE CHARIOT (7) + LE MAT (0) + TEMPÉRANCE (14) + l'IMPÉRATRICE (3) = _____

☞ LA FAUX (13) + l'IMPÉRATRICE (3) + LA JUSTICE (8) + LE JUGEMENT (20) = _____

## ➢ 3ème QUESTION :

☞ Essayez **d'établir une interprétation complète,**
en fonction de cette question et les lames sorties :
*«J'ai toujours de grandes difficultés professionnelles :
des blocages, des licenciements, etc.
Récemment, une P.M.E. m'a proposé un contrat,
mais cela fait 2 mois que j'attends !
Est-ce que cette proposition va vraiment aboutir à court terme?»*

**Les lames tirées sont :**
– LE PENDU (12)    en 1
– LE CHARIOT (7)   en 2
– LE BATELEUR (1)  en 3
– LA JUSTICE (8)   en 4
– ... **en synthèse ?** (calculer)
=

**Votre interprétation COMPLÈTE :**

>

☞Comme pour le cours précédent,
voici une liste de SIGNES PATHOLOGIQUES
Auxquels vous attribuerez le N° de lame correspondant
**(Concerne uniquement les lames de ce cours N° 4 soit de 11 à 15)**

– Défaitisme persistant =
– Comportement disproportionné =
– L'obsession du gain =
– Tout lui indiffère =
– Souffre souvent du délire de persécution =
– Perd souvent le contrôle de soi =
– Fort magnétisme =
– Manque d'exercices physiques =
– Appétits sexuels =
– Marche pianissimo =
– N'a pas une grande résistance physique =
– Mépris de la nourriture =
– Sobriété et modération =
– Grande maîtrise de soi =
– Se coupe ou se blesse par inattention =
– N'aime pas avoir tort =

## Corrections en fin de livre…

# CHAPITRE 5

## **LES ARCANES MAJEURS**

&

Leurs interprétations

**16 - LA MAISON - DIEU
17 - L'ÉTOILE
18 - LA LUNE
19 - LE SOLEIL
20 - LE JUGEMENT**

*UNE TOUR FOUDROYÉE,*
*D'OU EN TOMBENT 2 PERSONNAGES !*
*LE CHAPEAU DE CETTE TOUR*
*REPRÉSENTE UNE COURONNE !*

LA MAISON - DIEU 16$^{ème}$ lame du TAROT…
Cette tour nous rappelle la Tour de Babel.
Qui sommes-nous pour nous prétendre **aussi puissants** que DIEU ?
L'homme orgueilleux, a construit des tours des cathédrales…
pour insinuer ainsi, atteindre le DIVIN !

Certes, il appartient à l'être humain d'avancer vers La LUMIÈRE,
De S'ÉLEVER spirituellement !

Mais cette LUMIÈRE, c'est en SOI qu'il faut la chercher,
et non dans les lieux de cultes !

## LES CARACTÉRISTIQUES DE LA MAISON DIEU (16)

> **LA MAISON - DIEU (16)** *c'est :*
> **DESTRUCTION & RECONSTRUCTION**

*Elle correspond à :*
− Aux signes du SCORPION & CAPRICORNE
− aux éléments EAU & TERRE.
− Aux planètes : PLUTON - URANUS - SATURNE
− aux MARDI & SAMEDI.
− Aux mois de NOVEMBRE & JANVIER
− à L'AUTOMNE & L'HIVER.

*Le CHIFFRE 16 est à double tranchant ! 2X8…
il détruit et reconstruit !*

➢ Avec **la MAISON - DIEU**, tout peut arriver !
Être trop ambitieux.se, ne vivre que pour l'argent, se croit supérieur·e à autrui, voire à DIEU !... Ce comportement entraîne inévitablement, à un moment donné, le revers de médaille. Ne penser qu'à soi, être avare… est contraire aux lois DIVINES, et si l'on n'y prend pas garde, la FOUDRE Céleste s'abat inévitablement !

➢ **Sur le plan concret, la MAISON - DIEU avertit !**
Sans doute que, jusqu'à présent, vous avez négligé les signes avant-coureurs d'une catastrophe imminente. Maintenant, elle est là, vous devez y faire face ! Si vous savez garder l'esprit ouvert, LA MAISON – DIEU peut aussi signifier : *«révélation !»*

➢Carte de la crise salutaire, de la rupture, mais aussi, des prises de conscience et de la soudaineté. Quelque chose vous tombe dessus sans crier gare ! Le *bon* comme le *mauvais* !

➤ *Sur LES PLANS suivants :* **LA MAISON - DIEU (16)** *est :*
- **SENTIMENTS :** *peu propice*
- **BIENS/FINANCES :** *peu propice*
- **TRAVAIL :** *peu propice*
- **ÉTUDES :** *peu propice*
- **SANTÉ :** *précaire*
- **VIE INTÉRIEURE :** *propice*

➤ **MOTS CLÉS** *(au positif) :* peut représenter : un·e divorcé·e - handicapé·e physique - tuteur.trice - un solitaire…
AINSI QUE : révélation - libération - découverte soudaine - coup de foudre - proposition inattendue - déménagement - délivrance - résultat négatif mais qui permet de repartir sur de nouvelles bases - rencontre passionnée (mais peut être dévastatrice) - soulagement - prudence !

➤ **MOTS CLÉS** *(au négatif) :* peut représenter : personne dans le coma - un·e suicidaire - prisonnier·e - cadavre…AINSI QUE : dépôt de bilan - faillite - conflits et mésententes - chute mortelle - exil - divorce - dissolution - violente dispute - mauvaise nouvelle - état de choc - scandale - séparation - licenciement - confusion - naufrage.

➤ *Une situation :* annonce restructuration voire licenciements, afin de permettre un nouvel équilibre. Prévient de : catastrophes naturelles - inondation - feu - tempête - éboulements - ras de marée...
➤ *En négatif :* un bouleversement inévitable, un écroulement des structures, une fatalité… *Ainsi que :* guerre - accident grave...

➤ *Un lieu :* hôpital - carrière - bureau d'études - chantiers - salle d'opération - lieux de cultes - sites archéologiques - hauts fourneaux - centrale nucléaire…*ainsi que : lieux à hautes influences* : Carnac - Égypte - Chartres - Ile de pâques - Mont Saint Michel...

➤ *Une profession :* architecte - infirmier·e – brancardier.e - médecin légiste – chirurgien.ne - maçon·ne - psychanalyste...

➤ *Maladies de prédisposition :* alerte cardiaque - anévrisme - A.V.C - intervention chirurgicale - maladie brutale - dépression…

➤ **CE QU'IL FAUT EN RETENIR** :
– *Rester humble - se remettre constamment en question*
– *ACCEPTER la défaite et REBONDIR !*

## ☞ *INTERPRÉTATION DE LA LAME*
## «TIRAGE EN CROIX»

### ➤ Position 1 : La MAISON - DIEU (16)
### EN *POUR : ACCEPTATION & LIBÉRATION.*

– Vous acceptez les changements qui vous sont imposés et vous assumez. Cette souplesse d'esprit vous permettra de reconstruire sur des bases plus solides.

– Savoir accepter l'échec, mettre un genou à terre face à l'adversité, se soumettre à son destin est une attitude humble !

– En sachant tirer profit des épreuves que vous traversez, ceci vous permettra par la suite de vous attendre à une réussite spectaculaire, au-delà de vos espérances actuelles.

– Toute peine est récompensée !

### ➤ Position 2 : La MAISON - DIEU (16)
### a) EN *CONTRE : RESTEZ CALME & PRUDENT·E !*

– Vous avez tendance à détruire au fur et à mesure ce que vous construisez. Vous êtes votre propre ennemi·e !

– Remettez-vous en question, faites un travail d'introspection afin de comprendre les raisons qui vous poussent à agir ainsi !

### b) *LES DÉFIS* : garder *VOLONTÉ & DETERMINATION.*

– Vous devrez rassembler toutes vos énergies pour faire face aux obstacles qui ne manqueront pas de se présenter et relever tous les défis !

– Par ailleurs, une dispute, une brouille avec un membre de votre entourage n'arrangera pas votre moral ni votre situation. Vous ne devez pas vous laisser abattre par ces mauvais aspects du moment !

– Ayez une attitude victorieuse, et battez-vous !

– C'est dans l'épreuve que l'on découvre sa force et son courage, et en maintenant sa détermination, l'on parvient à une réussite que l'on espérait plus !

### ➤ Position 3 : La MAISON - DIEU (16) :
### a) *FAIRE, CHANGER : RESTER TRÈS VIGILANT·E !*

– Une période floue s'annonce ! Une étape difficile, un événement malchanceux se prépare, vous devrez faire face à une épreuve qui remettra en question votre projet ; restez extrêmement vigilant·e, la prudence s'impose !

**b)** *AIDES EXTÉRIEURES : CHOC BÉNÉFIQUE !*

– Un bouleversement, un changement vécu dans un premier temps comme une épreuve, se révélera finalement être très bénéfique pour le futur !

– Une importante remise en question, une manière de voir les choses différemment, vous permettra de retrouver l'équilibre.

– Les Forces du Destin viennent remettre, d'une façon brutale et rapide, de l'ordre dans votre situation.

## ➤ Position 4 : La MAISON - DIEU (16)
### 1$^{re}$ RÉPONSE *à la question : RENONCER AUX PROJETS*

– Vous serez confronté·e à des chocs brutaux, des difficultés à ne plus finir, des obstacles insurmontables...

– Ne vous entêtez pas dans une situation sans issue ! Lâchez prise et renoncez à vos projets ! Tournez la page et soyez fort·e dans la défaite !

– Sachez toutefois que, si vous savez retirer des leçons de cette expérience douloureuse, vous en ressortirez grandi·e, avec plus de maturité !

– N'oubliez pas que les épreuves sont un tremplin vers le succès !

## ➤ Position 5 : La MAISON - DIEU (16)
### *RÉPONSE définitive à la question :*
### *TOURNER LA PAGE & PASSER À AUTRE CHOSE !*

– Faites preuve de sagesse et abandonnez MAINTENANT votre projet, car vous entêter dans cette voie ne serait que souffrance supplémentaire !

– Vous ne sortirez pas sans égratignures de cette mauvaise passe, mais vous pouvez atténuer la douleur !

– Lâchez prise, trouvez-vous d'autres centres d'intérêts, tournez la page et envisagez l'avenir avec optimisme et sérénité. Après la pluie le beau temps !

> ➤ **LA MAISON - DIEU (16)** *dans cette position, vous conseille de ne pas vous entêter ! Cette épreuve est difficile, mais acceptez-la ! Vous en ressortirez fortifié·e !*

## ☞ SUGGESTION D'interprétation

➤ **À LA COUPE :** *détruire pour reconstruire !*
*LA MAISON - DIEU est un avertissement d'épreuves à venir et dont il faut prendre en compte !*

### En POUR et en CONTRE

➤ **AFFECTIF *(POUR)*** : votre couple est mort ! Un divorce, une rupture, une séparation s'annonce ! Acceptez cette défaite et considérez-la comme un cadeau DIVIN. Rien ne sert de vouloir continuer la route ensemble, s'il n'y a plus de sentiments. Libérez-vous de vos chaînes et construisez-vous une nouvelle vie. Retirez de vos erreurs passées, les leçons qui s'imposent.
– Disputes nombreuses avec l'entourage, dues à votre mauvais caractère ; vous manquez de tact et de souplesse !
– Remettez-vous en question et changez votre façon d'être avec autrui, vous verrez les choses s'améliorer.

➤ **AFFECTIF *(CONTRE)*** : désillusions sentimentales, rupture inévitable... Une relation ne peut et ne doit pas être basée sur la violence conjugale ou familiale. Vous devez trouver en vous la force et le courage de vous sortir de cette situation sans issue.
– Si votre conjoint violent, soyez déterminé·e à quitter le foyer ! Il existe des associations pour maltraitance.
– Si vous êtes le bourreau, prenez conscience que vous avez un problème sérieux et acceptez de suivre une thérapie. Il y a forcément une raison à votre comportement (enfance malheureuse, sévices sexuelles...) vous devez en trouver la cause pour y remédier.

➤ **PROFESSIONNEL *(POUR)*** : conflits importants risquent d'intervenir ! Bouleversements au sein de l'entreprise, risque de dépôt de bilan, voire de faillite. Changement de structures qui déstabilise le personnel, mais qui peut devenir bénéfique pour l'avenir !
– En cas de licenciement, acceptez cet état de fait, et profitez-en pour changer éventuellement d'orientation. Ce changement imposé par les circonstances peut évoluer favorablement pour votre avenir professionnel. Voyez le bon côté de la situation.
– Dans toute épreuve, il y a toujours une part de positif.

➢ **PROFESSIONNEL** *(CONTRE)* : licenciement, dépôt de bilan, faillite... Un moment difficile s'annonce ! Il est trop tard pour agir. Vous ne pouvez hélas compter sur aucune aide extérieure, vous êtes face à vous-même ! Il ne vous reste plus qu'à retirer des leçons de cet échec cuisant ! Mais sachez que les échecs sont des tremplins vers la réussite pour toute personne qui sait en retirer des enseignements !

➢ **MATÉRIEL** *(POUR)* : cet aspect est vécu comme une catastrophe. Entraves de toutes sortes, perte de salaire, rentrées bloquées... Sans compter le rappel à l'ordre du banquier. C'est une période de revers de fortune ! Mais tout est éphémère, les mauvaises périodes passent, tout comme les bonnes ! Prenez votre mal en patience ; réglez les factures les plus pressantes et demandez des échéances pour les autres. Restreigniez au maximum vos dépenses futiles, vous ferez des économies et votre compte en banque s'en portera que mieux. Revoyez votre gestion, tirez des leçons de cette épreuve, elles vous seront bénéfiques pour le futur !

➢ **MATÉRIEL** *(CONTRE)* :
– c'est l'effondrement total ! Vous n'avez pas tenu compte des avertissements et vous en subissez les répercussions. Vous n'aurez plus qu'à payer les conséquences de vos actes, et en retirer des leçons !

➢**SANTÉ** *(POUR)* : symbole du milieu hospitalier, elle prévoit des interventions chirurgicales, ou un séjour en maison de repos, de convalescence... Suivant les lames environnantes, elle peut annoncer une fausse couche, un avortement, une tentative de suicide, un accident grave, une dépression...
– *Au sens moins négatif,* (en fonction des autres lames) elle peut tout simplement annoncer des examens en milieu hospitalier.

➢**SANTÉ** *(CONTRE)* : un accident grave, une intervention chirurgicale importante... soyez prudent·e dans vos déplacements. Catastrophe ferroviaire ou aérienne...

➢**Côté ÉPREUVES/JUSTICE**, emprisonnement possible !

## Pratique de la question précise «TIRAGE EN CROIX»
### 1ʳᵉ HYPOTHÈSE avec... en position *FAVORABLE*

➤**Pour la question suivante** : *(de Lucienne)*
*«J'ai 65 ans. Divorcée d'un premier mariage avec 2 enfants, je me suis remariée et j'ai eu un 3ᵉ enfant.*
*– Je me suis aperçue que mon mari était attiré par les petites filles, surtout par la mienne, âgée de 7 ans, et j'ai dû être très vigilante !*
*– Plus tard, elle a fait des fugues, est tombée dans la drogue et a compromis sa scolarité. Les enfants sont partis vivre leur vie. Nous sommes maintenant seuls en tête à tête... Mon mari a fait le vide autour de moi pour que je me taise. Que dois-je faire?»*

**Soit :**
**LA MAISON - DIEU (16)** + L'AMOUREUX (6)
+ LE PENDU (12) + TEMPÉRANCE (14)
= **L'HERMITE (9)**

☞ **SUGGESTION DE RÉPONSE**

### ➢ 1/ LA MAISON - DIEU (16) en position *favorable :*
– Évoque effectivement des perturbations sérieuses dans votre foyer. Votre mésentente profonde risque de se terminer en disputes graves. Cet avertissement ne doit pas être ignoré.

### ➢ 2/ L'AMOUREUX (6) en position défavorable :
– Confirme votre situation de faiblesse (annoncé par LE PENDU).

– Vous avez des choix à faire, des décisions à prendre, mais réussirez-vous à retrouver une pleine liberté d'action ? La question est là !

– Dans un premier temps, vous serez bien obligée de faire enfin face aux épreuves inévitables que vous esquivez depuis si longtemps.

### ➢ 3/ LE PENDU (12) en 3$^e$ position :
– Souligne à quel point vous vous trouvez en situation de blocages et de sacrifices : pieds, points liés, vous êtes totalement passive...

– Toutefois, cette résignation a pu vous aider à prendre du recul de manière à faire aujourd'hui, les bons choix.

### ➢ 4/ TEMPÉRANCE (14) en 1$^{re}$ réponse :
– Indique que vous atteindrez malgré tout votre but, mais très lentement, et sans doute grâce à une amitié avec une personne modérée et de bon sens.

– Vous avez raison d'avoir confiance en elle.

– Prenez contact immédiatement avec une association spécialisée dans ce type de problèmes, ou avec un·e psychologue ou psychiatre.

### ➢ 5/ L'HERMITE (9) *en réponse définitive :*
– Confirme l'appui d'un spécialiste, mais aussi, que vous arriverez avec le temps, à surmonter cette étape pénible !

## 2ᵉ HYPOTHÈSE avec... en position *DÉFAVORABLE*

### ➢Pour la question suivante : *(de Gertrude)*

*«Je suis mariée avec HENRI, mais très amoureuse de PAUL.
Je rêve d'avoir une aventure avec ce dernier,
mais je suis très angoissée et je n'ose pas faire le premier pas.
Comment se présente mon avenir sentimental?»*

**Soit :**
La ROUE (10) + **LA MAISON - DIEU (16)**
+ LE CHARIOT (7) + L'HERMITE (9)
= **L'AMOUREUX (6)** + *levée de doutes : LA JUSTICE (8)*

   *levée de doutes*
   ➜

☛ **SUGGESTION DE RÉPONSE**

➢ **1/ LA ROUE DE FORTUNE (10) en position favorable :**
– Révèle une crise dans le couple, entraînant une instabilité affective. Indique que vous recherchez d'autres satisfactions, à l'extérieur de votre union. Confirme la présente d'une autre personne.

➢ **2/<u>LA MAISON - DIEU(16) en position *défavorable*</u> :**
– Souligne le caractère dangereux et destructeur de la situation que vous vivez. Votre couple est menacé, car cette lame montre l'idée d'un divorce, mais également une grave déception concernant Paul...

➢ **3/ LE CHARIOT (7) en $3^e$ position :**
– Confirme votre profonde insatisfaction affective actuelle. Vous n'avez pas trouvé l'âme sœur, c'est votre vrai problème. Vous avez envie de partir, mais ne savez pas trop comment vous y prendre. Le CHARIOT, lui, vous contraint à prendre une décision.

➢ **4/ L'HERMITE (9) en $1^{re}$ réponse :**
–L'HERMITE vous déconseille toute décision définitive et précipitée : mais il y a dans votre entourage proche, une personne à qui vous ne devez pas faire confiance aveuglement ! Il faut s'en éloigner !

➢ **5/ L'AMOUREUX (6) en *<u>réponse définitive :</u>*** Choix à faire, décision à prendre. Vous ne pouvez pas rester «assise entre deux chaises». Réfléchissez bien avant d'agir, et n'oubliez pas qu'en fonction, les conséquences peuvent en être désastreuses !

➢ **EN $6^{ème}$ lame tirée, LA JUSTICE (8)** *(levée de doutes)*, vous invite à freiner vos émotions et à contrôler vos passions. Un divorce ne garantit pas automatiquement le bonheur. Un menteur est près de vous... En résumé, comprenez vos véritables problèmes et prenez une décision, en faisant preuve de prudence !

<u>Notez que</u> *le TAROT ne donne pas de consignes, n'indique pas ce qu'il faut faire! Il est crucial de laisser au consultant le libre arbitre, tout en lui faisant réaliser que chaque décision a des répercussions (positives ou négatives).*
<u>Ne dites pas:</u> *il faut faire ci ou ça! C'est au consultant de décider, d'aller vers son destin ! Nous ne sommes là que pour servir de guide. En lui faisant prendre conscience des faits.*

***UNE JEUNE FEMME NUE AGENOUILLÉE
AU BORD D'UN ÉTANG.
ELLE VERSE LE CONTENU DE DEUX CRUCHES ;
CELLES QUE TENAIT TEMPÉRANCE !***

*L'ÉTOILE* 17$^{ème}$ lame du TAROT…
– La jeune femme est NUE !
– Elle représente LA VÉRITÉ !
– Elle verse de l'eau qui est tombée du ciel, sous forme de pluie.
– Cette eau qui sort d'une source des entrailles de la terre,
Et qui s'évapore pour retomber ensuite…
Tel le symbole de l'éternel recommencement.
Au-dessus de la jeune femme, brille l'étoile du berger (VENUS)
qui l'éclaire en lui servant de guide.
Les autres étoiles illuminent les ténèbres et apportent l'espoir !
– La pluie tombant du ciel et imprégnant la terre
représente les Énergies Cosmiques.

## LES CARACTÉRISTIQUES DE L'ÉTOILE (17)

### ➢ L'ÉTOILE (17) C'est :
### ESPOIR & RETOUR DE LA CHANCE !

*Elle correspond aux :*
– Aux signes de : la VIERGE - du VERSEAU - de la BALANCE.
– Aux éléments TERRE et AIR
– aux planètes : MERCURE - URANUS - VENUS.
– Aux MERCREDI - SAMEDI - VENDREDI.
– Aux mois de SEPTEMBRE - OCTOBRE - FÉVRIER.
– Au début de l'AUTOMNE et à l'HIVER.

### *Le CHIFFRE 17 est un nombre d'ESPÉRANCE !*

➢ **L'ÉTOILE (17)** indique une grande protection !
Elle apporte la paix
– Exprime l'harmonie, la sérénité
– ainsi que la beauté *(intérieure en 1$^{er}$ !)*
➢ Elle nous guide, elle veille,
elle nous protège du mal,
elle donne l'inspiration…

➢ Elle symbolise l'espoir retrouvé.
Nous sommes tous nés sous *«une bonne étoile»*,
mais cette étoile, c'est en NOUS-MÊMES qu'il faut la chercher !
Elle nous incite à prendre confiance en nous, en nos capacités.

➤ *Sur LES PLANS suivants :* L'ÉTOILE (17) *est :*
  – **SENTIMENTS :** *très encourageant*
  – **BIENS/FINANCES :** *propice*
  – **TRAVAIL :** *propice*
  – **ÉTUDES :** *propice*
  – **SANTÉ :** *protégée*
  – **VIE INTÉRIEURE :** *très propice*

➤ **MOTS CLÉS** *(au positif)* : peut représenter : une femme bonne et généreuse - un être spirituel évolué et bénéfique - une amie - une sœur - une fille - notre bonne étoile...
AINSI QUE : bonne inspiration - beauté - bonnes nouvelles - lumière au bout du tunnel - espoir - événement heureux - maternité création - naissance - intelligence - moment propice - mariage...

➤ **MOTS CLÉS** (*au négatif*) : peut représenter : personne influençable - jeune femme fragile et de caractère faible...
AINSI QUE : stress - pensées négatives - complication dans le travail - fin d'une phase propice - grossesse difficile - faux espoirs - santé fragile - manque de force - obstacles - période de malchance - joie mitigée - caractère influençable - mariage annulé ou repoussé.

➤ *Une situation :* révèle fait heureux, création (B.B, livre...)
➤ *En négatif :* une période peu propice aux souhaits - les projets rencontrent des obstacles...

➤ *Un lieu :* salon de beauté - jardin botanique - atelier d'artiste - une fontaine...

➤ *Une profession :* toute personne qui travaille avec les astres : cartomancienne - tarologue - astrologue - voyante...
*Ainsi que :* horticultrice - esthéticienne - coiffeuse - fleuriste...

➤ *Maladies de prédisposition :* en général, plutôt bonne.
  – Toutefois les SEINS en particulier sont concernés.
  – L'origine d'autres ennuis est héréditaire.

➤ **CE QU'IL FAUT EN RETENIR** :
– *Croire en sa bonne ÉTOILE - rester positif·ve et confiant·e*
– *continuer d'espérer !*

### ☞ INTERPRÉTATION DE LA LAME
### «TIRAGE EN CROIX»

### ➢ Position 1 : L'ÉTOILE (17)
**EN *POUR* :** *Votre compagnie EST APPRÉCIÉE !*
– Votre attitude positive et bienveillante attire les sympathies et surtout les Forces Cosmiques Bénéfiques !
– Votre compagnie et appréciée, car vous êtes souvent de bonne humeur et votre caractère apaisant, bon et généreux, sont pour vous des atouts précieux.
– Vous avez foi en la vie et si des difficultés se présentent, vous savez que vous pouvez compter sur la Providence !

### ➢ Position 2 : L'ÉTOILE (17)
**a) EN *CONTRE* : *NE PAS ÊTRE NAÏF.VE*!**
– Ne prenez pas vos désirs pour des réalités si vous ne voulez pas subir de cruelles désillusions !
– Ne soyez pas trop naïf.ve ! Regardez la vérité en face, voyez ce qui se passe réellement autour de vous, et tenez compte des éventuels aspects négatifs qui peuvent entourer votre projet.
**b) *LES DÉFIS* : *ÊTRE ÉNERGIQUE & DÉTERMINÉ·E* !**
– Vous devez effectuer un travail sur vous-même et apprendre à dire *«non»* quand cela s'impose !
– Tout accepter des autres est un signe de faiblesse ; Impliquez-vous davantage dans ce qui vous arrive, ayez un comportement plus déterminé.

### ➢ Position 3 : L'ÉTOILE (17)
**a) *FAIRE, CHANGER* : *agir avec DOUCEUR & BONTÉ* !**
– Même si votre entourage n'est pas des plus faciles, vous devez adopter un comportement conciliant et souriant ! C'est ainsi que vous obtiendrez les meilleurs résultats dans vos démarches !
**b) *AIDES EXTÉRIEURES* : *PROTECTION DIVINE* !**
– L'Étoile dans cette position vous indique un revirement (BÉNÉFIQUE) de situation !
– Vous bénéficiez d'une chance extraordinaire !
– Si en position 5 *la lame est positive* ; vous pourrez être assuré·e du succès total de votre projet !
– Si se trouve en position 5, *une lame négative* : l'ÉTOILE indique qu'une Influence Cosmique Bienveillante travaille pour vous !

– **En clair** : cela veut dire que, si votre situation n'évolue pas comme vous l'espérez, *«c'est l'œuvre de votre Ange Gardien qui vous empêche de **commettre une erreur** que vous pourriez regretter plus tard ! Ou que c'est par cette épreuve que vous débloquerez une situation stagnante !»*

– Croyez en votre bonne ÉTOILE, elle vous protège et vous guide !

### ➢ Position 4 : L'ÉTOILE (17)
$1^{re}$ RÉPONSE *à la question* : *LA CHANCE TOURNE en votre faveur !*

– Vous pouvez espérer voir votre souhait se réaliser au-delà de vos espérances !

– Les événements bougent dans le bon sens ; vous recevrez des aides inattendues ; il est évident que la CHANCE tourne, que vous commencez une nouvelle période de bonheur et de satisfaction de toutes sortes.

– La période est propice, surtout ne laissez pas passer ce courant bénéfique !

### ➢ Position 5 : L'ÉTOILE (17)
*RÉPONSE définitive à la question :* *JOIE & BONHEUR !*

– Vous verrez votre souhait se réaliser bien au-delà de vos espérances !

– Une influence cosmique positive protège votre projet et élimine les obstacles.

– Les événements se mettent en place, les situations se débloquent comme par magie !

– L'ÉTOILE vous amène « bonheur et épanouissement ! »

### ➢ *L'ÉTOILE (17) dans cette position, réalise votre vœu !*
*Croyez en votre bonne Étoile, car elle veille sur vous !*

☞ **SUGGESTION d'interprétation**

➤ **À LA COUPE :** *Votre bonne ÉTOILE vous guide, tous les espoirs vous sont permis !*

## En POUR et en CONTRE

➤ **AFFECTIF *(POUR)* :** l'ambiance familiale est empreinte d'harmonie, de simplicité, de bienveillance. La bonne humeur règne au foyer, et les amis se sentent bien en votre compagnie. Rien ne pourrait ternir ce cadre paisible.
– Vous savez mettre autrui à l'aise, votre caractère sociable est un atout précieux pour toute relation.

➤ **AFFECTIF *(CONTRE)* :** ne soyez pas aussi naïf.ve ! Ne prenez pas pour argent comptant toutes les paroles flatteuses que l'on vous dit, toutes les belles promesses que l'on vous fait ! Vous accordez trop facilement votre confiance.
– Méfiez-vous de certaines personnes de votre entourage qui cachent leurs véritables sentiments à votre égard. Elles ne sont pas toujours sincères et leur attachement est souvent, hélas, intéressé !

➤ **PROFESSIONNEL *(POUR)* :** vous pouvez compter sur votre charme naturel pour faire passer vos idées. On ne peut rien vous refuser ! Vous agissez en douceur, et votre caractère apaisant fait de vous une personne que l'on aime côtoyer, à qui l'on aime rendre service.
– Si vous êtes employeur, vous savez faire tourner votre entreprise et gérer votre personnel avec tact, gentillesse et bonne humeur.
– Si vous êtes employé·e, l'on vous apprécie pour votre côté optimiste ; vous savez redonner espoir en voyant le bon côté des choses et des personnes qui vous entourent.
– Votre compagnie est recherchée, car elle est apaisante.

➤ **PROFESSIONNEL** *(CONTRE)* : quelques obstacles ou complications dans le travail peuvent surgir, toutefois surmontables.

– Ouvrez les yeux sur ce qui se passe autour de vous ! Faites preuve de plus de dynamisme. Pour réaliser un projet, il ne suffit pas de le «rêver», il faut aussi tout mettre en œuvre pour le concrétiser.

– Ne faites pas trop confiance à votre entourage ou collègues, leur «sympathie» n'est pas toujours sincère.

– Méfiez-vous également de votre intuition qui pourrait vous jouer des tours.

➤ **MATÉRIEL** *(POUR)* : une bonne ÉTOILE veille sur vous et vos finances !

– Les rentrées se font fructueuses. En cas de souci momentané, vous pourrez toujours compter sur la générosité de votre entourage. L'on connaît votre côté «honnête» et l'on n'hésitera pas à vous «dépanner» si besoin est !

➤ **MATÉRIEL** *(CONTRE)* : quelques problèmes financiers pourraient surgir !

– N'espérez pas de grosses rentrées dans l'immédiat ! Ne rêvez pas au gros lot, ni sur la générosité de votre entourage.

– En cas de soucis, prenez plutôt rendez-vous avec votre banquier afin d'éviter les désagréments, mais ceci ne sera que passager.

➤ **SANTÉ** *(POUR)* : en cas de problème dans ce domaine, reprenez espoir !

– L'ÉTOILE annonce le retour d'une bonne santé. Votre Ange Gardien veille sur vous ! Il vous aidera à retrouver la forme ! N'hésitez pas à l'invoquer !

➤ **SANTÉ** (*CONTRE*) : dans cette position, L'ÉTOILE annonce une santé quelque peu fragilisée, une grossesse difficile par exemple.

– Toutefois, rien de mortel ! Prenez l'air si vous avez tendance à la déprime, allez écouter les petits oiseaux, faites du vélo, de la marche, ceci vous sera extrêmement bénéfique tant pour le moral que pour le système circulatoire !

**Pratique de la question précise «TIRAGE EN CROIX»**
**1ʳᵉ HYPOTHÈSE avec... en position *FAVORABLE*.**

➢ **Pour la question suivante** : *(par Suzanne)*
*«J'ai 20 ans, je suis célibataire.*
*Depuis peu, j'ai rencontré un homme de 25 ans, marié.*
*J'ai senti quelque chose se passer entre nous.*
*Vais-je avoir une relation amoureuse avec lui?»*

**Soit :**
**L'ÉTOILE (17) + L'EMPEREUR (4)**
**+ LE MONDE (21) + LE JUGEMENT (20)**
**= LA JUSTICE (8)**

### ☞ SUGGESTION DE RÉPONSE

#### ➢ 1/ L'ÉTOILE (17) en position *favorable :*
– Souligne votre état d'esprit positif, ouvert. Vous êtes rayonnante, très en beauté, sûre de votre charme, vous avez confiance en vous ! Vous le souhaitez et vous attendez qu'il fasse le premier pas pour débuter votre relation, vous y croyez !

#### ➢ 2/ L'EMPEREUR (4) en position défavorable :
– Représente un homme solide, sûr de lui, bien installé dans une situation stable, avec déjà des engagements sentimentaux précis : votre soupirant est un jeune marié ! Cela mérite réflexion ! L'EMPEREUR dans cette position vous invite à la méfiance, vous risquez de souffrir !

#### ➢ 3/ LE MONDE (21) en 3$^e$ position :
– Vous propose une réalisation facile de vos projets amoureux. La relation peut s'établir sans grande difficulté. Les perspectives sont favorables à une aventure qui peut déboucher sur une liaison. Si une idée de voyage est dans l'air, ou si cet homme est un étranger, la concrétisation est encore plus rapide !

#### ➢ 4/ LE JUGEMENT (20) en 1$^{re}$ réponse :
– Indique des changements inattendus pour vous. Ces modifications dans votre vie seront favorables à une maturation de votre personnalité. Le JUGEMENT indique en effet que vous devez encore évoluer.

#### ➢ 5/ LA JUSTICE (8) *en réponse définitive :*
– Est assez ambiguë. Elle indique qu'une nouvelle relation sera harmonieuse. Mais cette lame annonce souvent des signatures d'actes, de démarches légales... N'oubliez pas qu'il est marié... C'est une aventure qui comporte des risques !

## 2ᵉ HYPOTHÈSE avec... en position *DÉFAVORABLE*

➢ **Pour la question suivante** : *(d'Alain)*
*«Je suis cadre au chômage.*
*Un antiquaire me propose en emploi salarié.*
*Dans un an, il se retirerait en me cédant son affaire ;*
*Cette proposition est-elle valable*
*et comment les choses se dérouleront si je l'accepte?»*

**SOIT :**
LA FORCE (11) + **L'ÉTOILE (17)**
+ LE PAPE (5) + LE PENDU (12)
= **L'HERMITE (9)**

### ☞ SUGGESTION DE RÉPONSE

#### ➢1/ LA FORCE (11) en position favorable :
– Souligne votre détermination et votre volonté de vous en sortir. Vous ne ménagez pas votre peine. Très actif, vous envisagez des négociations avec une mentalité de décideur. Mais compte tenu des lames qui environnent cette carte, on peut dire que vous obéissez trop à vos impulsions. Apprenez davantage à contrôler vos réactions. Il semble que vous n'avez pas suffisamment confiance en vous : tantôt vous vous sous-évaluez, tantôt au contraire, vous vous surévaluez ! Du coup, vous abordez les problèmes de front avec un esprit exalté, ce n'est pas la bonne attitude !

#### ➢ 2/ L'ÉTOILE (17) en position *défavorable* :
– Annonce quelques obstacles surmontables. Par ailleurs, méfiez-vous de la «sympathie» de cette personne. Bien que vous ayez l'impression que cette chance arrive à un moment inespéré.

#### ➢ 3/ LE PAPE (5) en 3$^e$ position :
– Décrit cette personne comme étant très mûre. C'est un vieil homme d'expériences qui a atteint le sommet de sa carrière. Bienveillant, protecteur, il contrôle la situation avec une autorité paternelle. Il espère vous voir jouer le rôle d'un fils.

– **En négatif,** son comportement est peu équilibré, ambigu et des obstacles imprévus peuvent venir de lui.

#### ➢ 4/ LE PENDU (12) en 1$^{re}$ réponse :
– Impose la certitude qu'il y a un *«squelette dans le placard»* ! L'avenir est incertain ; le risque reste à définir et à apprécier. Attendez-vous à une volte-face complète de votre protecteur !

– Il pourrait devenir votre employeur !

#### ➢ 5/ L'HERMITE (9) en *réponse définitive :*
– Vous conseille la prudence et vous demande de faire preuve de clairvoyance.

– Ne faites pas une confiance aveugle à cette personne. Vous devez réfléchir avant de vous engager en quoi que ce soit. Le temps apportera des solutions aux questions que vous vous posez encore. Si cette personne est trop pressée, la méfiance s'impose.

*UNE LUNE ÉCLAIRE UN PLAN D'EAU.
ON Y VOIT SUR LE BORD : DEUX CHIENS.
EN RETRAIT : DEUX TOURS.
ET AU CENTRE : UN CRABE !*

LA LUNE 18$^{ème}$ lame du TAROT,
**Symbolise notre passé,** (voir notre KARMA)
L'origine de toute chose, le foyer, les parents…
*Mais aussi :* les rêves, l'imagination, l'intuition, les angoisses.
**Le crabe symbolise** : le repli sur soi, « la prison » dans laquelle on s'enferme en s'accrochant désespérément à notre passé.
**<u>Les deux chiens représentent le *bien* et le *mal*</u> :**
Le fidèle compagnon de l'homme
au dévouement le plus total.
<u>*Mais aussi* :</u>
Le chien menaçant, qui jaillit de nulle part,
opposant au marcheur de poursuivre son chemin.

## LES CARACTÉRISTIQUES DE LA LUNE (18)

➢ **LA LUNE (18)** *c'est* :
**L'IMAGINATION sous toutes ses formes !**

*Elle correspond à :*
– Au signe du CANCER
– à l'élément EAU
– à la LUNE.
– Au LUNDI
– au mois de JUILLET
– à l'ÉTÉ.

*Le nombre 18 est symbole de clairvoyance & d'intuition.*

➢ **LA LUNE (18)** représente le monde nocturne,
la face sombre et irrationnelle
du monde qui nous entoure, notre inconscient…
Elle est également l'astre de la féminité,
correspond à la mère, au foyer, à la femme...
Mais aussi au monde de l'enfance et des enfants,
des rêves et de l'imagination.
➢ Elle est une excellente lame pour
les artistes, les écrivains, les peintres...
Favorable au commerce et à la voyance...

➤ *Sur LES PLANS suivants :* LA LUNE (18) *est :*
– **SENTIMENTS :** *faible*
– **BIENS -FINANCES :** *très faible*
– **TRAVAIL :** *propice*
– **ÉTUDES :** *propice*
– **SANTÉ :** *faible*
– **VIE INTÉRIEURE :** *propice*

➤ **MOTS CLÉS *(au positif)*:** *peut représenter :* la mère - l'épouse - une nourrice - la femme au foyer. AINSI QUE : doutes - imagination féconde - douceur - popularité - intuition - nostalgie du passé - créativité - inspiration - grossesse - vie familiale - réceptivité -la nuit - sensibilité - rêves prémonitoires - caprices - voyage sur l'eau - incertitude - l'instabilité - les liquides...

➤ **MOTS CLÉS *(au négatif)*:** *peut représenter :* ennemi·e connu·e ou inconnu·e - personne malhonnête - jeteur.se de sort...
AINSI QUE : mélancolie - déprime - illusions - anxiété - angoisse calomnies - commérages - envoûtements - hypocrisie - tromperies - maternité difficile - danger sur (*ou par*) l'eau...

➤ *Une situation :* la vie familiale ou ce qui s'y rapporte : nos origines, nos parents, nos racines, les fondements même de la vie...
➤ *En négatif :* confuse, difficile ou insatisfaisante... Nécessite un changement.

➤ *Un lieu :* maison familiale - appart. - foule - lieu de vie en communauté - bord de mer - outremer - cinéma - marais - crèche...

➤ *Profession :* navigateur.trice - peintre - astrologue - médium - cartomancien·ne - voyant·e - commerçant·e - éleveur.se - pêcheur.se - concierge - *tout ce qui touche à l'information :* écrivain·ne - traducteur.trice - agent littéraire - animateur.trice de radio ou télé...

➤ *Maladies de prédisposition :* problèmes d'estomac - ulcère - nausée - gastralgie - faiblesse oculaire... *Ainsi que :* troubles psychiques - alcoolisme - dépendance de la drogue...

**CE QU'IL FAUT EN RETENIR :**
*Redoubler de vigilance - affronter ses peurs - faire des compromis*
– ***RESTER LUCIDE !***

## ☞ INTERPRÉTATION DE LA LAME
### «TIRAGE EN CROIX»

### ➢ Position 1 : LA LUNE (18)
#### EN *POUR : SENSIBILITÉ & CRÉATIVITÉ !*
– Vous montre comme une personne sensible et créative.

– Doté·e d'une bonne intuition, apprenez à écouter cette petite voie intérieure qui est pour vous un véritable guide, si vous savez y prêter attention !

– Vous avez une âme d'artiste. Tout passe par le rêve et l'imaginaire ; vos prémonitions se révèlent bien souvent juste !

### ➢ Position 2 : LA LUNE (18)
#### a) *EN CONTRE : AYEZ LES PIEDS SUR TERRE !*
– Méfiez-vous de vos rêves, ne vous bercez pas trop d'illusions !

– Vous avez une tendance à vous laisser bercer par vos fantasmes sans jamais passer à l'action ! Pour qu'un souhait se réalise, il faut aussi agir !

#### *b) LES DÉFIS : VAINCRE LA DÉPRIME !*
– Vous prenez trop facilement des *« vessies pour des lanternes »* !

– L'on profite facilement de votre crédulité ; votre entourage manque de franchise à votre égard : médisances, calomnies, intrigues... Tout est réuni pour vous mener à la déprime !

– Vous devez vous ressaisir, faire le tri dans vos relations et garder confiance dans vos projets !

### ➢ Position 3 : LA LUNE (18)
#### a) *FAIRE, CHANGER : GARDER CONFIANCE & LAISSER MURIR !*
– Votre projet est encore en état de gestation, à l'état primitif... Accordez du temps, ne précipitez rien, restez calme et serein, relâchez-vous et laissez s'épanouir vos idées créatives !

**b) *AIDES EXTÉRIEURES* : *NE COMPTER QUE SUR SOI !***

– Vous ne pourrez guère compter sur des aides extérieures pour réaliser votre souhait.

– Vous pourriez même être confronté·e à un entourage trompeur, menteur, qui pourrait vous suivre dans votre projet uniquement dans le but d'en tirer profit.

– Restez vigilant·e et méfiant·e.

➢ **Position 4 : LA LUNE (18)**
1$^{re}$ **RÉPONSE** *à la question* **: *INCERTITUDES & DOUTES.***

– Vous devez vous méfier des peurs non justifiées qui vous habitent !

– Apprenez à écouter votre intuition, elle est bonne conseillère et pourra vous aider à trouver la solution.

– Ne laissez pas les doutes prendre le dessus.

➢ **Position 5 : LA LUNE (18)**
*RÉPONSE définitive à la question* **: *ÉCLAIRCIR LA SITUATION !***

– Apporte une réponse floue ; elle ne confirme pas le succès du projet, néanmoins, n'indique pas la *« non concrétisation »* ! Conseille seulement de prendre son mal en patience, ne rien précipiter...

– Le projet est encore à l'état rudimentaire, il est trop tôt pour être fixé·e de la viabilité de l'intention.

➢ *LA LUNE (18) dans cette position,*
*apporte une réponse floue, incertain …*
➢ **Comme pour l'AMOUREUX (6),**
*une levée de doutes* **est nécessaire.**

## ☞ SUGGESTION D'interprétation

➤ **À LA COUPE :** *ne vous laissez pas envahir par le doute, l'incertitude !*

### En POUR et en CONTRE

➤ **AFFECTIF *(POUR)* :** votre esprit très maternel (ou paternel) vous rend souvent inquiet·e pour les vôtres.
– Votre nature sensible vous attire les sympathies. Vous ferez de nouvelles rencontres qui entraîneront des changements positifs.
– Naissance, déménagement, mariage... sont les atouts de cette lame.

➤ **AFFECTIF *(CONTRE)* :** vous devez regarder la vérité en face et cesser de vous bercer d'illusions !
– Méfiez-vous des apparences trompeuses et décevantes.
– Tromperies, commérages et hypocrisies sont votre lot !
– Problèmes à régler avec une femme !

➤ **PROFESSIONNEL *(POUR)* :** vous avez une âme d'artiste ! Tout ce qui est lié à l'intuition, à l'imagination, à la créativité, vous sont tout particulièrement favorables, sans oublier le commerce.
– La position sociale prend un heureux virage.

➤ **PROFESSIONNEL *(CONTRE)* :** vous manquez d'imagination et votre intuition vous fait défaut ! Vous vous faites des illusions qui nuisent à votre activité.
– Si vous êtes dans le commerce, attention à la malhonnêteté, vous êtes entouré·e d'hypocrites et les commérages vont bon train.
– Apprenez à faire le tri dans vos relations.

➢ **MATÉRIEL** *(POUR)* : paradoxalement, vous risquez à la fois de vous retrouver en difficultés et d'accroître vos gains grâce à une gestion sans faille.

– C'est la maison qui bénéficie abondamment de votre générosité.

– Vous traversez une période de fluctuation, mais à votre avantage.

– L'équilibre est très difficile à maintenir.

– Cette lame aide également à trouver un domicile.

➢ **MATÉRIEL** *(CONTRE)* : l'équilibre est très difficile à maintenir. Vous devez être plus vigilant·e dans vos dépenses, et cesser de croire que vos finances vont se redresser par magie !

– Ne comptez pas sur les jeux du hasard, mais misez sur une gestion rigoureuse !

➢ **SANTÉ** *(POUR)* : tendance aux coups de blues ou déprime.

– Vous accusez une vague de pessimisme qui peut déboucher sur une dépression.

– Avec la LUNE, les coups de cafard vous rendront un peu défaitiste et lymphatique.

– Ressaisissez-vous !

➢ **SANTÉ** *(CONTRE)* : le moral sera atteint par le doute, l'angoisse, des sautes d'humeur. La dépression vous guette si vous n'y prenez pas garde.

– Attention au bord de l'eau (ou sur l'eau)…

## Pratique de la question précise «TIRAGE EN CROIX»
### 1ʳᵉ HYPOTHÈSE avec... en position *FAVORABLE*

➤**Pour la question suivante** : *(de Jules)*
*«Je travaille actuellement dans la région parisienne.*
*Je souhaite partir en Province et changer de branche professionnelle.*
*Est-ce envisageable?»*

Soit :
**LA LUNE (18)** + LA PAPESSE (2)
+ L'IMPÉRATRICE (3) + LE SOLEIL (19)
= **L'AMOUREUX (6)**
+ *Levée de doutes* : LE MONDE (21)

   *levée de doutes*  ➜

## ☞ SUGGESTION DE RÉPONSE

### ➢ 1/ LA LUNE (18) en position *favorable* :
– Vous révèle comme une personne rêveuse, passive devant les événements, peut-être paresseuse... Vous ne voyez pas très clair en vous-même et quelqu'un peut vous faire de fausses promesses, une déception est dans l'air, ne vous laissez pas duper !

### ➢ 2/ LA PAPESSE (2) en position défavorable :
– Évoque auprès de vous, une femme, une collègue lunatique, aux intentions douteuses !
– Gardez vos projets secrets, ne vous confiez pas à cette personne !

### ➢ 3/ L'IMPÉRATRICE (3) en 3$^e$ position :
– Est favorable aux nouvelles initiatives dans le domaine professionnel, mais à condition d'agir rapidement en mettant au premier plan la raison de l'intelligence.

### ➢ 4/LE SOLEIL (19) en 1$^{re}$ réponse :
– Souligne que le succès est possible, mais dépend d'abord de votre créativité.
– Il est aussi lié à un voyage indispensable au succès des négociations d'affaires, qui peuvent être plus délicates que prévu.

### ➢ 5/ L'AMOUREUX (6) *en réponse définitive :*
– La décision vous appartient ! Sachez ce que vous voulez et foncez !

### ➢ LE MONDE (21) tiré en complément,
indique que vous avez les moyens matériels pour réaliser vos ambitions.
– Cette lame est l'une des principales indications du succès.
– Les difficultés étant en général de courte durée.

## 2ᵉ HYPOTHÈSE avec... en position *DÉFAVORABLE*

➤ **Pour la question suivante** *: (de Francine)*
*«Suite à une mésentente avec mon employeur,
J'ai démissionné en septembre de l'année dernière.
Depuis je suis en traitement médical, car après ma cessation
d'activité, mes nerfs ont lâché. Maintenant j'y vois plus clair,
et j'ai peur pour ma famille et mes enfants.
Aurons-nous assez d'argent pour achever de payer les traites
de notre maison?»*

**Soit :**
LE PAPE (5) + **LA LUNE (18)**
+ LE MAT (0) + LE MONDE (21)
= **LA JUSTICE (8)**

☞ **SUGGESTION DE RÉPONSE**

### ➤ 1/LE PAPE (5) en position favorable :
– Nous indique que, heureusement, votre vie professionnelle n'est pas finie. Vous pouvez et vous devez retrouver un autre emploi. C'est pour vous, la seule façon de vraiment payer votre maison, sans cela, l'argent ne tombera pas tout seul du ciel dans votre bourse.

### ➤ 2/ LA LUNE (18) en position *défavorable* :
– Montre tout l'irréalisme de cette décision ainsi que la fragilité de caractère.
– Sans doute, est-ce la rançon de vos grandes qualités affectives ! Maternelle, sentimentale et très douce, vous êtes aussi consciencieuse, disciplinée honnête et impliquée. Toutefois, vous ne vous affirmez pas assez, et vous vous laissez facilement marcher sur les pieds. Mais à présent, ce qui est fait est fait !

### ➤ 3/LE MAT (0) en 3ᵉ position :
– Vous représente déboussolée en ce moment. Vraiment, vous n'êtes pas raisonnable !
– En ces temps de crise, on ne démissionne pas aussi facilement, même si l'ambiance au travail est désagréable.

### ➤ 4/ LE MONDE (21) en 1ʳᵉ réponse :
– Nous signale que vous bénéficiez actuellement de sympathie et d'un courant Cosmique très favorable. Prenez-vous en main et vous parviendrez bientôt à retrouver du travail !

### ➤ 5/ LA JUSTICE (8) en *réponse définitive :*
– Indique que votre personnalité y gagnera un nouvel équilibre tout à fait positif.
– Reprenez confiance en vous, faites valoir votre expérience et vos qualités, vous en avez !

*UN SOLEIL INONDE DE SES RAYONS*
*UN JEUNE COUPLE*
*DÉBORDANT DE VITALITÉ ET DE JOIE DE VIVRE,*
*QUI EST TOURNÉ TOUT ENTIER VERS L'AVENIR !*

Le SOLEIL 19$^{ème}$ lame du TAROT,
symbolise la joie, la fécondité dans le couple, la personnalité,
l'indépendance, le couronnement.
LE SOLEIL dégage une énergie positive.

<u>Mais attention</u> !
Sa LUMIÈRE peut parfois devenir aveuglante,
ses rayons peuvent brûler !

## LES CARACTÉRISTIQUES DU SOLEIL (19)

### ➤LE SOLEIL (19) c'est :
### l'ÉCLAIRCISSEMENT & la RAISON !

*Il correspond au :*
– Au signe du LION
– à l'élément FEU
– au SOLEIL.
– Au DIMANCHE
– au mois d'AOÛT
– à l'ÉTÉ.

*LE NOMBRE 19 annonce une évolution.*

➤ LE SOLEIL représente le monde diurne, la face brillante et lucide du monde qui nous entoure, notre conscience…
Il est l'opposé de la représentation de la LUNE (18).
➤ LE SOLEIL est aussi l'astre de masculinité, de la virilité.
Il correspond au père, au foyer, à l'homme…
➤ LE SOLEIL symbolise la joie, la LUMIÈRE, l'ÉNERGIE…
Il représente l'autorité, le chef d'entreprise,
L'Être confiant en l'avenir et sûr de lui…
➤ LE SOLEIL parle d'amour, de joie, de bien-être…

➤ *Sur LES PLANS suivants* : **LE SOLEIL (19)** est :
– **SENTIMENTS** : *excellent*
– **BIENS/FINANCES** : *excellent*
– **TRAVAIL** : *excellent*
– **ÉTUDES** : *excellent*
– **SANTÉ** : *protégée*
– **VIE INTÉRIEURE** : *faible*

➤ **MOTS CLÉS** *(au positif)* : <u>peut représenter le :</u> père - chef - roi - maître spirituel - artiste reconnu - individu très influent - des jumeaux… <u>AINSI QUE :</u> accomplissement - joie - réussite - clarification d'une situation - succès pro. - couple solide - amour - fécondité - lumière - union heureuse - mariage d'amour - guérison - réconciliation - réalisation des vœux et projets - gloire - autorité bienveillante - vitalité - autonomie - protection - conviction - honneurs - noblesse…

➤ **MOTS CLÉS** *(au négatif)* : <u>peut représenter un :</u> dictateur - vantard - traître - égoïste... <u>AINSI QUE :</u> obstination - mariage de raison - rupture - divorce - apparences trompeuses - prétention - trop grande confiance en soi - querelles - fausse joie - infidélité - ambition aveugle - obstination - orgueil - succès pro. de courte durée…

➤ *Une situation :* clarifiée - met en évidence : affinités, sentiments purs, simples et réciproques. Vie sociale agréable.
➤ *En négatif :* une situation confuse et limitée. Succès professionnel non mérité...

➤ *Un lieu :* un palais - l'arc de triomphe - les champs Elysées - une capitale - un pays chaud - un lieu de vacances…

➤ *Une profession :* carrières intellectuelles, artistiques ou scientifiques - chef.fe de service, de nation, d'état - directeur.trice de grande entreprise - politicien·ne - banquier·e - acteur.rice - bijoutier·e - musicien·ne - grand.e couturier·e.

➤ *Maladies de prédisposition :* …longévité & vitalité. Mais les maladies liées au cœur et la vue, peuvent être source d'inquiétudes.

➤ **CE QU'IL FAUT EN RETENIR** :
*– Être bienveillant·e et fraternel·le - rester simple et réaliste
- Profiter du moment, le bonheur n'attend pas !*

## ☞ INTERPRÉTATION DE LA LAME
### «TIRAGE EN CROIX»

### ➢ Position 1 : LE SOLEIL (19)
#### EN *POUR : CARACTÈRE HONNÊTE & GENTIL.*
– Vous faites preuve d'une grande confiance en vous et vous brillez de mille feux ! Ne doutant pas de votre réussite, vous persévérez dans vos démarches et cette attitude ne peut vous mener qu'au succès !

– Par ailleurs, vous êtes très apprécié·e pour votre honnêteté et loyauté.

### ➢ Position 2 : LE SOLEIL (19)
#### a) EN *CONTRE : SOYEZ TRÈS DISCRET·E !*
– Contrôlez votre nervosité, et faites preuve davantage de patience vis-à-vis d'autrui.

– Un excès d'ambition et d'orgueil pourrait nuire à vos projets, essayez par conséquent de vous tempérer.

#### b) *LES DÉFIS : OBSTACLE SURMONTABLE !*
– Il se peut que vous ayez affaire à des personnes un peu malhonnêtes, peu généreuses...

– Par ailleurs, essayez de rester simple, ne pas vouloir à tout prix convaincre votre entourage, ne pas heurter leur sensibilité... Vous pourriez passer pour un être prétentieux.

### ➢ Position 3 : LE SOLEIL (19)
#### a) *FAIRE, CHANGER : être CONCILIANT·E & BON·NE.*
– Restez bienveillant·e et fraternel·le ; cette attitude noble et généreuse vous attirera les soutiens nécessaires pour réaliser votre souhait ;

#### b) *AIDES EXTÉRIEURES : AIDE PROVIDENTIELLE !*
– Une aide inattendue et providentielle, une influence tout particulièrement bénéfique... voici ce que vous promet le SOLEIL ! Quelle que soit la question posée, vous pouvez espérer un avenir meilleur !

➢ **Position 4 : LE SOLEIL (19)**
  **1ʳᵉ RÉPONSE** *à la question* **: *RÉUSSITE BRILLANTE !***
– Faites confiance à la vie et à vos propres forces ! Le SOLEIL vous indique un résultat très favorable.

➢ **Position 5 : LE SOLEIL (19)**
  *RÉPONSE définitive à la question* **: *BUTS ATTEINTS !***
– L'avenir s'éclaire d'un nouveau jour, le bonheur est enfin là et pour longtemps ! Vous serez satisfait·e au-delà de vos espérances !

➢ **LE SOLEIL (19)** *dans cette position*
*apporte la LUMIÈRE dans votre vie ! Tout s'éclaire !*
*Les préoccupations s'amoindrissent,*
*C'est le retour du SOLEIL (et pour longtemps)*
*… APRÈS LA PLUIE… !*

☞ **SUGGESTION D'interprétation**

➢ **À LA COUPE :** *LE SOLEIL* annonce la réussite, le bonheur, dans tous les domaines.
AYEZ CONFIANCE en VOUS et ...BRILLEZ !

## En POUR et en CONTRE

➢ **AFFECTIF *(POUR)*** : lame d'union heureuse, LE SOLEIL vous promet les réalisations en amour. Vos rêves les plus audacieux sont comblés ; l'évolution se fait dans la paix et la joie. Les amitiés sont rayonnantes, empreintes de sincérité et de spontanéité.
– Lumière et vérité, cette lame révèle votre générosité altruiste.
– Avec le SOLEIL, l'amour est au rendez-vous. Joie, bonheur, sourires... Illuminent votre vie sentimentale.

➢ **AFFECTIF *(CONTRE)*** : problèmes à régler avec le père ou le masculin.
– Soyez plus tolérant·e vis-à-vis d'autrui. Votre amour-propre pourrait être blessé, à moins qu'une indifférence froide se manifeste vis-à-vis de vous.
– Les apparences sont trompeuses et votre union ou relation n'est peut-être pas aussi harmonieuse que vous le laissez paraître et pourrait déboucher sur une rupture, une séparation, un divorce...
– Les amitiés manquent de spontanéité et ne sont pas aussi sincères que l'on laisse croire...

➢ **PROFESSIONNEL *(POUR)*** : succès dans les activités professionnelles. Les relations de travail sont harmonieuses et une promotion est à prévoir. C'est une période d'ouverture et vous faites l'objet de faveurs. Vos talents sont reconnus et la réalisation dans le domaine des arts est encouragée. La réussite dans le secteur de votre choix est assurée. Les projets se concrétisent.
– Avec le SOLEIL, vous entrez dans une période de succès.
– Les activités ayant un lien avec un public ou touchant l'artistique en général sont exceptionnellement favorisées.

➤ **PROFESSIONNEL** *(CONTRE)* : ne vous faites pas trop remarquer dans le domaine, et méfiez-vous des projets trop grandioses ou des promesses mirobolantes. Ne soyez pas aveuglé·e par votre ambition. Ne vous obstinez pas ! Le bluff, l'apparat ou la vanité, pourraient se retourner contre vous. Sachez rester dans l'ombre pour l'immédiat sans vouloir à tout prix vous faire remarquer.
– Le moment n'est pas propice pour demander une promotion.
– Les relations professionnelles sont superficielles et des querelles sont possibles.

➤ **MATÉRIEL** *(POUR)* : une période d'abondance s'offre à vous ! Les rentrées matérielles s'effectuent allègrement et vous placent dans une situation florissante. Vous récoltez les fruits de vos efforts, et votre bonheur se construit à l'abri des soucis d'argent.
– Briller réclame une certaine aisance financière qui vous est accordée. La voie de l'abondance est ouverte et efface toutes les préoccupations.

➤ **MATÉRIEL** *(CONTRE)* : ne brûlez pas la chandelle par les deux bouts ! L'argent vous brûle les doigts et vous risquez de vous retrouver en fin de mois chez votre banquier pour demander un découvert !
– Les affaires ne sont pas aussi florissantes qu'espérées. Ne dépensez pas plus que vous ne pouvez !

➤ **SANTÉ** *(POUR)* : surveillez votre cœur. Les brûlures et insolations, les coups de soleil et les poussées de fièvre, sont sous le signe de cette lame.
– Toutefois, elle témoigne d'un bon dynamisme.
– Avec le SOLEIL la vitalité est excellente. Ce n'est pas une raison pour abuser du soleil.
– Attention aux brûlures diverses.

➤ **SANTÉ** *(CONTRE)* : surveillez votre cœur et votre tension artérielle.
– N'abusez pas du soleil et attention aux brûlures !
– Brûlez votre trop plein d'énergie en faisant de longues marches !

### Pratique de la question précise «TIRAGE EN CROIX»
### 1ʳᵉ HYPOTHÈSE avec... en position *FAVORABLE*

➢ **Pour la question suivante** *: (d'Aurélie)*
*«J'ai 49 ans et j'ai 4 enfants âgés de 11 à 29 ans.
En tant que mère, je suis comblée !
Je m'interroge sur ma vie personnelle et sentimentale
qui n'est pas épanouie...
Vais-je rester seule ou rencontrer une personne de confiance?»*

**Soit :**
**LE SOLEIL (19)** + LA ROUE (10)
+ L'EMPEREUR (4) + L'ÉTOILE (17)
= **LE PAPE (5)**

## ☞ SUGGESTION DE RÉPONSE

### ➤ 1/LE SOLEIL (19) en position *favorable* :
– Souligne les côtés positifs de votre vie actuelle en tant que mère, et cette joie qui vous habite. Optimiste, généreuse, vous rayonnez. Cette lame vous conseille de ne pas remettre en cause votre bel équilibre pour le premier venu...

### ➤ 2/ LA ROUE DE FORTUNE (10) en position défavorable :
– Renouvelle ce conseil : ne prenez pas de décision trop rapidement dans une affaire sentimentale qui ne serait ni mûre ni sûre. Ce serait perdre votre équilibre actuel.

### ➤ 3/ L'EMPEREUR (4) en 3$^e$ position :
– Insiste sur votre situation actuelle bien définie, stable, claire, équilibrée. Enfin, il y a dans l'air, une rencontre avec un homme sérieux et d'un certain âge.

### ➤ 4/ L'ÉTOILE (17) en 1$^{re}$ réponse :
– Est une lame protectrice qui promet de nouvelles expériences et donne l'espoir.
– Elle indique une rencontre grâce à l'intervention heureuse d'une amie.

### ➤ 5/ LE PAPE (5) *en réponse définitive* :
– Confirme l'ÉTOILE, donne l'image d'un mari sérieux, protecteur et fidèle.
– Il vous propose un nouvel amour dans un mariage serein.
– Toutefois, il vous conseille d'analyser la situation avec finesse et prévoyance.
– Au total, ce jeu apparaît très favorable à votre question.
– L'amour devrait vous sourire dans les prochains mois !

## 2ᵉ HYPOTHÈSE avec... en position *DÉFAVORABLE* :

➢ **Pour la question suivante** : *(de Jean-Pierre)*
*« J'ai participé à un concours artistique, il y a quelque temps,
et, bien qu'il n'y ait plus de notoriété que d'argent à gagner,
J'attends avec anxiété le résultat.
Serais-je l'heureux vainqueur ? »*

**Soit :**
LE JUGEMENT (20) + **LE SOLEIL (19)**
+ LA ROUE (10) + LE MONDE 21
= **LE CHARIOT (7)**

☛ **SUGGESTION DE RÉPONSE**

### ➤ 1/ LE JUGEMENT (20) en position favorable :
– Souligne que votre situation recèle des éléments inattendus, ce qui peut entraîner une remise en question complète des choses.
– Il y a une certitude générale, des discussions sévères et un risque certain de désillusions, vu l'environnement de cette lame.

### ➤ 2/ LE SOLEIL (19) en position *défavorable* :
– Indiquerait bien un certain soutien de personnalités en votre faveur.
– Mais comme vous l'avez tirée en position *défavorable*, le SOLEIL joue un rôle CONTRE vous !
– Compte tenu, en outre des lames qui l'entourent, la malchance semble au rendez-vous.
– Le SOLEIL indique plutôt, qu'il y aura un manque d'entente parmi les membres du jury.
– Certains s'opposeront à vous.

### ➤ 3/ LA ROUE DE FORTUNE (10) en 3$^e$ position :
– Confirme nettement les influences* négatives des personnes critiquant votre travail.
– Le résultat pour vous, peut être une surprise désagréable.
*(prends « *la couleur* » des lames qui l'entourent.)

### ➤ 4/ LE MONDE (21) en 1$^{re}$ réponse :
– Est une lame de protection, de succès et de triomphe.
– Elle semble vous protéger contre les personnes de mauvaises influences.

### ➤ 5/ LE CHARIOT (7) en *réponse définitive :*
– Vous annonce malgré les embûches, le triomphe sur l'adversité.
– Oui vous obtiendrez gain de cause, vous serez élu !

*UN ANGE SOUFFLE DANS UNE TROMPETTE.*
*AU-DESSOUS DE LUI,*
*3 ÊTRES HUMAINS NUS (LE PÈRE - LA MÈRE - L'ENFANT)*
*SONT EN COMMUNICATION*
*AVEC L'ANGE (EN PRIÈRE !)*
**LE JUGEMENT,** 20$^{\text{ème}}$ lame du TAROT,
représente un ange qui annonce à l'homme que le moment
est venu de s'auto analyser,
de passer toute sa vie au crible et d'en retirer les fruits :
*Bons ou mauvais !*
Cet ange ne juge pas, il est l'étincelle qui jaillit,
la prise de conscience,
et c'est ainsi que l'homme éclairé
par les rayons émanant de l'ange,
pèsera *le pour et le contre* de ses actes,
qu'il sera son propre juge…

# LES CARACTÉRISTIQUES DU JUGEMENT (20)

> **LE JUGEMENT (20)** *c'est* :
**LE RENOUVEAU & les IMPRÉVUS !**

*Il correspond aux :*
– Aux signes du VERSEAU & GÉMEAUX
– à l'élément AIR.
– Aux planètes URANUS & MERCURE
– au MERCREDI & SAMEDI.
– Aux mois de FÉVRIER & JUIN
– à la fin de l'HIVER & fin du PRINTEMPS.

*LE CHIFFRE 20 marque un RENOUVELLEMENT
– UNE SECONDE CHANCE. (2 X 10 de la ROUE de FORTUNE)*

> LE JUGEMENT annonce les changements brusques et heureux.
Signe de renouveau d'amélioration, il communique et rétablit.
Toute décision définitive prise maintenant aura une issue positive.
> Cet Ange *(en sonnant le clairon)* réveille ! Il peut donc annoncer un rétablissement psychologique comme physique !
L'énergie et la lucidité sont retrouvées.
> Concrètement, le JUGEMENT parle de renouveau, d'événements inattendus qui arrivent au moment où on ne s'y attend pas !
Le plus souvent, c'est une bonne nouvelle !
> Le JUGEMENT indique aussi une naissance.
La trompette annonce la venue d'un vivant sur terre.
Les influences de MERCURE et d'URANUS…
*C'est :* mouvement, *mais aussi :* nouvelles, lettres entre autres,
et les changements imprévus.

➢ *Sur LES PLANS suivants :* **LE JUGEMENT (20)** *est :*
  – SENTIMENTS : *très propice*
  – BIENS/FINANCES : *très propice*
  – TRAVAIL : *très propice*
  – ÉTUDES : *très propice*
  – SANTÉ : *protégée*
  – VIE INTÉRIEURE : *propice*

➢ **MOTS CLÉS** *(au positif)*: *peut représenter un :* nouveau-né - miraculé.e - ange gardien - guide spirituel - initié·e... <u>AINSI QUE :</u> - renaissance - bonne nouvelle - déménagement pour meilleur confort - réconciliation - appel tél - révélation - proposition avantageuse - guérison complète - vocation - heureuse découverte - bonne surprise - emploi retrouvé - rencontre inattendue - révélation affective.

➢ **MOTS CLÉS** *(au négatif)* : *peut représenter un:* mort-né - personne dans le coma - associé·e, ami·e sans scrupules - handicapé.e d' accident... AINSI QUE : mauvaise nouvelle - déménagement imposé guérison incomplète - procès - jugement - proposition malhonnête - choc en retour - châtiment - rapide - récidive - embarras.

➢<u>*Une situation :*</u>...un renouveau, une métamorphose... Des événements imprévus et heureux arrivent !
➢<u>*En négatif*</u> : des événements imprévus et malheureux remettent la situation en cause ! Il faut assumer les conséquences de nos actes ! (Bons ou mauvais : c'est suivant !)

➢ <u>*Un lieu :*</u> centrale d'électricité - observatoire d'astronomie salle de rédaction, de musique, de concert, de remise en forme...

*Profession :* archéologue - inventeur.trice - journaliste - kinésithérapeute - occultiste - aviateur.trice - déménageur.se - savant.e - astronaute - électricien.ne - écrivain.ne - mécanicien.ne - sportif.ve...

➢ <u>*Maladies de prédisposition :*</u> guérison souvent accordée par les médecines «nouvelles». Problèmes respiratoires possibles et tendance à la claustrophobie.

➢**CE QU'IL FAUT EN RETENIR** :
*Se remettre en question - chercher au plus profond de soi
– être attentif.ve... et* **PROVOQUER** *la chance !*

☞ *INTERPRÉTATION DE LA LAME*
«TIRAGE EN CROIX»

➢ **Position 1 : LE JUGEMENT (20)**
   **EN *POUR* : *RENOUVEAU & COMMENCEMENT.***
   – Des événements imprévus et heureux arrivent vers vous ! La période est chanceuse, des opportunités vont se présenter et vous ouvrir de nouveaux horizons !
   – Vous aurez toutes les chances de vous épanouir !

➢ **Position 2 : LE JUGEMENT (20)**
   **a) EN *CONTRE : RESTEZ DANS LA ROUTINE.***
   – Ne provoquez pas des changements trop rapides et irréfléchis, restez dans la routine, car votre impulsivité et impatience risquent de nuire au bon déroulement de vos projets.
   – Garder son calme, est la meilleure façon d'atteindre ses objectifs.
   ***b) LES DÉFIS : SAVOIR SE MAITRISER !***
   – Soyez sur vos gardes lors de discussions, évitez les querelles qui risqueraient de se retourner contre vous !
   – Apprenez à conserver votre sang-froid...

➢ **Position 3 : LE JUGEMENT (20)**
   ***a) FAIRE, CHANGER : RESTER ATTENTIF.VE AUX NOUVELLES POSSIBILITÉS.***
   – Soyez attentif.ve à tout ce qui peut se présenter autour de vous et n'hésitez pas à provoquer les événements afin de débloquer une situation stagnante.
   – Faites preuve d'innovation et de créativité.
   – Cette attitude vous sera d'une aide précieuse pour la suite...
   **b) *AIDES EXTÉRIEURES* : *appuis SOUDAINS & INATTENDUS !***
   – Il est possible qu'une personne (ou plusieurs) auxquelles vous ne pensiez nullement se révèle.nt une aide précieuse ! Vous vous sentirez ainsi soutenu·e et prêt·e à relever les défis. Vous ferez preuve d'une énergie nouvelle et ainsi vous pourrez espérer une période de chance pour les mois à venir !

➤ **Position 4 :** LE JUGEMENT (20)
   *1ʳᵉ RÉPONSE à la question : ACCOMPLISSEMENT.*

– La réponse prendra la forme d'une bonne surprise. Vous êtes chanceux.se et des opportunités se présenteront.

– Vous prêterez par ailleurs, attention aux conseils avisés d'une personne digne de confiance, ainsi vous pourrez être assuré·e de la réalisation de vos objectifs.

➤ **Position 5 :** LE JUGEMENT (20)
   *RÉPONSE définitive à la question : VICTOIRE RAPIDE !*

– Attendez-vous à vivre des jours meilleurs et une nouvelle vie basée sur la joie et l'harmonie.

– La situation va évoluer rapidement et de manière éclatante, la réalisation de votre souhait vous apportera joie et réconfort !

➤ **LE JUGEMENT (20)** *dans cette position*
*est porteur de BONNES NOUVELLES !*
*Une seconde chance vous est offerte ! Saisissez-la !*

☛ **SUGGESTION D'interprétation**

➢ **À LA COUPE :** *symbole de renouveau, de surprises inattendues. Vous êtes sous le coup de DAME PROVIDENCE, acceptez les changements : RE-NAISSEZ !*

## En POUR et en CONTRE

➢**AFFECTIF *(POUR)* :** LE JUGEMENT annonce une rencontre, voire un coup de foudre. Votre entrain sera communicatif, les relations évoluent vite et vous partagerez des échanges harmonieux avec vos amis et amours.

– D'heureuses surprises agrémentent la vie affective qui connaît un épanouissement rapide. Penseriez-vous à mettre un bébé en route ?

➢**AFFECTIF *(CONTRE)* :** déceptions, espoir déçu, votre relation n'évolue pas aussi vite que vous l'espériez. Vous n'arrivez pas à vous libérer du passé, ou vous subissez les conséquences de vos actes passés.

– Vous devez assumer vos responsabilités et agir en conséquence. Réfléchissez bien avant de prendre une décision trop hâtive.

➢**PROFESSIONNEL *(POUR)* :** un tour inattendu dans le travail apporte d'heureux succès. Des remaniements bénéfiques vous surprennent. La situation sociale prend une tournure nouvelle et concrète. Vous empruntez le chemin de la renommée et découvrez votre vocation. Les changements sont rapides et bénéfiques.

– Toutes les activités ayant un lien avec le commerce, les voyages, les échanges en général, sont favorisés.

➢**PROFESSIONNEL *(CONTRE)* :** le travail ne répond pas à votre attente. Les projets sont retardés, les nouvelles et les contacts apportent des surprises désagréables. Vous avez commis des erreurs et vous devez en assumer les conséquences. Ne provoquez pas les changements dans l'immédiat.

– Réfléchissez bien avant toute action. Préférez pour l'instant, la routine.

➤ **MATÉRIEL** *(POUR)* : alors que vous ne l'aviez pas prévu, vous bénéficiez de rentrées d'argent providentielles. Ce qui vous permet de souffler et d'améliorer enfin votre ordinaire.
 – Votre Ange Gardien veille sur vos finances et vous libère de tous soucis.
 – Avec le JUGEMENT, des rentrées inattendues vous soulagent d'éventuelles difficultés.
 – La chance et la PROVIDENCE vous libèrent des tracas.

➤ **MATÉRIEL** *(CONTRE)* : les rentrées attendues sont retardées, ce qui vous mettra dans l'embarras ; des dépenses inattendues sont à prévoir : garagiste, électroménager, dépenses pour la santé...)
 – Ne comptez pas sur Dame Chance pour vous sortir de ce mauvais pas. Vous devez assumer les conséquences de vos actes !

➤ **SANTÉ** *(POUR)* : les médecines dites «nouvelles» accordent la guérison.
 – C'est aussi la lame du thérapeute qui vous convient.
 – Elle est signe de santé retrouvée. Améliore la respiration et libère de la claustrophobie.
 – Avec le JUGEMENT, en cas de préoccupation de santé, de nouveaux remèdes vous rendront des forces physiques et morales.

➤ **SANTÉ** *(CONTRE)* : vous passez par des hauts et des bas.
 – Les résultats ne sont que les conséquences de votre hygiène de vie !

## Pratique de la question précise «TIRAGE EN CROIX»
### 1<sup>re</sup> HYPOTHÈSE avec... en position *FAVORABLE*

> **Pour la question suivante** : *(de Julie)*

*«Mon mari a quitté le domicile conjugal voici 2 ans,
pour aller vivre seul.
Depuis, je vis de ma retraite, car il ne me verse pas de pension.
Maintenant, il voudrait reprendre la vie commune, mais je ne l'aime plus. J'ai donc refusé. De plus, j'ai fait la connaissance d'un homme que j'aime et qui m'aime, mais il n'est pas libre.
Que me réserve l'avenir?»*

**Soit :**
**LE JUGEMENT (20)** + LE MONDE (21)
+ LA FORCE (11) + LE CHARIOT (7)
= **TEMPÉRANCES (14)**

### ☞ SUGGESTION DE RÉPONSE

#### ➢ 1/ **LE JUGEMENT (20) en position *favorable* :**
– Fait justement entrevoir une nouvelle vie, une résurrection totale.
– Vous renaissez à vous-même et développez de façon positive ce qu'il y a d'authentique en vous.

#### ➢ 2/ **LE MONDE (21) en position défavorable** :
– Signale que vous serez cependant entravée par d'autres obligations familiales ou amicales. Des enfants vous feront peut-être souvent appel, ou des proches s'appuieront un peu trop sur vous.
– Un projet de voyage sera retardé ou une envie de croisière limitée par des finances restreintes.

#### ➢ 3/ **LA FORCE (11) en $3^e$ position :**
– Vous symbolise ; vous êtes une femme de caractère, volontaire, décidée, dynamique et énergique.
– Vous faites preuve d'autorité, d'une grande discipline personnelle et de beaucoup de fermeté dans vos décisions.
– Une fois que vous avez choisi, vous ne revenez pas en arrière.
– Aussi, vous avez tiré sur votre vie conjugale, un trait qui semble définitif.

#### ➢ 4/ **LE CHARIOT (7) en $1^{re}$ réponse :**
– Vous représente en fin de compte, triomphante !
– Vous surmonterez les difficultés, grâce à votre optimisme et à votre désir d'aller de l'avant.

#### ➢ 5/ **TEMPÉRANCE (14) *en réponse définitive* :**
– Montre que vous saurez trouver un bon équilibre, sans rouler pour autant sur l'or.
– Les échanges avec votre ami resteront harmonieux, chacun gardant son indépendance mutuelle tout en offrant à l'autre, le plus possible.

## 2ᵉ HYPOTHÈSE avec... en position *DÉFAVORABLE* :

➤ **Pour la question suivante** *: (de Lisa)*
«*Malgré les démarches entreprises auprès des Affaires Étrangères du Recours, les 17 années que j'ai passées au LIBAN,
en tant qu'institutrice au collège protestant, ne sont pas reconnues par la FRANCE. J'ai lutté pour faire valoir mes droits, mais en vains.
On me dit que je n'existais pas administrativement, car je dépendais du collège protestant français et non de la France (coopération).
Maintenant à la retraite, ces années me manquent.
Me donnera-t-on un jour raison?*»

**Soit :**
LA ROUE (10) + **LE JUGEMENT (20)**
+ LE PAPE (5) + LE CHARIOT (7) +
= **L'AMOUREUX (6)**
+ *Levée de doutes : LA PAPESSE (2)*

 *levée de doutes*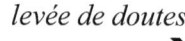

## ☞ SUGGESTION DE RÉPONSE

### 1/ LA ROUE DE FORTUNE (10) en position favorable :
– Vous conseille d'envisager une nouvelle action en profitant du changement de gouvernement.

### 2/ LE JUGEMENT (20) en position *défavorable* :
– Marque l'obstination de l'administration à vous contrer.
– En ayant soin d'appuyer sur les lois précises, elle tranche défavorablement et refuse toute demande. Il y a là, une grande force d'inertie que vous ne pourrez surmonter qu'en agissant, comme vous le suggère LA ROUE DE FORTUNE.

### 3/ LE PAPE (5) en $3^e$ position :
– Montre que vous avez été une institutrice appréciée, et la société doit vous être reconnaissante de votre travail.
– Vous avez droit à cette retraite, ne renoncez pas !

### 4/ LE CHARIOT (7) en $1^{re}$ *réponse* :
– Insiste à nouveau sur la nécessité de faire bouger les choses rapidement. Vous bénéficiez actuellement d'un courant cosmique favorable. Un papier ou un appui vous manquent encore, n'hésitez pas à vous déplacer, ça portera ses fruits.

### 5/ L'AMOUREUX (6) *en réponse définitive :*
– Vous montre encadrée par des personnes qui vous aident.
– Consultez un avocat et faites également intervenir une personnalité politique. Trouvez-en une dans le nouveau gouvernement (plus favorable, on le sait, à l'enseignement libre) et choisissez-la si possible, PROTESTANTE, en vous adressant si besoin aux responsables de l'Église anglicane de Paris. Recherchez des collègues qui, dans le même cas, ont réussi à faire valoir leurs droits.

**LA PAPESSE (2)** *en $6^{ème}$ position (levée de doutes)* confirme l'AMOUREUX et certifie la nécessité de cet appui religieux.
– Après un temps d'attente qui vous semblera encore assez long, vous retrouverez vos droits.

EN FONCTION

DE CE QUE

VOUS AVEZ DÉJÀ APPRIS

AVEC

CE CHAPITRE

FAITES LES EXERCICES SUIVANTS

CORRESPONDANTS

AU

**<u>DEVOIR N°5</u>**

# DEVOIR N°5

ଛେଷ

## ➢ QUESTION 1 :
citer au moins 3 MOTS CLÉS *(non cités dans les cours et qui ont selon vous, un lien avec la lame !)*

### ➢ Concernant La MAISON-DIEU (16) :
**AU POSITIF :**
☞

**AU NÉGATIF :**
☞

Citer AU MOINS 3 objets*:
☞


Citer AU MOINS 3 lieux*:


### ➢ Concernant L'ETOILE (17) :
**AU POSITIF :**
☞

**AU NÉGATIF :**
☞

Citer AU MOINS 3 objets*:
☞


Citer AU MOINS 3 lieux*:

➢ **Concernant LA LUNE (18) :**

**AU POSITIF :**
☞

**AU NÉGATIF :**
☞

Citer AU MOINS 3 objets*:
☞

Citer AU MOINS 3 lieux*:

➢ **Concernant LE SOLEIL (19) :**

**AU POSITIF :**
☞

**AU NÉGATIF :**
☞

Citer AU MOINS 3 objets*:
☞

Citer AU MOINS 3 lieux*:

➢ **Concernant LE JUGEMENT (20) :**

**AU POSITIF :**
☞

**AU NÉGATIF :**
☞

Citer AU MOINS 3 objets*:
☞

Citer AU MOINS 3 lieux*:
☞

## ➢ 2 exercices :

☞ **Exercice N° 1 :** supposons que le consultant veuille savoir s'il doit partir en vacances, malgré un travail urgent...
  Il tire les lames suivantes : (dans l'ordre)
  – LE JUGEMENT (20)
  – TEMPÉRANCE (14)
  – LA JUSTICE (8)
  – l'IMPÉRATRICE (3)
Faites la synthèse et donnez votre **interprétation détaillée**.

☞ **Exercice N° 2 :** Un homme d'une quarantaine d'années est actuellement au chômage. Va-t-il retrouver un emploi prochainement ?
  – LE PENDU (12)
  – LA FAUX (13)
  – L'ETOILE (17)
  – L'IMPERATRICE (3)
Faites la synthèse et donnez votre **interprétation détaillée**.

> **QUESTION 3 :**

Comme pour le cours précédent,
voici une liste de SIGNES PATHOLOGIQUES
Auxquels vous attribuerez le N° de lame correspondant.
**(Concerne uniquement les lames de ce cours N° 5 soit de 16 à 20)**

– Parfois, fait preuve d'insouciance =
– Caractère pointilleux, ouvert et loyal =
– Diplomate et conciliant(e) =
– Ne tient pas en place =
– Se remets régulièrement en question =
– Besoin de changer d'environnement =
– De trop fortes émotions peuvent lui être fatales =
– Donne son affection sans compter =
– Abuse facilement des drogues, alcool, médicaments =
– Hyper nervosité =
– Fait de l'acrophobie (peur du vide) =
– Aime son indépendance =
– Ne sait pas dire NON ! =
– Doit se tempérer =
– D'humeur changeante =
– Tendance suicidaire =

## Corrections en fin de livre…

# CHAPITRE 6

## LES ARCANES MAJEURS

&

Leurs interprétations

**21 - LE MONDE**
**0 - LE MAT**

### *UNE FEMME NUE,*
### *À L'INTÉRIEUR D'UNE COURONNE DE LAURIERS.*
### *AUX 4 COINS : LES SYMBOLES DES 4 ÉLÉMENTS.*

Le MONDE, 21<sup>ème</sup> lame du TAROT…
La couronne de lauriers symbolise **la victoire** !
La jeune femme nue au centre tient le flambeau **du triomphe** !
**Les 4 ÉLÉMENTS** sont symbolisés par les 4 coins :
Le TAUREAU symbole des signes **de TERRE** :
*Taureau - Vierge - Capricorne.*
Le LION, symbole des signes **de FEU** :
*Lion - Sagittaire - Bélier*
L'AIGLE symbole des signes **d'AIR :**
*Gémeaux - Balance - Verseau*
L'ANGE symbole des signes **d'EAU** :
*Cancer - Scorpion - Poissons.*

## LES CARACTÉRISTIQUES DU MONDE (21)

➢ **LE MONDE (21)** *c'est* :
**LE TRIOMPHE
SUR LES ÉVÉNEMENTS & LES ÉLÉMENTS !**

*Il Correspond*
– Aux 12 SIGNES astrologiques
– aux 4 ÉLÉMENTS
– aux 10 PLANÈTES.
– Aux 7 JOURS de la semaine
– aux 12 MOIS
– aux 4 SAISONS.

*Le NOMBRE 21 marque la SAGESSE & LA VERTU !*

➢ **Le MONDE 21** assure le succès !
Il accorde les honneurs ! Il permet de récolter la couronne de lauriers.
Concrètement, LE MONDE est une excellente lame,
si ce n'est la meilleure du TAROT !
Elle élimine presque toutes les influences négatives
qui pourraient apparaître dans un tirage.
Le MONDE annonce toujours une période de succès,
de réalisations positives et concrètes.
Il est souvent en relation avec l'étranger ou les structures
internationales, il aime les pays lointains et les rêves exotiques.

➤ *Sur LES PLANS suivants* : **LE MONDE (21)** *est* :
— **SENTIMENTS** : *très propice*
— **BIENS/FINANCES** : *très propice*
— **TRAVAIL** : *excellent*
— **ÉTUDES** : *excellent*
— **SANTÉ** : *protégée*
— **VIE INTÉRIEURE** : *excellent*

➤ **MOTS CLÉS** *(au positif)* : *peut représenter un·e :* étranger·e - récompense - médaille - lauréat·e... AINSI QUE : période très favorable de chance et de réalisation - triomphe et succès - un grand voyage - plénitude - victoire totale - couronnement d'une œuvre, d'un projet - grande imagination féconde - nouvelles possibilités - relation avec l'étranger - courage - volonté - satisfactions intenses - célébrité...

➤ **MOTS CLÉS** *(au négatif)* : *peut représenter un·e :* empêcheur (se) - intriguant·e - incapable...
AINSI QUE : manque de sens pratique - entourage défavorable - succès entravé par timidité - renonciations - difficultés liés à l'extérieur - faux amis - revers de fortune - échec veuvage - divorce immobilisation - indique le besoin de lutter pour surmonter les épreuves...

➤ <u>Une situation :</u> éblouissante - l'accomplissement de vos vœux - de vos idéaux - une plénitude morale - votre état d'âme...
➤ <u>En négatif :</u> entrave à l'épanouissement - retard ou difficultés compromettent les entreprises.

➤ <u>Un lieu :</u> les académies - les musées - les grandes écoles - les stades olympiques - le Vatican...

➤ <u>Une profession :</u> décorateur.trice - danseur.e - sportif.ve de haut niveau - académicien·ne...

➤ <u>Maladie de prédisposition :</u> santé EXCELLENTE !

➤ **CE QU'IL FAUT EN RETENIR** :
*Ne pas avoir peur - **PROFITER DU BONHEUR !***

## ☞ INTERPRÉTATION DE LA LAME
### «TIRAGE EN CROIX»

### ➢ Position 1 : LE MONDE (21)
#### EN *POUR : DISPONIBILITÉ et SOCIABILITÉ !*

– Vous savez mettre à votre avantage les circonstances actuelles ; votre courage, votre volonté et votre sociabilité sont des atouts de taille !

– Fermement décidé·e à atteindre votre objectif, vous faites preuve de détermination tout en finesse.

– La confiance en vous et en votre projet, sont des facteurs propices à la réalisation de votre souhait.

### ➢ Position 2 : LE MONDE (21)
#### a) EN *CONTRE : SOYEZ RESERVÉ.E & MODESTE.*

– Vous devez apprendre à faire fasse aux événements avec objectivité et réalisme et accepter la défaite.

– Des forces contraires et puissantes s'opposent à votre projet.

– Mieux vaut renoncer dans un premier temps !

#### *b) LES DÉFIS : NE CÉDEZ PAS À LA FLATTERIE !*

– Vous pourriez évoluer dans un environnement léger et mondain, voire hypocrite.

– Ne vous bercez pas d'illusions tant qu'aux belles promesses, et ne succombez pas aux flatteries ! On se sert de vous pour arriver à ses fins.

– Il n'y a pas de réelle profondeur dans les échanges.

### ➢ Position 3 : LE MONDE (21
#### *a) FAIRE, CHANGER : SAVOIR PROFITER DE SA CHANCE !*

– Ayez toujours une attitude ouverte à la communication et aux échanges, soyez disponible et vous mettrez ainsi le maximum de chances de votre côté.

– Si quelque chose vous tracasse, crevez l'abcès, mettez les choses à plat ; ayez une relation limpide avec autrui et vous n'en serez que plus apprécié·e.

– Apprenez à faire face aux événements avec humilité et sagesse. Soyez objectif.ve)

– Cherchez toujours la vérité !

**b)** *AIDES EXTÉRIEURES : AIDE DÉTERMINANTE !*
– Vous pourrez compter sur des aides imprévues d'une qualité exceptionnelle !
– De nouvelles connaissances, un nouvel entourage, de nouvelles circonstances vous libéreront d'un certain blocage.
– Vous pourrez envisager une nouvelle vie, une nouvelle orientation.

➢ **Position 4 : LE MONDE (21**
1ʳᵉ RÉPONSE *à la question : HONNEURS et BONUS!*
– Vous verrez vos efforts récompensés ! Vous récolterez la couronne de lauriers !
– C'est en collaborant avec les autres que l'on obtient les meilleurs résultats, une période de réussite vous est promise !

➢ **Position 5 : LE MONDE (21**
*RÉPONSE définitive à la question : GRAND BONHEUR !*
– Le triomphe est là et bien LA ! Réjouissez-vous ! Vous aurez surmonté tous les obstacles et pourrez bénéficier d'un nouveau bonheur bien mérité ! Mais attention, ne donnez pas prise aux jaloux, ce succès, vous l'avez mérité !
– Ne soyez pas déçu·e par le comportement envieux de certains membres de votre entourage, ne vous laissez pas saper le moral et n'ayez pas de scrupules à savourer pleinement votre bonheur !

➢ *LE MONDE (21) dans cette position, c'est le bonheur mérité !*
*Les efforts ont été soutenus, les obstacles surmontés,*
*c'est la RÉCOMPENSE !*

☞ **SUGGESTION D'interprétation**

➤ **À LA COUPE :** *LE MONDE présage une excellente période de chance dont il faut savoir profiter : TRIOMPHE et VICTOIRE !*
*Évoluez dans LE MONDE, ÉBLOUISSEZ !*

## En POUR et en CONTRE

➤ **AFFECTIF *(POUR)*** : les relations sont harmonieuses, et les accords passés sont puissants. Le domaine affectif, sentimental ou amical est sous bonne influence.
– Des rencontres sont possibles lors de déplacements, de voyages bien souvent liés à l'étranger ou avec un·e étranger·e. Le bonheur vous est accordé.

➤ **AFFECTIF *(CONTRE)*** : une certaine hostilité règne dans vos relations familiales, amicales ou amoureuses. Difficultés d'entente, séparation, divorce...
– Les influences extérieures sont négatives. Ne vous confiez pas à votre entourage, soyez sur vos gardes, essayez plutôt de vous faire de nouveaux amis !

➤ **PROFESSIONNEL *(POUR)*** : vous obtiendrez entière satisfaction.
– Les projets d'envergure internationale sont protégés. Vous bénéficiez de soutiens efficaces et vos efforts aboutissent.
– Les professions ayant un lien avec l'étranger sont favorisées.

➤ **PROFESSIONNEL *(CONTRE)*** : des difficultés pourraient survenir !
– Votre timidité entrave votre succès. Méfiez-vous des relations avec l'étranger (ou avec les étrangers).
– Une certaine hostilité règne dans le milieu professionnel. Vous devez lutter pour surmonter les épreuves et faire preuve de plus de sens pratique.
– Ne confiez pas vos projets en cours, soyez réservé·e.

➢ **MATÉRIEL** *(POUR)* : la corne d'abondance ! Les projets financiers sont sous le signe de la prospérité, et l'argent rentre facilement. Les biens sont protégés et les finances sont en expansion.
– Période d'aisance et de succès. La situation financière est brillante.
– Un vent de fortune souffle dans votre direction, l'argent rentre avec facilité.

➢ **MATÉRIEL** *(CONTRE)* : des revers de fortune ne sont pas à exclure ! L'argent ne rentre pas aussi facilement qu'espéré. Vous risquez d'être victime des événements extérieurs. Protégez vos arrières, et n'envisagez aucun investissement dans l'immédiat, cela pourrait vous mener au désastre !

➢ **SANTÉ** *(POUR)* : lame de très bonne santé. Si vous ressentez un malaise, le retour de la santé sera rapide.
– Si vous devez voyager, cette lame rappelle à votre bon souvenir l'impératif des vaccins. Avec LE MONDE, excellente vitalité, mais méfiez-vous des virus qui traînent !

➢ **SANTÉ** *(CONTRE)* : quelques problèmes à surmonter, mais sans gravité.
– Toutefois, surveillez d'être à jour dans vos vaccins !

## Pratique de la question précise «TIRAGE EN CROIX»
### 1ʳᵉ HYPOTHÈSE avec... en position *FAVORABLE* :

### ➤ Pour la question suivante : *(de Rolande)*

«Il y a 4 ans, j'ai rencontré un homme très instable et dépendant de l'alcool. Notre histoire s'est soldée par mon divorce, une perte d'emploi, des enfants perturbés, la vente de ma maison et une maladie. Aujourd'hui, tout est rentré dans l'ordre. Je suis à nouveau en bonne santé, j'ai un travail et mes enfants vont bien. Grâce à mon acharnement, mon ami lui aussi, a renoncé à l'alcool et s'est stabilisé... mais avec une autre femme !
Va-t-il me revenir?»

### Soit :
**LE MONDE (21)** + LA JUSTICE (8)
+ L'ÉTOILE (17) + L'IMPÉRATRICE (3)
= **LA FAUX (13)**

☞ **SUGGESTION DE RÉPONSE**

### ➢ 1/ LE MONDE (21) en position *favorable* :
– Représente votre harmonie actuelle. Il marque la fin des ennuis.
– Cette femme nue (REPRÉSENTÉE par LE MONDE) signale que vous avez été dépouillée. Pourtant, au fond de cette épreuve, vous avez trouvé toute votre vérité humaine.
– Désormais, vous avez pour alliées, des énergies puissantes, symbolisées par l'ange et les animaux qui « vous » entourent.
– En vous la force, l'âme et l'esprit cohabitent harmonieusement.

### ➢ 2/ LA JUSTICE (8) en position défavorable :
– Votre divorce a été prononcé et ce qui a été décidé a maintenant force de LOI !

### ➢ 3/ L'ÉTOILE (17) en 3$^e$ position :
– Vous avez acquis le don d'aider les autres. Vous avez sauvé l'homme que vous aimez, ce qui vous élève et vous enrichi encore plus pour lui !

### ➢ 4/ L'IMPÉRATRICE (3) en 1$^{re}$ réponse :
– Vous vous retrouvez seule, certes, mais si aimable que vous ne sauriez le rester longtemps. Après tous ces bouleversements, vous démarrerez une nouvelle vie.

### ➢ 5/ LA FAUX (13) *en réponse définitive* :
– Le passé est mort et bien mort ! Votre histoire d'amour n'a été que destruction.
– Regardez vers l'avenir, un temps nouveau s'annonce !

## 2ᵉ HYPOTHÈSE avec... en position *DÉFAVORABLE*

> **Pour la question suivante** : *(de Christian)*
> *«Je suis dans une situation professionnelle confuse,
> et je survis en gagnant très peu d'argent.
> Je dois rencontrer prochainement un homme influent,
> susceptible de faire changer la situation...
> Comment va se dérouler l'entretien et que va-t-il en sortir?»*

**Soit :**
LE PENDU (12) + **LE MONDE (21)**
+ TEMPÉRANCE (14) + LA ROUE (10)
= **L'HERMITE (9)**

## ☞ SUGGESTION DE RÉPONSE

### ➢ 1/ LE PENDU (12) en position favorable :
– Décrit bien votre situation : celle d'un homme avec la tête en bas et les pieds en haut !
– Plus rien d'aplomb et il faut vous en sortir au plus vite !
– Enfin, on vous invite ici à adopter un changement.

### ➢ 2/ LE MONDE (21) en position *défavorable* :
– Évoque les vastes relations et les multiples possibilités dont dispose réellement un *«homme de pouvoir»*.
– Vous manquez de confiance en vous. Il faut lutter pour vaincre cette timidité et faire preuve d'audace.

### ➢ 3/ TEMPÉRANCE (14) en $3^e$ position :
– Vous annonce que les conditions sont réunies pour vous engager dans une nouvelle entreprise, mais en concernant une attitude équilibrée et en contrôlant vos émotions !
– Tout excès étant ici perturbateur.

### ➢ 4/ LA ROUE DE FORTUNE (10) en 1re réponse :
– Souligne le caractère presque désespéré de votre tentative : vous vous jetez à l'eau par peur de vous mouiller... Vous avez raison !
– Le destin peut changer et vous devez saisir ce qui passe à votre portée !

### ➢ 5/ L'HERMITE (9) *en réponse définitive* :
– Freine l'embauche. Bien que votre démarche doive porter ses fruits, il semblerait que la réponse se fasse attendre.
– Laissez faire le temps, soyez patient et courageux, votre heure viendra !

*UN HOMME D'ÂGE MOYEN AVANCE AVEC UN BÂTON.*
*SON VISAGE EST RECOUVERT PAR UNE BARBE.*
*IL PORTE SUR SON ÉPAULE UN BALUCHON !*
*UN CHIEN HARGNEUX LE MORD ET LUI ARRACHE*
*UNE PARTIE DE SON PANTALON.*

LE MAT dernière (ou première*) LAME DU TAROT
*(ne porte aucun nombre !)* représente: au contraire de l'HERMITE (9)
Un homme jeune, au visage insouciant.
Il porte un manteau court, et avance rapidement ! L'HERMITE
regarde ou il marche au contraire du MAT qui contemple le ciel !
Le MAT ressemble à un aventurier, qui part avec pour seul bagage,
sa Connaissance et sa Conscience. Il ne se préoccupe pas de son
aspect…Il a compris que quelles que soient les apparences et les biens
matériels, tout ceci n'a plus lieu d'être lorsque l'on part pour le
GRAND Voyage !

*\*LE MAT peut être aussi, considéré comme la $1^{re}$ lame du TAROT !*
*Si vous le posez devant le BATELEUR,*
*ce dernier regarde le MAT qui avance vers lui !*
*IL ouvre le CHEMIN…ou il FERME LA BOUCLE !*

## LES CARACTÉRISTIQUES DU MAT (0)

## **LE MAT (0)** *c'est :* **LE VOYAGEUR & REPARTIR A ZÉRO !**

*Il correspond :*
– Aux signes du SCORPION & des POISSONS
– à l'élément EAU.
– Au MARDI & au JEUDI
– aux planètes PLUTON - URANUS – NEPTUNE.
– Aux mois de NOVEMBRE & FÉVRIER
– à L'AUTOMNE & L'HIVER.

*LE NOMBRE 0 est un chiffre numérique sans valeur.*
*0 : Symbole de l'éternel recommencement !*

➢ **Le MAT,** la dernière (*ou première*) lame du tarot,
est signe de décisions irréfléchies et d'extravagances.
Il représente l'homme rebelle, l'insoumis. Gouverné par URANUS,
la planète des réformes et de l'originalité, des idées et de l'innovation,
➢ le MAT est positif lorsqu'il se trouve à GAUCHE.
Il représente le contestataire, averti d'une inexpérience…
Il présage d'un voyage (*physique ou mental*).
Il SORT aussi lorsque l'individu envisag un changement
professionnel et évalue les risques qu'il en découlera.
➢ Sur le plan concret, le MAT est soudain, rapide et inattendu !
Le MAT est déroutant ! Il faut s'attendre à TOUT !
*Au bon comme au mauvais !*
Suivant sa position (droite ou gauche),
il symbolise **l'arrivée ou le départ** d'une personne ;
un changement de lieu, dans la façon de vivre…

➤ *Sur LES PLANS suivants :* **LE MAT (0)** *est :*
  – **SENTIMENTS :** *peu propice*
  – **BIENS/FINANCES :** *peu propice*
  – **TRAVAIL :** *peu propice*
  – **ÉTUDES :** *peu propice*
  – **SANTÉ :** *précaire*
  – **VIE INTÉRIEURE :** *faible*

➤ **MOTS CLÉS (au positif) :** *peut représenter un·e :* voyageur.se - l'idiot·e du village - prophète - devin - nomade - poète - original·e - sans-papiers - S.D.F - vagabond·e - émigrant·e - visionnaire - pèlerin·e - inconnu·e... AINSI QUE : optimisme - innocence - foi aveugle - grand besoin d'évasion - voyage à l'étranger - coup de génie - illumination - déménagement - déplacement - expérience mystique - rencontre - arrivée d'une personne - démission

➤ **MOTS CLÉS (au négatif) :** *peut représenter un.e :* drogué·e - alcoolique - fugitif.ve - évadé·e - fou (folle) - schizophrène - exhibitionniste - pervers·e - maniaque - suicidaire... AINSI QUE : instabilité - influençabilité - incertitude - dépression - voyage annulé ou fort désagréable avec risque d'accident - stagnation - mauvaise direction ou décision - anxiété - délire - mélancolie - impulsion irréfléchie - démission - erreur - errance - inconséquence - rupture - départ - suicide...

➤ *Une situation :* instable ! L'impulsivité vous pousse à partir, à abandonner...
➤ *En négatif :* abandon des responsabilités - démission sur un coup de tête...

➤ *Un lieu :* de pèlerinage - pays étranger - centre de désintox, pour alcooliques anonymes - hôpital psy - champs - campagne...

➤ *Une profession :*...sans hypnotiseur.se - parapsychologue voyant·e - chômeur.se - chercheur.se - solitaire...

➤*Maladie de prédisposition :* problèmes liés à l'alcool, à la drogue... Alzheimer - mémoire défaillante - abus de calmants...

**CE QU'IL FAUT EN RETENIR :**
*Recommencer - repartir sur de nouvelles bases* **- *se LIBÉRER !***

## ☞ INTERPRÉTATION DE LA LAME
### «TIRAGE EN CROIX»

➢ **Position 1 : LE MAT (0)**
 EN *POUR* : *ORIGINALITÉ & INDÉPENDANCE* !
 – Épris·e de liberté, vous ne vous laissez pas prendre au piège des conventions.
 – Votre caractère extrêmement indépendant vous montre souvent comme une personne originale, mal comprise par son entourage.
 – Vous aimez vous laisser vivre sans contraintes, et vous poursuivez votre route, vaille que vaille mais avec force et conviction.

➢ **Position 2 : LE MAT (0)**
 a) EN *CONTRE* : *FAIRE FACE AUX ÉVÉNEMENTS* !
 – Ne faites pas n'importe quoi !
 – Prenez le temps de réfléchir avant de prendre une décision due à la colère ou à la déception. Ne fuyez pas vos responsabilités, faites face aux événements.

 *b) LES DÉFIS : REPARTIR À ZÉRO.*
 – Un départ, une rupture peut avoir lieu dans votre entourage et vous devrez vous adapter à cette nouvelle situation et agir en conséquence.

➢ **Position 3 : LE MAT (0)**
 a) *FAIRE, CHANGER : PRENDRE DU RECUL* !
 – Prenez du recul par rapport à votre situation. Ne précipitez rien, et n'écoutez pas les conseils des uns et des autres qui pourraient se révéler dans le temps, erronés ! Pensez par vous-même, n'écoutez que votre intuition qui sera votre meilleure conseillère !

 *b) AIDES EXTÉRIEURES : PROMESSES NON TENUES* !
 – Vous vous retrouverez seul·e face à votre projet ; les appuis espérés ne seront pas à la hauteur et les promesses non tenues. Vous vous retrouverez ainsi libre de toute contrainte, de tout engagement, et vous pourrez par conséquence, prendre vos décisions en fonction de ce que vous ressentez profondément.
 – Prenez le temps de la réflexion avant d'avancer.

➢ **Position 4 : LE MAT (0)**
   **1ʳᵉ _RÉPONSE à la question_ :** *RETOUR À LA CASE DÉPART !*
   – Cette lame indique un nouveau départ, cette fois plus favorable à votre objectif.
   – Elle donne l'énergie pour agir rapidement et vous libérer des liens qui vous entravent.

➢ **Position 5 : LE MAT (0)**
   **_RÉPONSE définitive à la question_ :** *UN NOUVEAU CYCLE DE VIE !*
   – Vous aurez peu de chance de voir votre souhait se réaliser. L'heure n'est pas à la réussite, et si vous persistez dans votre démarche, vous risquez de douloureuses déconvenues ;
   – Acceptez la situation, lâchez prise, repartez de zéro.

➢ **LE MAT (0) *dans cette position, partez*** à «*l'aventure* »,
Libérez-vous de vos attaches. Comme le MAT, regardez vers le ciel, accédez à des vérités supérieures, écoutez votre intuition, et *« mettez-vous en route »*…
*Au bout chemin* quelque chose de positif vous attend !

☞ **SUGGESTION D'interprétation**

➢ **À LA COUPE** : *un besoin d'indépendance se fait avec **le MAT**. LAISSEZ-VOUS ALLER : LIBÉREZ-VOUS !*

### En POUR et en CONTRE

➢ **AFFECTIF** *(POUR)* : prenez garde à votre impulsivité ! Il vous faut revenir à la lucidité et à la compréhension de l'autre si vous ne voulez pas vous retrouver seul·e.
– Vos amitiés et vos amours sont fragiles et risquent de mal se terminer si vous ne vous remettez pas en question !

➢ **AFFECTIF** *(CONTRE)* : prenez le temps de réfléchir avant de partir !
– Votre décision est due à votre coup de colère ou à la déception.
– Prendre la fuite n'est pas la meilleure solution.
– Ne vous laissez pas influencer par votre entourage et faites face aux événements, prenez vos responsabilités.

➢ **PROFESSIONNEL** *(POUR)* : vos projets sont flous, mal définis.
– Vous n'arrivez pas à vous fixer des objectifs et vos étourderies vous jouent des tours.
– Essayez de mieux définir vos priorités et efforcez-vous à un minimum de discipline.

➢ **PROFESSIONNEL** *(CONTRE)* : est-ce bien raisonnable de vouloir partir, de donner votre démission ! Prenez le temps de réfléchir ; vous savez ce que vous quittez, mais que savez-vous de ce que vous retrouverez et quand ? Ne soyez pas aussi impulsif.ve ! Vous le regretteriez par la suite. Au lieu de prendre la fuite, assumez vos responsabilités.

➢ **MATÉRIEL** *(POUR)* : vos humeurs vous poussent à dépenser sans compter, vous risquez de dilapider vos biens. Prenez garde !

– Votre chère indépendance risque d'être gravement en péril par vos excès.
– Vos dépenses dépassent vos possibilités, ressaisissez-vous !

➢ **MATÉRIEL** *(CONTRE)* : si vous continuez de dépenser sans compter, vos erreurs vont vous conduire à de fâcheuses épreuves.
– Ne soyez pas aussi insouciant·e et réfléchissez aux conséquences des mauvaises directions que vous prenez.
– Si vous vous sentez incapable de gérer vos finances, passez le relais à une personne compétente !

➢ **SANTÉ** *(POUR)* : ne vous laissez pas aller ! Reprenez le contrôle de votre corps et de votre esprit. Mélancolie, asthénie ou irascibilité... Les écarts de votre système nerveux ne sont pas une fatalité. Pratiquez le sport et la relaxation pour échapper à la dépression.
– La marche vous sera extrêmement bénéfique !

➢ **SANTÉ (***CONTRE***)** : l'état psychique est un peu perturbé ! La mélancolie, l'anxiété vous gagnent ! Réagissez !
– Un état de folie est prévisible = *maison de repos* (avec la MAISON - DIEU et/ou le DIABLE), voire *suicide* surtout si la LUNE accompagne une des lames indiquées.

## Pratique de la question précise «TIRAGE EN CROIX»
### 1ʳᵉ HYPOTHÈSE avec... en position *FAVORABLE*

➤ **Pour la question suivante :** *(d'Alfred)*
*«Vais-je me marier avec la femme que je fréquente actuellement?»*

**Soit :**
**LE MAT (0)** + LE JUGEMENT (20)
+ L'ÉTOILE (17) + LE CHARIOT (7)
= **LE PENDU (12)**

## ☞ SUGGESTION DE RÉPONSE

### ➤ 1/ LE MAT (0) en position *favorable* :
– Décrit Alfred comme un être détaché des préoccupations matérielles. Il annonce également la venue d'une personne. (Celle rencontrée ou une autre ?)

### ➤ 2/ LE JUGEMENT (20) en position défavorable :
– S'oppose aux projets du consultant. Il fait valoir, par conséquent, des notions négatives ; semble faire état *«d'un châtiment mérité»*.

### ➤ 3/ L'ÉTOILE (17) en $3^e$ position :
– En revanche, parlerait de lumière, permettant de sortir de l'impasse, d'un espoir, d'un nouvel amour...

### ➤ 4/ LE CHARIOT (7) en $1^{re}$ réponse :
– Annonce un triomphe et laisserait entendre que le souhait du consultant pourrait aboutir...

### ➤ 5/ LE PENDU (12) *en réponse définitive :*
– Semble tout compromettre ! Il signifie en effet : projet irréalisable, car démuni de bases solides, amour non partagé ; avertissement provisoire, mirage et illusions...

### ➤ EN CONCLUSION :
La $5^{ème}$ lame semble contredire *la réponse donnée en position 4 !*
Il faut également tenir compte de la **position *(défavorable)*
du JUGEMENT** ainsi que l'aspect FLOU du MAT.
– Finalement seule, la $3^e$ pourrait consolider le message positif du CHARIOT.
Donc, tout cela nous conseille la prudence, car ce serait une erreur dans ce cas précis de nous contenter de la réponse affirmative du CHARIOT,
sans chercher à approfondir la signification du PENDU.

La réponse idéale à cette question, en fonction de ce tirage serait, à mon avis :
*«Vous vous trouvez dans une situation où des forces majeures vous empêchent d'agir à votre guise ; les obstacles viennent, apparemment de quelques erreurs du passé. Qui sait, peut-être êtes-vous déjà marié et pour le moment, votre femme refuse l'idée du divorce*
**(LE MAT : une personne arrive ou revient !)**
*– La patience s'impose donc. Le TAROT indique que votre projet de mariage ou remariage va certainement aboutir, mais pas dans l'immédiat !*

## 2ᵉ HYPOTHÈSE avec... en position *DÉFAVORABLE* :

➢ **Pour la question suivante :** *(de Julie)*
*« J'ai perdu mon emploi, et j'en cherche un nouveau. Vais-je retrouver un travail ? »*

**Soit :**
LE PAPE (5) + **LE MAT (0)**
+ L'ÉTOILE (17) + LA ROUE (10)
= **L'HERMITE (9)**

### ☞ SUGGESTION DE RÉPONSE

#### ➢ 1/ LE PAPE (5) en position favorable :
– Indique que vous avez bénéficié jusqu'ici d'un parcours professionnel et d'une position sociale confortables.
– Vous avez eu du pouvoir et un bon salaire tout en étant consciencieuse et en accord avec vous-même dans ce que vous faisiez.

#### ➢ 2/ LE MAT (0) en position *défavorable* :
– Représente votre licenciement.
– Vous voilà jetée sur la route et c'est votre moral, vos valeurs qui menacent de craquer face aux jaloux, aux ennemis qui voulaient «votre peau» (*représenté par le pantalon déchiré et la morsure des chiens*).

#### ➢ 3/ L'ÉTOILE (17) en 3$^e$ position :
– Indique que vous êtes protégée par le ciel (*un ange veille sur vous.*) Vous allez retrouver un métier plus intéressant que le précédent, qui vous conviendra moralement.
– Prenez le temps de définir ce qui vous tient le plus à cœur et n'hésitez pas à poser votre candidature dans cette spécialité.
– La méchanceté des autres aura moins de prise sur vous dans ce domaine !

#### ➢ 4/ LA ROUE DE FORTUNE (10) en 1$^{re}$ réponse :
– Annonce une évolution favorable des événements.
– Des opportunités devraient se présenter !

#### ➢ 5/ L'HERMITE (9) en *réponse définitive :*
– Prédit une certaine lenteur. Peut-être allez-vous entamer une formation pour ce nouveau travail ?
– Si tel en est le cas, l'HERMITE vous est très favorable.
– N'hésitez pas à retourner à l'école pendant quelques mois, ceci sera très bénéfique pour votre avenir professionnel.

**Pratique de la question précise «TIRAGE EN CROIX»**
**CAS DE FIGURE RARE.**

➤ **Pour la question suivante** : *(de Noémie)*
*«J'ai vécu une grande histoire d'amour entre 18 et 21 ans.*
*Elle est complètement terminée depuis près de 3 ans.*
*Pourtant, ma vie sentimentale reste incertaine et instable.*
*Comment se présente mon avenir dans ce domaine?»*

**Soit :**
L'EMPEREUR (4) + LE JUGEMENT (20)
+ L'IMPÉRATRICE (3) + **L'HERMITE (9)**
= **L'HERMITE (9)** *quelle que soit la RÉDUCTION !*

## ☞ SUGGESTION DE RÉPONSE

### ➢ 1/ L'EMPEREUR (4) en position *favorable :*
– Montre que vous souhaitez rencontrer un homme nettement plus âgé que vous, solide, protecteur, ayant des intentions sérieuses à votre sujet.

### ➢ 2/ LE JUGEMENT (20) en position *défavorable* :
– Souligne votre état de crise : vous avez une décision à prendre pour vous en sortir.
– Vous devez changer votre comportement à l'égard des hommes, car actuellement vous n'attirez que de faux amis…

### ➢ 3/ L'IMPÉRATRICE (3) en 3$^e$ position :
– Vous signale la présence dans votre entourage, d'une femme amicale à votre égard, pas très âgée, mais de bons conseils.
– N'hésitez pas à lui parler !

### ➢ 4/ L'HERMITE (9) en 1$^{re}$ réponse :
– Vous impose l'épreuve du temps : votre problème ne se résoudra pas très vite.
– Un nouvel amour se présentera, mais pas tout de suite !
– Vous devrez dépasser votre peur de vous engager de nouveau, car vous avez donné dans un premier amour, pour finalement vivre une grande déception.

### ➢ 5/ L'HERMITE (9) *en réponse définitive : (quelle que soit la réduction)* s'impose !
– Il faut laisser du TEMPS au TEMPS !
– Il confirme que l'attente sera longue, que vous vivrez encore un CERTAIN temps, seule, mais soyez patiente, le temps travaille pour vous, il vous faut le TEMPS de panser vos blessures.

➢ **NOTA** : J'ai préféré dire *«un CERTAIN temps»*, plutôt que *«TRÈS longtemps !»*
car **L'HERMITE en 2 fois, double l'attente** !
Mais rien ne sert de démoraliser davantage votre cliente !

**EN FONCTION**

**DE CE QUE**

**VOUS AVEZ DÉJÀ APPRIS**

**AVEC**

**CE CHAPITRE**

**FAITES LES EXERCICES SUIVANTS**

**CORRESPONDANTS**

**AU**

**<u>DEVOIR N°6</u>**

# DEVOIR N°6

➢ **1ʳᵉ QUESTION :**

– (*) *(Non cités dans les cours ! qui ont, selon vous, un lien avec la lame citée)*

➢ **Concernant LE MONDE (21) :**

**AU POSITIF :**
☞

**AU NÉGATIF :**
☞

Citer AU MOINS 3 objets*:
☞

Citer AU MOINS 3 lieux*:

➢ **Concernant LE MAT (0) :**

**AU POSITIF :**
☞

**AU NÉGATIF :**
☞

Citer AU MOINS 3 objets*:
☞

Citer AU MOINS 3 lieux*:

>  2ème QUESTION :

☞ **Exercice N°1 :**
*Après un divorce et quelques déboires sentimentaux,
une femme d'une cinquantaine d'années
vient de rencontrer un homme de 10 ans son aîné.
Elle se demande comment va évoluer sa situation ?*

LE MAT (0) - LE BATELEUR (1)
- LA ROUE (10) - LE DIABLE (15)

Précisez la synthèse et faites votre **interprétation détaillée**.

☞ **Exercice N°2 :**

La question d'une toute jeune femme :
*«Je suis insatisfaite, ma vie ne me convient pas,*
*J'aspire à autre chose.*
*Quels conseils pourriez-vous me donner à travers le tarot?»*

L'IMPÉRATRICE (3) - TEMPÉRANCE (14)
- L'EMPEREUR (4) - LE PAPE (5)
<u>Précisez la synthèse</u> et faites votre **interprétation détaillée**.

☞ **Exercice N°3 :**
«*Ma fille vient de rencontrer un homme beaucoup plus âgé qu'elle. Je suis inquiète à son sujet, quel sera son avenir?*»

LE SOLEIL (19) - LA PAPESSE (2)
- LA MAISON - DIEU (16) - LE PENDU (12)
Précisez la synthèse et faites votre **interprétation détaillée**.

> **3ᵉ QUESTION :**

Comme pour le cours précédent,
voici une liste de SIGNES PATHOLOGIQUES
Auxquels vous attribuerez le N° de lame correspondant
**(Concerne uniquement les lames de ce cours N° 6 (lames 21 - 0)**

– Besoin de reconnaissances =
– Peut faire preuve de fausse modestie et fausse humilité =
– Inexpérience ou crédulité =
– Comportement immature ou puéril =
– Personnalité persuasive =
– Refus d'obéissance =
– Excès pour les plaisirs artificiels (tabac - alcool - drogue...) =
– Grandeur d'âme et esprit énergique =
– Aime rendre services =
– Mémoire défaillante =
– Bonne condition physique =

## ➤ 4ᵉ QUESTION :
### (Concerne cette fois TOUTES lames des cours étudiés (soit 22 lames de 0 (Le MAT) à 21 (Le MONDE)

| | |
|---|---|
| – Forte sensibilité émotionnelle | = |
| – Donne le meilleur de soi | = |
| – Insouciance et laisser-aller | = |
| – Concentration et recueillement constamment | = |
| – Ne sait pas se montrer assez ferme | = |
| – Doit se modérer en toute chose | = |
| – Caractère affable et passionné | = |
| – R*este* « coincé·e » dans *l'indécision* | = |
| – Prend ombrage facilement | = |
| – Intransigeant·e et intolérant·e | = |
| – Se motive pour faire de l'exercice | = |
| – Nature obsessionnelle, tendance à l'exagération | = |
| – Autorité et influence | = |
| – Abuse des calmants entre autres… | = |
| – Qualités de leader, talents d'organisateur.trice | = |
| – Se laisse facilement entraîner | = |
| – Agressivité mal canalisée | = |
| – Anorexique | = |
| – Agit souvent sans réfléchir | = |
| – N'aime pas les changements | = |
| – Fait preuve de retenue et de pudeur | = |
| – S'enivre facilement | = |
| – Peut faire preuve de désinvolture et d'avidité | = |

## Corrections en fin de livre…

# LES CORRIGÉS

# DES

# DEVOIRS

ℰℐℰ

# Correction du DEVOIR N°1 (bis)
## (Facultatif si vous avez en votre possession la méthode de CARTOMANCIE)

➢ **QUESTION 1 :** (cocher)

Vous voyez dans le jeu de votre consultant·e, un risque d'accident de voiture très grave qui peut lui coûter la vie : *que faites-vous ?*

☞ ***Si vous avez coché*** ☒ vous lui dites la vérité…
– *NON ! Vous risquez de le (la) traumatiser ! Et n'oubliez pas que vous pouvez vous tromper dans votre prédiction ! Vous avez pu ressentir le décès d'un être cher ou d'un grave problème de santé !*

☞ ***Si vous avez coché*** ☒ vous lui conseillez la prudence sur la route...
– ***OUI !*** *car en lui préconisant la prudence sur la route, en lui conseillant de «relever» un peu le pied, de respecter la limitation de vitesse, de mettre les feux de croisement en temps de brouillard… sans le (la) traumatiser, vous lui faites prendre conscience de son imprudence au volant et étant averti·e, vous pouvez lui faire éviter un accident grave ou tout au moins l'atténuer !*
*– Ne rien dire ne serait pas la solution, car il (elle) vous en ferait le reproche de ne pas l'avoir mis·e en garde ! De cette façon, il (elle) est prévenu·e en douceur !*

☞ ***Si vous avez coché*** ☒ vous lui conseillez de laisser sa voiture au garage pendant quelque temps…
*– En voyance, il est difficile de donner une date exacte ! Et puis, laisser la voiture au garage… si c'est un individu très influençable et pessimiste, il risque de ne jamais la ressortir ! Prendre son vélo en remplacement, en se croyant en sécurité… il peut se faire renverser par un autre véhicule !...*

➢ **QUESTION 2 :**

*– Il y a 2 semaines environ, vous avez reçu en consultation un homme. Aujourd'hui, vous recevez sa compagne (également en consultation). Elle a découvert que son mari est venu et vous pose des questions sur ce que vous lui avez prédit… que faites-vous ?*

☞ *Si vous avez coché* ☒ Vous refusez la consultation et la mettez dehors...
– *Ce ne serait pas très courtois et donnerait une mauvaise image de vous-même ! Avec une telle réaction, que pourrait-elle penser ? Je vous laisse à votre imagination !*

☞ *Si vous avez coché* ☒ vous lui faites comprendre que vous ne pouvez, ni ne voulez rien lui révéler de ce qui a été dit, et vous lui faites sa consultation...
– ***Oui, bonne case !*** *Vous devez expliquer à cette personne, avec tact et diplomatie, que vous respectez le secret professionnel, que son conjoint est venu se confier à vous, que vous tenez à mériter cette confiance, et que vous ne vous autorisez pas à divulguer ce qui a été dit. Que de toute façon, vous ne vous souvenez pas des détails (ce qui est bien souvent vrai).*
– *De plus cette personne ne vous en voudra pas ; bien au contraire ! Vous la mettez en confiance, et à son tour, sera rassurée sur votre discrétion si les rôles (entre conjoints) venaient à être inversés.*

☞ *Si vous avez coché* ☒, vous lui révélez ce que vous avez dévoilé, après tout, c'est son conjoint...
– *Et le secret professionnel ? Qu'en faites-vous !*
Nota : ces conseils sont tout aussi valables pour toute autre personne.

> **QUESTION 3 :**
– Une femme mariée, 60 ans environ, prend rendez-vous. Elle déprime et a besoin de réconfort *(vous dit-elle lors de la prise de RDV.)* Son mari a fait 3 infarctus, il y a 6 mois, et elle a peur !
– Le jeu ne laisse présager rien de bon, un veuvage possible, ou tout au moins, nouvelle attaque qui peut laisser des séquelles ! *Que faites-vous ?*

☞ *Si vous avez coché* ☒ vous lui annoncez qu'elle risque d'être veuve prochainement, qu'un grave problème s'annonce...

☞ *Si vous avez coché* ☒ vous ne lui dites rien, vous minimisez la situation...

### ☞ RÉPONSE A LA QUESTION N° 3

Bien que l'honnêteté soit primordiale, il est tout de même conseillé de minimiser la situation.

**a)** cette femme vient vers vous pour lui remonter le moral (ce qu'elle vous a laissé entendre en prenant rendez-vous).

**b)** vous ne pouvez pas être sûr·e à 100 % de vos prédictions !

Peut-être que le tirage reflète tout simplement ses craintes, ses angoisses...

– Donc, comme interprétation, de façon à ne pas "MENTIR" mais, lui redonner un peu d'espoir, il est conseillé de lui dire :

*« "Il est vrai que votre mari est encore bien fragile, que son état est encore précaire qu'il risque, s'il ne se repose pas suffisamment, d'être victime d'une autre attaque assez sérieuse qui peut effectivement lui être fatale; mais en étant très vigilant, et avec un suivi médical régulier, il peut surmonter ce cap difficile. Il lui faut du repos, le minimum de tracasseries et un bon moral ! Et si de votre côté, vous retrouvez le sourire et que vous soyez moins soucieuse, vous lui "transmettrez" ainsi votre énergie positive, ce qui pourra lui être bénéfique".*

Avec ce genre de formule, vous dédramatisez le tirage des CARTES, tout en laissant supposer qu'il y a des risques de rechute mais qu'il y a aussi des possibilités de guérison à long terme. Ainsi, vous aurez malgré tout, remonté le moral de votre cliente et si un "veuvage" survenait, elle serait cependant, préparée à cette éventualité.

– J'insiste bien sur le fait qu'il ne faut jamais être catégorique dans vos prédictions *(bonnes ou mauvaises.)* Vous avez une marge d'erreur. Mais toujours faire preuve de TACT.

– Ne JAMAIS mettre le moral de votre client·e à ZÉRO !

– Ne JAMAIS lui faire espérer "MONTS et MERVEILLES» !

## ➤ QUESTION 4 :

– Vous vous retrouvez entre amis et l'on vous suggère :
*« Et si tu nous faisais, histoire de passer le temps, une démonstration de tes talents ! »*
**Que faites-vous ?**

### ☞ RÉPONSE A LA QUESTION N° 4

a) vous devez refuser une voyance en groupe ! La voyance n'est pas un JEU mais un ART DIVINATOIRE qui a pour but d'aider autrui.

b) vous n'avez pas à démontrer vos talents pour satisfaire leur curiosité.

c) si dans le groupe d'amis, une personne est vraiment intéressée, suggérez-lui de venir vous voir quand vous serez plus disponible. La VOYANCE se pratique dans la détente et non sur le *"pouce et pour s'amuser !"*


## ➤ QUESTION 5 :

– Un homme vous demande une consultation. Il est en divorce et il voudrait avoir des renseignements sur les agissements supposés de son épouse.
**Que répondez-vous ?**

### ☞ RÉPONSE A LA QUESTION N°5

– Vous devez lui faire comprendre *(même si le jeu est très parlant),* que vous ne pouvez pas vous permettre de porter des accusations catégoriques, car vous pouvez vous tromper dans l'interprétation. Soyez diplomate ! Même si vous ne connaissez pas cette femme, rien ne vous autorise à la juger sévèrement, même pas un jeu de TAROT !

☞ Donc, voici une interprétation à envisager
dans cette situation :

– *« il me semble effectivement que votre épouse n'est pas sans reproches. Bien sûr, je ne peux affirmer ses agissements sur une intuition. Il n'est pas impossible que le négatif que je ressens venant d'une femme qui gravite dans votre entourage, soit une autre personne que votre compagne ".*

– <u>VOUS NE MENTEZ PAS,</u> car il est fort possible que la personne que vous *«voyez»* dans vos cartes n'est pas sa compagne, mais une autre femme qui pourrait correspondre et qui se réjouit de la situation en manipulant sournoisement et en cherchant à détruire cette épouse et en faisant tout pour essayer de se faire passer pour elle.

– Par ailleurs, si votre client vous montre la photo de son épouse et vous demande d'utiliser le pendule, là encore, vous ne pouvez pas être catégorique ! Le pendule peut vous mettre sur une mauvaise piste.

– Et puis en agissant ainsi, non seulement vous ne portez pas d'accusations directes, ce qui vous met à l'abri d'éventuels ennuis en retour, mais vous pouvez sans le savoir, soulager ce MONSIEUR, qui au plus profond de lui-même, à garder un faux espoir que son épouse ne soit pas aussi négative.

– N'oubliez pas qu'il l'a aimée puisqu'il l'a épousée ! Par ailleurs, il n'est certainement pas lui-même sans défauts ! Et il a sans aucun doute, une part de responsabilités dans cet échec.

### ➢ QUESTION 6 :

– Vous recevez en consultation une femme qui parait très déprimée, car elle a de gros problèmes d'argent !
– Le jeu malheureusement semble confirmer ses dires et ne lui est pas favorable, car il laisse supposer une faillite, un problème quasiment insurmontable !

***Comment allez-vous vous y prendre ? Qu'allez-vous lui dire ?***

### ☞ RÉPONSE A LA QUESTION N°6

– La encore, <u>le jeu laisse penser à la faillite mais ne l'affirme pas</u>, car il y a toujours une solution !

**1)** ce n'est pas encore arrivé, donc il reste des possibilités.

**2)** la faillite est présente, mais ne jamais oublier qu'après la pluie, le beau temps !

☞ Donc voici une suggestion d'interprétation dans un cas semblable :

– *«Effectivement, vous semblez être dans une situation financière peu enviable, mais vous ne devez pas baisser les bras, car il y a toujours une solution ! Vous devez, dans un 1$^{er}$ temps, avoir une gestion très rigoureuse, au jour le jour ; faire les démarches auprès*

*des organismes susceptibles de vous apporter une aide (la mairie, une assistante sociale...)*
  *– Vous devez restreindre vos dépenses au maximum. Commencez par régler les factures les plus anciennes et envoyez des courriers pour demander des délais de payements (qui ne pourront être refusés). Bien sûr, de votre côté, vous devez vous engager à respecter vos engagements. Et si malgré tous vos efforts, vous devez subir un dépôt de bilan, une faillite, vente de biens... Le monde ne s'arrêtera pas de tourner pour autant. Il faudra vous servir de cette expérience négative pour repartir sur de bonnes bases en évitant de retomber dans le même piège ; mais vous en êtes pas encore là, et si vous êtes suffisamment vigilante dans vos dépenses et que vous faites le maximum pour essayer de vous sortir du pétrin, vous pourrez peut-être triompher de cette mauvaise passe !»*

☞ Dans ce genre d'interprétation, vous aurez fait preuve de tact et de psychologie.
 – C'est-à-dire que vous aurez donné, malgré tout, un message POSITIF à cette situation, qui au premier abord vous semblait un désastre ! Vous aidez ainsi votre consultant·e à tourner à son avantage, toute perspective d'échec en lui redonnant une lueur d'espoir tout en restant dans la vérité.
 – N'oubliez pas que nous sommes là pour aider autrui, que la personne qui consulte a besoin de réconfort tout en cherchant une solution à son problème.
 – Pratiquer la VOYANCE, c'est aussi apporter des conseils judicieux, leur servir en quelque sorte d'assistant·e social·e, de confident·e, et il ne faut pas hésiter à donner de bonnes adresses si vous en connaissez !

## Correction du DEVOIR N°2

➢ **Quelle interprétation allez-vous donner à ce genre de QUESTIONS ? (*)**

*Nota :* vous n'interprétez **que** les <u>**LAMES SOULIGNÉES**</u>
Elles sont inscrites dans l'ordre d'un tirage ;

a) indiquez la **position de chacune**

b) **donnez la signification de la lame <u>soulignée</u>
soit :** *le BATELEUR (1)*

c) quelle sera la synthèse ? **(détaillez le calcul)**

➢ (\*) **1ʳᵉ QUESTION / 1ᵉʳ TIRAGE**

«*J'ai actuellement un problème avec une assurance, le litige va-t-il s'arranger?*»

☞ **Pour des lames tirées dans l'ordre :**
<u>**Le bateleur (1)**</u> - le Diable (15) - la Justice (8) - le Chariot (7)
**= en 5 ?**

☞ **Réponse :**
a) LE BATELEUR (1) est **en position** *FAVORABLE*

b) Synonyme d'intelligence et d'habilité, de savoir-faire ou l'art de convaincre assure une <u>possibilité</u> d'arrangement de litige.
– Le consultant détient avec le BATELEUR, toutes les bonnes influences pour concrétiser un projet...

c) LA SYNTHÈSE : **L'EMPEREUR (4)**
(1 + 15 + 7 + 7 = 31 = **3 +1 = 4**)

## ➤ (\*) 2ème QUESTION / 2ème TIRAGE

*«Je vis une relation amoureuse avec Stéphane, est-il sincère?»*
LE SOLEIL (19)   **le Bateleur (1)**   le Chariot (7)   le Pendu (12)
         =        **en 5 ?**

### ☞ Réponse :
a) LE BATELEUR (1) est **en position *DÉFAVORABLE***

b) vous montre comme une personne trop entreprenante, trop fougueuse. Vous agissez impulsivement, sans vous préoccuper des conséquences et des actes. Cette relation est toute nouvelle (sens du BATELEUR), il faut donner le temps aux sentiments de naître...

☞ Autre possibilité : Stéphane n'est pas la personne qu'il prétend être ! C'est un beau parleur - un menteur - un gigolo ? De plus, le BATELEUR représente souvent un adolescent ! Sans doute que Stéphane est immature !

c) LA SYNTHÈSE : **L'HERMITE 9** (19 + 1 + 7)
Puisque : 19 + 1 + 7 + **12** = 39 = 3 + 9 = **12**
*(LE PENDU (12) **déjà en position 4** : donc : 39 - 12 = 9)*

## ➤ 3° QUESTION :
### ☞ Concernant LE BATELEUR (1) :

*a) Citer au moins 3 MOTS CLÉS\**
(Non cités dans les cours ! ...lien avec la lame citée.)

***Au POSITIF :*** début de toute chose - libre arbitre - habilité - adresse... Il peut représenter aussi le mari, le consultant, l'homme qui intéresse la consultante...

***Au NÉGATIF :*** Être instable - l'impatience - le manque d'équilibre - le tricheur - l'illusionniste...

*b) citer au moins 3 LIEUX \*:*
Nature - nid - berceau - ventre de la mère - frontière - source...

*c) citer au moins 3 OBJETS :*
Baguette - poignard - coquille - coupe...

☞ **Concernant LA PAPESSE (2) :**
*a) Citer au moins 3 MOTS CLÉS\** (non cités dans les cours !)

***Au POSITIF*** : L'attente - la vigilance - la rigueur - une femme qui cache ses émotions - difficulté à partager…

***Au NÉGATIF*** : passivité - tourments - rancune - hypocrisie ignorance - égoïsme…

*b) citer au moins 3 LIEUX \* :*
Archives - souterrain - école - faculté…

*c) citer au moins 3 OBJETS :*
Livre - clé - voile - cape…


☞ **Concernant L'IMPÉRATRICE (3) :**
*a) citer au moins 3 MOTS CLÉS\** (non cités dans les cours !)

***Au POSITIF :*** fécondation - courrier - lettres - cours - femme d'affaires - dominatrice - motivée - conférence...

***Au NÉGATIF*** : retard dans les projets - perte matérielle commérages - perfidie - prétention - vanité - dispersion...

*b) citer au moins 3 LIEUX \* :*
Imprimerie - maison d'édition – P.T.T - salon esthétique...

*c) citer au moins 3 OBJETS :*
Enveloppe - papier à lettre - bijoux - diadème - coffret de maquillage...

☛ **Concernant L'EMPEREUR 4 :**
*a) citer au moins 3 MOTS CLÉS\** (non cités dans les cours !)

***Au POSITIF*** : sens du devoir et des responsabilités - situation sérieuse et stable - homme d'affaires brillant - le père - l'époux - la paternité - sécurité - sens moral - certitude...

***Au NÉGATIF :*** despotisme - masochisme - hostilité gouvernemental - juge partial...

*b) citer au moins 3 LIEUX \*:*
Salle de réunion - une entreprise - le parlement - un manoir...

*c) citer au moins 3 OBJETS :*
Un casque - un siège - un bouclier - une armure...

☛ **Concernant LE PAPE 5 :**
*a) citer AU MOINS 3 MOTS CLÉS* (non cités dans les cours)

***Au POSITIF :*** Une personne à qui l'on a recours - la FOI - la prière - la conscience professionnelle - légalisation d'une situation - la bonté - le magistrat - le savant - une personne de notoriété, cultivée...

***Au NÉGATIF :*** une personne ayant des principes fermés ou périmés - faiblesse mentale - générosité excessive.

*b) citer au moins 3 LIEUX \*:*
Centre médical - laboratoire - office notarial - mairie - tribunal - école maternelle...

*c) citer au moins 3 OBJETS :*
Croix - anneau - soutane - médaille religieuse - bénitier chaînette - statue - fétiche - tabernacle...

> **4ème QUESTION**
Essayez d'établir une **interprétation à chacune**
des lames citées en fonction
de leur **POSITION** et de la question posée (ou des données)
+ **VOTRE CONCLUSION !**

**1/** *une jeune fille a rencontré un homme beaucoup plus âgé qu'elle, et vit une relation amoureuse, mais elle ne sait rien de lui*
(marié, célibataire, veuf...?)

☞ **LA PAPESSE (2) sort en POSITION 2**

– **LA PAPESSE (2) en position 2 :** *DÉFAVORABLE* par rapport à la question, symbolise une femme mariée ou unie à cet homme ; certainement son épouse ou sa compagne.
– En outre, **LA PAPESSE (2)** est rarement sans enfants !

– **CONCLUSION :** cet homme est très certainement marié et père de famille !

**2/** *Marc, un homme d'une quarantaine d'années est actuellement au chômage,
Va-t-il trouver un emploi rapidement ?*

☞ **Quelle réponse apporterait L'IMPÉRATRICE (3) en position 4**

– **L'IMPÉRATRICE (3) en POSITION 4** apporte comme réponse : *réalisation, concrétisation et communication. Tels sont les maîtres mots de cette lame ! On peut dire qu'après une phase difficile, votre situation va s'éclaircir.*

– On peut même aller jusqu'à **CONCLURE :**
*«VOUS serez sans doute en relation avec la clientèle. »*
(**L'IMPÉRATRICE (3)** symbolise souvent les commerciaux, les métiers liés à l'informatique...)

3/un homme, 60 ans environ pose la question suivante :
*«Mon fils de 30 ans à des rapports très conflictuels avec moi, Est-ce que notre relation va s'améliorer?»*

### ☞ L'EMPEREUR (4) sort en POSITION 2

**L'EMPEREUR (4) en POSITION 2** est *DÉFAVORABLE* ; il symbolise le père, la loi, le pouvoir. Ici, l'image paternelle est négative. Je crois qu'il faut y voir un manque de structure du fils.
– Il y a également la difficulté du père à lâcher-prise. Il est douloureux de ne pas se comprendre, d'être en conflit...

– Mais la **CONCLUSION** EST : *Il est aussi sage de laisser les enfants faire leur propre expérience, une fois les choses dites et les conseils donnés.*

## ➢ 5ème QUESTION

Essayez de donner une réponse à cette question :
(En fonction des lames supposées être tirées ci-après)
*«Vais-je rétablir ma situation financière?»*

**a) faites *«parler»* les lames.**
**b) ne donnez pas de synthèse.**

Voici des exemples d'interprétations :
### En 1 : *L'IMPÉRATRICE (3)* (*FAVORABLE*) :
– *«suite à une certaine légèreté dans votre gestion, vous vous retrouvez avec des soucis financiers. Essayez de refréner vos envies et vos sorties, vous soulagerez ainsi votre compte en banque. Toutefois, L'IMPÉRATRICE vous donne une vision optimiste de l'avenir, ce qui est un sérieux atout pour surmonter les obstacles, ainsi qu'une imagination créative, ce qui pourrait vous permettre de trouver une solution pour remédier à ce problème : (un petit travail d'appoint peut être envisagé pour arrondir les fins de mois par exemple !)»*

### En 2 : *L'EMPEREUR (4)* (*DÉFAVORABLE*)
...*semble indiquer que si vous ne remédiez pas très rapidement à votre problème, vous pourriez en avoir encore un plus*

sérieux avec votre banquier, car il n'apparaît pas très souple. Il est donc conseillé de prendre R.D.V avec lui, afin de trouver un arrangement.

### En 3 : LE BATELEUR (1) (*EN HAUT*)

*…vous invite <u>impérativement</u> à passer à l'action…*

(Chercher éventuellement un travail d'appoint comme le suggère L'IMPÉRATRICE).

*– Vous ne devez pas vous cantonner à rêver à des jours meilleurs ou à des gains aux jeux pour en sortir, mais vous devez <u>concrétiser</u> votre souhait de manière habile et intelligente ; prenez des initiatives.*

### En 4 : LA **PAPESSE 2** <u>*EN BAS*</u> (*1ʳᵉ RÉPONSE*) :

*– Si vous suivez les conseils donnés par L'IMPÉRATRICE, L'EMPEREUR et LE BATELEUR, vous devriez retrouver un certain équilibre, mais ce dernier se fera très lentement. La PAPESSE vous conseille de vous serrer un peu "la ceinture" pendant quelques mois et d'avoir une gestion stricte et rigoureuse au jour le jour.*

*– Par ailleurs, elle vous déconseille de vous bercer d'illusions ; rien ne sert de gaspiller votre argent dans les jeux de casino, grattage, courses… vous ne feriez qu'aggraver la situation ! Faites preuve de sagesse et réfléchissez avant (est-ce que ceci me sera vraiment utile ou seulement pour assouvir une envie !) Attendez quelques jours avant l'achat, et vous verrez que l'envie passera et votre porte-monnaie vous en remerciera !*

## ➤ 6ème QUESTION
### Voici une liste de SIGNES PATHOLOGIQUES :
### Attribuez à CHACUN la lame correspondant en indiquant le N°

(1) pour le Bateleur - (2) pour la Papesse
- (3) pour l'Impératrice - (4) pour l'Empereur - (5) pour le Pape.

### Exemple :
– rancune = **2**
– autoritarisme = **4**
– créativité intense = **3**

– Aime les distinctions - se faire remarquer = **1**

– Caractère adaptable = **1**

– Insouciant·e = **1**

– Possède une grande force de caractère = **4**

– Humeur changeante = **2**

– Une tension nerveuse peut provoquer des maux de tête intenses = **1**

– Aime les situations d'opposition = **2**

– Un moulin à paroles = **3**

– Esprit d'initiative = **1**

– La patience n'est pas son fort = **1**

– Les études et la littérature sont son domaine = **3**

– Ne change pas d'avis = **4**

– Fait constamment des projets = **5**

– Don de «double vue» = **2**

– Prends son temps = **2**

– S'énerve facilement = **4**

– Grande compréhension et diplomatie = **5**

## Correction du DEVOIR N°3

➢ **QUESTION 1 :**

☛ **Concernant L'AMOUREUX 6 :**

### a) *Citer au moins 3 MOTS CLÉS*

***AU POSITIF :*** amour - affection - beauté - confusion - 2 possibilités - 2 options - vertu - doute - sélection - tendresse - attirance

***AU NÉGATIF :*** adultère - désunion - divorce - manque de sincérité - discorde - inconstance...

### *Citer au moins 3 OBJETS :*

Instrument de musique - jeu - nécessaire à maquillage - palette de peintre...

☛ **Concernant LE CHARIOT 7 :**

### *Citer au moins 3 MOTS CLÉS\**

***AU POSITIF :*** La providence - un secours – popularité - un anniversaire...

***AU NÉGATIF :*** vengeance - adversité - une aide - la richesse - un héritage - défaite - manque d'opportunité - décadence...

☛ **Concernant LA JUSTICE 8 :**

### a) *Citer au moins 3 MOTS CLÉS\**

- ***AU POSITIF :*** procès - honnêteté - respect des valeurs équité - logique - régime sévère - économie - obéissance - l'armée...

- ***AU NÉGATIF :*** fausses accusations - stérilité - sanction pénale - avarice...

### b) *citer au moins 3 LIEUX :*

Gendarmerie - banque - douane - commerce - préfecture...

c) **À quelle SAISON pourriez-vous comparer LA JUSTICE (8) et POURQUOI ?**
Il fallait répondre : L'HIVER, car la JUSTICE (8) symbolise aussi *LA RIGUEUR de L'HIVER*)

### ☞ Concernant L'HERMITE (9) :

#### a) *Citer au moins 3 MOTS CLÉS**
*AU POSITIF :* - sagesse - connaissance - patience - initiation - tact - conseil…

*AU NÉGATIF :* complot - fausseté - clandestinité - action secrète - désertion…

#### a) *citer au moins 3 LIEUX :*
Cave - souterrain - gouffre - couvent - monastère - cachot...

#### b) *citer au moins 3 OBJETS :*
Lanterne - boussole - canne - ordinateur - calculatrice…

### ☞ Concernant LA ROUE DE FORTUNE (10) :

#### a) *Citer au moins 3 MOTS CLÉS**
*AU POSITIF :* chance - progrès - circulation - avancement professionnel - évolution...

*AU NÉGATIF :* fatalité - malchance - involution - régression professionnelle…

#### b) *citer au moins 3 LIEUX :*
Gymnase - maison de jeux - autoroute...

#### c) *citer au moins 3 OBJETS :*
Échelle - roue - volant - hélice - bicyclette - manège...

## ➤ QUESTION 2

Quelle lame sort **en synthèse** pour ce tirage ?
Le chariot (7) + la Justice (8 + l'Amoureux (6) + l'Empereur (4)
☞ **Réponse :**
= 7 + 8 + 6 + 4 = 25 = **7**
Nous l'avons déjà en première position,
donc *on* recalcule 8 + 6 + 4 = **18**

Comme nous l'avons vu dans le 1$^{er}$ cours,
Si la SYNTHÈSE est = L'AMOUREUX (6) *ou* **La LUNE (18)**
il faut tirer une autre lame pour *"lever le doute"*
et avoir une RÉPONSE FRANCHE.

## ➤ QUESTION 3

*Une élève de terminale se demande si en fin d'année scolaire, elle obtiendra son bac ?*
**a) essayez d'établir une interprétation des lames en :**

☞ 1$^{re}$ hypothèse :
**Position 1 *(POUR)* : L'IMPÉRATRICE (3)**
– Facilité pour apprendre, intelligence et intuition, tels sont les mots d'ordre de L'IMPÉRATRICE.
– Cette élève a donc de grandes capacités qu'elle doit utiliser au maximum !

**Position 2 *(CONTRE)* : LE BATELEUR (1)**
– Dans cet emplacement, le BATELEUR marque la dispersion, le manque de volonté, de confiance en soi... Toutefois, il est aussi synonyme **d'intelligence !**
**Mais dans cette position : intelligence <u>NON</u> mise à profit !**
☞**Quels conseils lui donneriez-vous ?**
– Donc le conseil à donner au vu de ces 2 lames :
– *«Vous avez toutes les capacités intellectuelles pour réussir cet examen ; ayez confiance en vous, ne vous laissez pas disperser, luttez contre la paresse d'apprendre qui, quelquefois vous tenaille (BATELEUR EN 2). Avec un minimum d'attention et de volonté, les lames vous sont favorables.»*
Cette élève a tout pour réussir, mais fera-t-elle le nécessaire ?

☞ 2<sup>ème</sup> hypothèse :
**Position 1 *(POUR)* : LE CHARIOT (7)**
– Synonyme de courage, de persévérance, de confiance en soi.
– Les obstacles peuvent être surmontés.

**Position 2 *(CONTRE)* : LA PAPESSE (2)**
– Manque de communication, de réflexion. Repli sur soi…
– LA PAPESSE dans cette position montre une élève timide qui a sans doute hésité à demander des informations complémentaires, si elle n'a pas compris les sujets lors des cours.
– Contrairement à la première possibilité, l'élève ici, doit se battre, travailler dur, mais aura autant de chances si ce n'est plus, de réussir son bac.
– Étant consciente de ses difficultés, cette élève travaillera avec acharnement pour réussir et ses efforts porteront (sans doute) leurs fruits. (**Tout dépend bien sûr des positions 4 et 5**)
Ceci est également valable pour la 1<sup>re</sup> possibilité.

### Quels conseils lui donneriez-vous ?
– *«Ayez davantage confiance en vous et surtout, apprenez à aller vers autrui, osez demander, n'ayez pas honte de ne pas avoir compris…, car une telle attitude vous freine et vous oblige à plus d'efforts personnels»*.

> **QUESTION 4**

Essayez de donner une **interprétation COMPLÈTE** à ce tirage en fonction de la question :
*«Christiane, la trentaine, s'interroge sur le devenir de son couple qui a des difficultés en ce moment. La situation va-t-elle s'améliorer entre les partenaires ?»*

☞ **Les Lames tirées sont :**
en 1 : l'Empereur (4)   en 2 : La Justice (8)
en 3 : LE PAPE (5)   en 4 : LE CHARIOT (7)
En synthèse : L'AMOUREUX (6)

**1/ L'EMPEREUR (4)** *(FAVORABLE)* représente le mari, comme une personne stable, sincère, peut-être un peu autoritaire mais fidèle. Sans doute, est-il assez dominateur et peu affectueux…

**2/ LA JUSTICE (8)** *(DÉFAVORABLE)* montre bien le déséquilibre du couple. Décèle également la «froideur» de CHRISTIANE. Peut-être a-t-elle reçu une éducation stricte et sévère… deux tempéraments peu affectueux en somme…

**3/ LE PAPE (5)** *apporte son AIDE.*
– Sous l'apparence d'un psychologue, sexologue, conseiller matrimonial… à qui CHRISTIANE *(ou le couple)* aura fait appel. Cette thérapie sera sûrement bénéfique.

**4/ LE CHARIOT (7) en 1$^{re}$ réponse…**
– encourage la continuité de la thérapie. CHRISTIANE triomphera de son blocage, ses efforts seront payants.

**5/ L'AMOUREUX (6)** <u>en synthèse,</u>
– confirme que malgré ce problème, l'amour règne. Ces deux personnes s'aiment, mais leur pudeur réciproque les empêche de s'abandonner. Le couple cependant, est solide et stable.
– La volonté de vaincre les obstacles est présente : L'EMPEREUR confirme l'aide bénéfique soulevée par le PAPE.

☞Ici **L'AMOUREUX (6)** pourrait demander une *«levée de doutes»*.
Mais la question étant <u>d'ordre affectif</u>,
et l'ensemble du jeu étant malgré tout positif,
l'Amoureux (6) <u>confirme ce lien sincère des 2 partis.</u>

NOTA : *À première "vue", on aurait pu penser à la possibilité d'un divorce (LA JUSTICE (8) EN position 2), mais l'ensemble des cartes est plutôt positif..., donc cette éventualité est à éliminer.*

## ➢ QUESTION 5

Comme pour le cours précédent,
voici une liste de SIGNES PATHOLOGIQUES
Auxquels vous attribuerez le N° de lame correspondant
**(Concerne uniquement les lames de ce cours N° 3)**

| | |
|---|---|
| – Orgueil et rigueur | = 8 |
| – Irritable et susceptible, se disperse facilement | = 10 |
| – Le lait n'est pas sa boisson favorite | = 9 |
| – Aime sa liberté, s'oppose au progrès | = 9 |
| – Anorexie possible | = 10 |
| – Dévotion et mysticisme | = 9 |
| – Contrôle ses émotions | = 10 |
| – Caractère insensible et détaché | = 8 |
| – Pense par lui-même (elle-même) | = 7 |
| – Ne sombre pas facilement dans la dépression | = 7 |
| – Aime les plaisirs de la table (entre autres) | = 6 |
| – S'irrite facilement | = 6 |
| – Gère mal ses émotions | = 6 |
| – Curiosité inassouvie | = 7 |
| – Tendance au narcissisme, voire soupe au lait | = 9 |
| – Besoin de peu de sommeil - se requinque vite | = 10 |

# Correction du DEVOIR N°4

ಸಂಬ

## ➢ QUESTION 1

### ☞ Concernant LA FORCE (11) :

#### a) citer au moins 3 MOTS CLÉS*

*AU POSITIF :* Force de caractère - conviction - pouvoir sur autrui - énergie - vitalité - réconfort...

*AU NÉGATIF :* Orgueil - abus de pouvoir - vengeance - viol – surmenage - colère...

#### b) citer au moins 3 LIEUX :
Cirque - lieux de combats - terrain de sport - stade - usine...

#### c) citer au moins 3 OBJETS :
Aimant - étau - tout objet fournissant de l'énergie (ampoule, chauffage central)...

### ☞ Concernant LE PENDU (12) :

#### a) citer au moins 3 MOTS CLÉS*

*AU POSITIF :* Dévouement - apostolat - patriotisme - stage sacrifice - effort soutenu - expérience - formation...

*AU NÉGATIF :* martyr - culpabilité - tricherie - impuissance ou stérilité - otage - fardeau - punition - viol...

#### b) citer au moins 3 LIEUX :
Puits - fausse - labyrinthe - vide - rocher...

#### c) citer au moins 3 OBJETS :
Clef - piège - prothèse - poids - corde - suspension - parachute - lustre - pieu...

### ☞ Concernant LA FAUX (13) :

#### a) citer au moins 3 MOTS CLÉS*
*AU POSITIF :* début de nouveau cycle - cessation d'activité - délivrance - transformation...

*AU NÉGATIF :* Destruction - avortement - décès - grave maladie - licenciement - ruine...

#### b) citer au moins 3 LIEUX :
Ténèbres - désert - terrain vague...

#### c) citer au moins 3 OBJETS :
Faux - guillotine - faucille - tombeau - couperet...

### ☞ Concernant TEMPÉRANCE (14) :

#### a) citer au moins 3 MOTS CLÉS*
*AU POSITIF :* adaptation - loisirs - tempérance - vacances - amélioration - compatibilité...

*AU NÉGATIF :* peu communicatif·e - passivité - manque de volonté - générosité excessive - hésitation - révolution...

#### b) citer au moins 3 LIEUX :
Au-delà - rivière - fleuve (bord) - altitude - montagne - ciel...

#### c) citer au moins 3 OBJETS :
Vase - fil conducteur - avion - planeur - courroie...

☛ **Concernant LE DIABLE (15) :**

*a) citer au moins 3 MOTS CLÉS\**
*AU POSITIF :* Éduction - luxe - luxure - sensualité - le hasard - richesse extérieure - génie...

*AU NÉGATIF :* incendie - fatalité - débauche - scène de ménage - maléfice - violence - ensorcellement - colère - chantage corruption - orgie...

*b) citer au moins 3 LIEUX :*
Théâtre - palais - château - restaurant - camp de nudistes - lieu ou il fait chaud...

*c) citer au moins 3 OBJETS :*
Bijoux fantaisies - billets - pièces de monnaie - lingerie - tous les artifices destinés à séduire...

➢ **QUESTION 2**

Quelles lames sortent **en synthèses** pour ces tirages ?
**(Détaillez vos calculs)**
LE CHARIOT (7) + LE MAT (0)
+ TEMPÉRANCE (14) + L'IMPÉRATRICE (3)
= 7 + 0 + 14 + 3 = 24 = 2 + 4 = **6**
+ 1 lame supplémentaire pour *levée de doutes*)

LA FAUX (13) + L'IMPÉRATRICE (3)
+ LA JUSTICE (8) + LE JUGEMENT (20)
= 13 + 3 + **8** = 20 = 44 = 4 + 4 = **8** ➜ = 44 − 8 = 36 = 3 + 6 = **9**
nota : **8 apparaissant 2 fois** confirme l'analyse en position 3,
mais impose une autre synthèse qui se révèle être
**(9) L'HERMITE.**

> **QUESTION 3**

Essayez **d'établir une interprétation complète**
en fonction de cette question et des lames sorties :

*« J'ai toujours de grandes difficultés professionnelles : des blocages, des licenciements, etc. Récemment, une P.M.E. m'a proposé un contrat, mais cela fait 2 mois que j'attends :
Est-ce que cette proposition va vraiment aboutir à court terme ? »*

**Les lames tirées sont :**
- LE PENDU (12) en **1**
- LE CHARIOT (7) en **2**
- LE BATELEUR (1) en **3**
- LA JUSTICE (8) en **4**

Soit : = 12 + 7 + 1 + 8 = 28 = 2 + 8 = **10 (la roue de fortune)**

☞ **SUGGESTION D'INTERPRÉTATION :**

**1/ LE PENDU (12)** *(FAVORABLE)* vous dépeint comme un homme coincé entre 2 situations et plongé dans une attente nécessaire pour construire son avenir. Il y a un problème à dépasser : ne vient-il pas de vous, de votre attitude ?

**2/ LE CHARIOT (7)** *(DÉFAVORABLE)* montre les difficultés de parcours, certainement liées à votre attitude comme l'indiquait le PENDU. Mettez votre orgueil de côté, il n'y a aucun mal à reconnaître ses erreurs, bien au contraire ! Vous avez de l'ambition, c'est bien, mais dans un premier temps, soyez davantage modéré.

**3/ LE BATELEUR (1)** *(EN HAUT)* indique le début d'une nouvelle activité, positive pour vous : un contrat doit être signé au plus vite, ne perdez pas un temps précieux !

**4/ LA JUSTICE (8)** (1$^{re}$ réponse) *confirme l'existence d'un contrat, d'une affaire à conclure légalement, avec une personne plutôt sévère et rigoureuse : soyez, vous aussi, ferme et droit, et tout se passera bien.*

**5/ LA ROUE DE FORTUNE (10)** *(en synthèse)* confirme le déblocage de votre situation. Des opportunités, la Providence vous donne de nouvelles chances, sachez en tirer profit !

## ➢ QUESTION 4

Comme pour le cours précédent,
voici une liste de SIGNES PATHOLOGIQUES
Auxquels vous attribuerez le N° de lame correspondant
**(Concerne uniquement les lames de ce cours N° 4)**

| | |
|---|---|
| – Défaitisme persistant | = **13** |
| – Comportement disproportionné | = **15** |
| – L'obsession du gain | = **15** |
| – Tout lui indiffère | = **13** |
| – Souffre souvent du délire de persécution | = **12** |
| – Perds souvent le contrôle de soi | = **15** |
| – Fort magnétisme | = **11** |
| – Manque d'exercices physiques | = **13** |
| – Appétits sexuels | = **14 & 15** |
| – Marche pianissimo | = **13** |
| – N'a pas une grande résistance physique | = **12** |
| – Mépris de la nourriture | = **13** |
| – Sobriété et modération | = **14** |
| – Grande maîtrise de soi | = **11** |
| – Se coupe ou se blesse par inattention | = **12** |
| – N'aime pas avoir tort | = **11** |

# Correction du DEVOIR N°5

## ➢ QUESTION 1

### ☞ Concernant La MAISON-DIEU (16) :

**a) citer au moins 3 MOTS CLÉS*** (non cités dans les cours !)

__AU POSITIF :__ Cessation - entreprise chimérique - dissociation - renversement de situation, de données...

__AU NÉGATIF :__ Ruine - destruction - violente dispute suivie d'une séparation - perte de sécurité - enlisement - sinistre - naufrage catastrophe - cataclysme - terrible déception...

**b) _citer au moins 3 LIEUX :_**
Des chantiers - des constructions - ruines...

**c) _citer au moins 3 OBJETS :_**
Broyeur - compacteur - incinérateur - morgue...

### ☞ concernant L'ÉTOILE (17) :

**a) citer au moins 3 MOTS CLÉS*** (non cités dans les cours !)

__AU POSITIF :__ Grossesse - naissance - espoir - jeunesse - fin de difficultés - amitié - nouveauté - promesse...

__AU NÉGATIF :__ Déception - pessimisme - fin d'une affection - grossesse non menée à terme - enflure - grosseur...

**b) _citer au moins 3 LIEUX :_**
Oasis - fontaine - point d'eau - clairière...

**c) _citer au moins 3 OBJETS :_**
Phare - torche - lampe - objet en forme d'étoile...

☞ **Concernant LA LUNE (18) :**

### a) citer au moins 3 MOTS CLÉS*

*AU POSITIF* : déception - avertissement - crépuscule - la nuit - obscurité...

*AU NÉGATIF* : sournoiserie - danger par l'eau - les ténèbres - influence dangereuse...

### b) citer au moins 3 LIEUX :
Outremer - mer - océan - port - cinéma - étang - lac...

### c) citer au moins 3 OBJETS :
Miroir - glace - barque - bouée - masque...


☞ **Concernant LE SOLEIL (19) :**

### a) citer au moins 3 MOTS CLÉS*
*AU POSITIF* : chaleur - le jour - fiançailles - amitié sincère - engagement - fidélité - sincérité...

*AU NÉGATIF* : traîtrise démasquée - limitation - rupture de fiançailles - infidélité - séparation - irradiation - coup de soleil...

### b) citer au moins 3 LIEUX :
Lieux idylliques - pays équatoriaux - plages - clubs de vacances...

### c) citer au moins 3 OBJETS :
Lingots - pièces d'or - pépites - pierres précieuses...

### ☞ Concernant LE JUGEMENT (20) :

#### a) citer au moins 3 MOTS CLÉS*
*AU POSITIF :* repentir - jugement équitable - surprise déménagement - révélation - nouvelles inattendues...

*AU NÉGATIF :* bouleversement - expiation - bombardement - explosion - tempête - cyclone - jugement - procès...

#### b) citer au moins 3 LIEUX :
Centre de rajeunissement et de remise en forme - thalassothérapie - centre de recyclage...

#### c) citer au moins 3 OBJETS :
Ventilateur - téléphone - réveil - séchoir - trompette...

## ➢ QUESTION 2
### ☞ Exercice N° 1 :

Supposons que le consultant veuille savoir s'il doit partir en vacances, Malgré un travail urgent...
Il tire les lames suivantes : (dans l'ordre)
LE JUGEMENT (20) - TEMPÉRANCE (14)
- LA JUSTICE (8) - L'IMPÉRATRICE (3)
Précisez la synthèse et faites votre **interprétation détaillée**...
Soit : $20 + 14 + 8 + 3 = \mathbf{45} = 4 + 5 = \underline{\mathbf{9}}$

1/ **LE JUGEMENT (20)** qui parle **EN FAVEUR** du consultant... vous pouvez en déduire qu'il est arrivé à un stade où, au seuil d'une existence nouvelle, il fait le point.

− Peut-être aussi, vient-il de se produire dans sa vie, l'éclaircissement d'une situation équivoque (un divorce ?) ; il a donc besoin d'une détente, d'une coupure afin de repartir du bon pied.

2/ **TEMPÉRANCE (14)** à droite, dégage donc des notions **NÉGATIVES** et fait état de vives oppositions qui voudraient forcer le consultant à ne pas partir en vacances.

**3/ LA JUSTICE (8)** *(EN HAUT)* semble souligner que le consultant aurait besoin de repos. Cette lame signifie, entre autre : inconvénients de santé, dus à un métier sédentaire.
En outre elle semble confirmer aussi l'éventualité d'un divorce qui aurait gravement perturbé le consultant.

**3/ L'IMPÉRATRICE (3)** *(EN BAS)* annonce une influence bénéfique et du dynamisme...
...Qui seraient assurés au consultant s'il se décidait à partir en vacances.

**5/ LA SYNTHÈSE se trouve être :** L'**HERMITE (9),** qui est symbole de prudence, ainsi que de solitude. Cette lame parle aussi de retraite spirituelle, de repli sur soi-même...
– Autant de notions qui corroborent la nécessité pour le consultant de s'accorder des vacances, de donner la priorité à sa santé et non à ses affaires.

**EN CONCLUSION :** Le tarot non seulement vous a donné une réponse claire et précise (*en conseillant au consultant de partir en vacances*), mais encore vous a permis d'exposer des motivations logiques (*état de santé, etc.*) aptes à prouver le bien fondé de son conseil...

### ☞ Exercice N° 2 :

*Un homme d'une quarantaine d'années est actuellement au chômage, Va-t-il retrouver un emploi prochainement ?*

LE PENDU (12) - LA FAUX (13)
- L'ÉTOILE (17) - L'IMPÉRATRICE (3)
Précisez la synthèse et faites votre **interprétation détaillée**.
**Soit :** $12 + 13 + 17 + 3 = 45 = 4 + 5 = \underline{\mathbf{9}}$

**1/ LE PENDU (12)** *(EN POUR)* armez-vous de patience ! (Conseille-t-il au consultant)

— LE PENDU dans cette position, vous indique que le temps n'est pas encore venu de retrouver un emploi. Sachez d'ores et déjà qu'il va vous falloir cultiver l'attente et la confiance ; confiance en vous-même et en la vie. N'en arrêtez pas pour autant vos recherches, les éventuels contacts que vous avez pu établir.

— Profitez de ce temps pour réfléchir à votre activité professionnelle : à 40 ans, il est encore temps d'envisager autre chose ! Lorsqu'il sort en POUR, le PENDU invite à la passivité active, celle qui nous apprend à rassembler nos forces avant la bataille. La situation mûrit, c'est une bonne chose pour vous !

**2/ LA FAUX (13)** *(EN CONTRE)* cette lame vous confirme la première réponse du PENDU : ne cherchez pas à précipiter les choses ! Le moment n'est pas propice à la décision. Rien ne pousse encore sur terre, pourtant si fertile, vous dit LA FAUX. La transformation est en train de se faire, croyez en vous !

**3/ L'ÉTOILE (17)** *(EN HAUT)* indique que dans quelque temps, une belle étoile traversera votre ciel et vous apportera chance et opportunités nouvelles. L'Etoile peut aussi représenter l'aide d'une femme généreuse, qui saura vous donner les clés pour ce nouvel emploi.

— L'ÉTOILE est une très belle lame, c'est une source de lumière et sa présence a toujours guidé l'homme dans ses voyages. L'eau, très présente, y est source de vie : dans toutes les traditions ; les grandes rencontres spirituelles se font près de points d'eau, lieux de purification et de bénédiction. Fiez-vous à votre étoile, elle peut vous mener loin !

**4/ L'IMPÉRATRICE (3)** *(en 1ʳᵉ réponse)* parle de réalisation, de concrétisation et de communication. On peut dire qu'après une phase difficile, votre situation va s'éclaircir. Vous serez sans doute en relation avec une clientèle. L'Impératrice symbolise souvent les commerciaux ; les métiers liés à l'informatique.

**5/ L'HERMITE (9)** *en réponse définitive* : « contemplez cet Hermite dans les moments difficiles que vous allez devoir affronter, et essayez de suivre son exemple !

– L'Hermite a su se faire du temps, un allié, il sait que ce dernier travaille pour lui.

– Il ne se montre ni impatient, ni résigné, il avance sereinement en éclairant sa route grâce à la lanterne qui a pour noms : courage, détermination, espoir.»

## ➢ QUESTION 4

Comme pour le cours précédent,
voici une liste de SIGNES PATHOLOGIQUES
Auxquels vous attribuerez le N° de lame correspondant
**(Concerne uniquement les lames de ce cours N° 5)**

| | |
|---|---:|
| – Parfois, fait preuve d'insouciance | = 17 |
| – Caractère pointilleux, ouvert et loyal | = 19 |
| – Diplomate et conciliant·e | = 19 |
| – Ne tient pas en place | = 20 |
| – Se remet régulièrement en question | = 20 |
| – Besoin de changer d'environnement | = 20 |
| – De trop fortes émotions peuvent lui être fatales | = 19 |
| – Donne son affection sans compter | = 17 |
| – Abuse facilement des drogues, alcool, médicaments | = 18 |
| – Hyper nervosité | = 16 |
| – Fait de l'acrophobie (peur du vide) | = 16 |
| – Aime son indépendance | = 20 |
| – Ne sait pas dire NON ! | = 20 |
| – Doit se tempérer | = 19 |
| – D'humeur changeante | = 18 |
| – Tendance suicidaire | = 16 |

# Correction du DEVOIR N°6

ಬಂಡ

## ➢ QUESTION 1

### ☞ Concernant LE MONDE (21) :

#### a) citer au moins 3 MOTS CLÉS*

*AU POSITIF :* Apothéose - gloire - triomphe - finalité de toutes les épreuves - commencement - célébrité - récompense reconnaissance - élections…

*AU NÉGATIF :* popularité éphémère - triomphe de courte durée - succès provisoire - entrave à l'épanouissement - retard ou difficulté à achever la tâche entreprise...

#### b) citer au moins 3 LIEUX :

Les 7 merveilles du Monde - terminus - voies à grande circulation (terrestres - aériennes - maritimes…)

#### c) citer au moins 3 OBJETS :

Œuvre d'art - statue - sculpture - diadème - couronne de fleurs - de pierres précieuses…

### ☞ concernant LE MAT (0) :

#### a) citer au moins 3 MOTS CLÉS*

*AU POSITIF :* Passion - originalité - voyage astral - hypnose - disciplines parapsychologiques - personne cachant sa véritable personnalité - ne termine jamais ce qu'il a commencé - étourderie...

*AU NÉGATIF :* Inconscience - instabilité - égarement - délire - indifférence aveuglement - insoumission - vagabondage - incapacité (surtout dans les raisonnements) perdu abandonné.

#### b) citer au moins 3 LIEUX :

Les champs - la campagne - asile - hôpital psychiatrique…

#### c) citer au moins 3 OBJETS :

Bâton - sac - vêtement original - accessoire de mode - jouet...

## QUESTION 2

☞ **Exercice N° 1 :**

*Après un divorce et quelques déboires sentimentaux, une femme d'une cinquantaine d'années vient de rencontrer un homme de 10 ans son aîné.
Elle se demande commente va évoluer sa situation ?*
LE MAT (0) - LE BATELEUR (1)
- LA ROUE (10) - LE DIABLE (15)
Précisez la synthèse et faites votre **interprétation détaillée**.

☞ **1ᵉʳ exercice : (LA SYNTHÈSE = LA JUSTICE 8)**

**1/ LE MAT (*FAVORABLE*) :** *cette rencontre fut sûrement inattendue, à un moment où l'on n'y croit plus, où la résignation n'est pas loin. Il est temps de vous remettre en marche et de vous lancer dans cette aventure à laquelle vous convie LE MAT, d'autant que cette lame nous donne des renseignements intéressants sur le monsieur.*

*– C'est sûrement un homme qui rentre de l'étranger et ne va pas tarder à y repartir. C'est quelqu'un qui bouge beaucoup, a de multiples projets en tête, même s'il ne lui reste plus que « baluchon et courage » pour affronter la vie. Il vient très certainement de faire face à de graves difficultés, et votre rencontre se situe à un moment clé de vos deux parcours. Vous pouvez l'un et l'autre espérer :* ***LE MAT EN POUR****, parle toujours d'espérance, de départ ou de redémarrage prometteur !*

**2/ LE BATELEUR 1 (*DÉFAVORABLE*)** *indique le risque de la nouveauté. Les emballements du début, surtout sur une question sentimentale ! De grâce, laissez évoluer les choses tranquillement ! Pourquoi sommes-nous toujours si pressés dans des affaires où il s'agit de prendre tout le temps voulu ?*

**3/ LA ROUE DE FORTUNE (10) *(EN HAUT)* :** *quoi que vous fassiez, la roue vous entraîne vers votre destin ; les choses bougent et se mettent en mouvement, à une période où vous avez bien cru devoir désespérer. Votre existence va prendre un tournant rapide et imprévu. Laissez-vous porter par ce courant, et sachez accepter les opportunités qui vont se présenter à vous ! Cet homme est certainement l'un des trois personnages de la roue : il fait partie de votre devenir !*

**4/ LE DIABLE (15)** *(EN BAS) quelle belle carte lorsque l'on est au début d'une histoire d'amour ! Elle vous indique que l'heure est venue de vivre pleinement la rencontre.*

*– Cet homme est important pour votre épanouissement : vous aurez sans doute une très belle entente sexuelle avec votre future partenaire.*

*– Avec LE DIABLE, on ne parle plus de solitude ni de vague à l'âme ! Attention toutefois aux impulsions passionnelles, aux attachements extrêmes, à l'état de dépendance où les femmes aiment, parfois, à se complaire, pour le regretter amèrement par la suite !*

*– Une belle aventure ne veut pas dire forcément un attachement durable !*

*– Cet homme rentre en tout cas dans le cadre d'un autre cycle.*

**5/ LA JUSTICE (8)** *(AU CENTRE). Cette lame vous invite à regarder les choses en face et, surtout, à savoir ce que vous voulez. A cinquante ans, on ne voit plus les choses comme à vingt. Sachez accueillir cette belle occasion qui vous amène à envisager votre existence sous un autre angle. L'heure est venue de faire le point !*

*– Cet homme arrive comme un coup de tonnerre dans votre vie : vivez cette expérience comme elle se présente à vous !*

☞**Exercice N° 2 :**
La question d'une toute jeune femme :
*« Je suis insatisfaite, ma vie ne me convient pas,
j'aspire à autre chose.
Quels conseils pourriez-vous me donner à travers le tarot ? »*
L'IMPÉRATRICE (3) - TEMPÉRANCE (14)
- L'EMPEREUR (4) - LE PAPE (5)
Précisez la synthèse et faites votre **interprétation détaillée**.

☞ **(LA SYNTHÈSE = LA JUSTICE (8)**

1/ **L'IMPÉRATRICE (3)** *(EN POUR)* : lorsque la question concerne une femme, cette carte est un excellent indice : cette jeune personne sort en premier et marque ainsi une personnalité structurée et déjà bien présente.
 – *Êtes-vous sûre de ne pas savoir ce que vous voulez ou bien vous est-il difficile de vous affirmer telle que vous êtes ? Vous êtes pourtant bien ancrée dans le réel.*

2/ **TEMPÉRANCE (14)** *(EN CONTRE) :* indique des difficultés à communiquer avec les autres, à avoir des relations soutenues.
 – *TEMPÉRANCE (en contre) parle aussi de relations superficielles et insatisfaisante, d'échanges sans lendemain. Jusque-là, rien de bien étonnant : lorsque l'on a une vingtaine d'années, il est normal de rencontrer toutes sortes de gens, puis d'apprendre à faire le tri.*
Que cette jeune femme ne perde cependant pas son temps à droite, à gauche, il serait judicieux d'apprendre à se recentrer.
 – *L'IMPÉRATRICE est une femme exigeante vis-à-vis des autres et d'elle-même, elle ne supportera pas longtemps d'être privée d'amitié vraie et constructive. N'attendez pas que les gens intéressants croisent votre route, prenez les devants et allez au-devant d'eux !*

3/ **L'EMPEREUR (4),** *(EN HAUT) :* indique qu'un homme arrive vers vous ! Il est donc le partenaire idéal, celui qui peut justement donner une autre direction à votre existence. Pour le moment, nous ne savons pas dans quel domaine il interviendra (sentiments, vie professionnelle). L'EMPEREUR représente quelqu'un solide, pas forcément plus âgé, mais qui sait ce qu'il veut !

**4/ LE PAPE (5)** *(AU CENTRE)*

*– Accord, Union, contrat qui se signe, entente harmonieuse, mariage, etc.*

*– LE PAPE,* (surtout en réponse) *est un gage de bonheur et de vives satisfactions.*

Que cette jeune femme se prépare plutôt à cette rencontre avec confiance.

**5/ LA JUSTICE (8)** *(la synthèse)* confirme que si cette jeune femme est actuellement dans une période de flou, où elle se sent "mal dans sa peau", incomprise, qu'elle se rassure ! D'abord, parce qu'à son âge, il est normal d'avoir ce genre de ressenti.

*– Il n'est pas toujours aisé de se déterminer, de prendre une voie qui peut être autre que celle envisagée par les parents, par exemple.*

– Avec L'IMPÉRATRICE (*en pour*) cette jeune femme doit apprendre à s'affirmer et à avoir davantage confiance en elle. Pour le moment, son cercle d'amis semble restreint et sans grand intérêt ; mais un homme va bientôt apparaître avec lequel il y a une entente certaine.

**– LA JUSTICE en synthèse** indique qu'un nouvel équilibre va se créer ; l'insatisfaction, le doute ne seront plus alors de mise !

### ☞ 3ᵉ exercice :

*« Ma fille vient de rencontrer un homme beaucoup plus âgé qu'elle. Je suis inquiète à son sujet, quel sera son avenir ? »*
LE SOLEIL (19) - LA PAPESSE (2)
- LA MAISON - DIEU (16) - LE PENDU (12)
a) précisez la synthèse   b) faites votre interprétation détaillée.

### ☞ (LA SYNTHÈSE = LA FAUX 13)

**1/ LE SOLEIL (19)** (*FAVORABLE*) : *cet homme est un homme chaleureux, rayonnant, qui a tout pour séduire et plaire. Il n'y a donc rien d'étonnant à ce que votre fille soit tombée sous le charme de ce personnage, certainement bien placé socialement parlant.*
– *Leur amour est partagé, il brille actuellement de tous ses feux !*

**2/ LA PAPESSE (2)** (*DÉFAVORABLE*) *indique dans cette position et par rapport à la question qui nous occupe, une femme mariée ou unie à cet homme, certainement son épouse ou compagne. Étiez-vous au courant de cette situation ? Même si cet homme éprouve un amour sincère pour votre fille, il y a tout de même un obstacle important ! En outre, LA PAPESSE est rarement sans enfants !*

**3/ LA MAISON - DIEU (16)** (*EN HAUT*) : *une nouvelle brutale, un événement inattendu vont intervenir et renverser la situation actuelle.*

**4/ LE PENDU (12)** (*EN BAS*) *indique des blocages, freins, attente ! Dans cette position LE PENDU n'indique rien de concret. Ce bel amour ne semble pas pouvoir s'épanouir comme elle l'aurait souhaité, et LE PENDU est plutôt le signe d'une impasse.*

**5/ LA FAUX (13)** (*en synthèse*) : *cet amour va évoluer, se transformer. Cet homme aime-t-il assez votre fille pour remettre en cause sa situation actuelle ? Rien de moins sûr, d'autant plus qu'en 1ʳᵉ* **réponse** : *avec LE PENDU, cette histoire restera certainement une étape dans sa vie, et non un départ pour une vie de couple.*
– *Demandez-lui si elle sait que cet homme est déjà lié, et n'hésitez pas à l'avertir des difficultés et des entraves d'une telle situation.*
– *Tant pis si les relations sont tendues entre votre fille et vous, cela s'aplanira plus tard !*

## ➢ QUESTION 3

Comme pour le cours précédent,
voici une liste de SIGNES PATHOLOGIQUES
Auxquels vous attribuerez le N° de lame correspondant
**(Concerne uniquement les lames de ce cours N° 6)**

| | |
|---|---|
| – Besoin de reconnaissances | = **21** |
| – Peut faire preuve de fausse modestie et fausse humilité | = **21** |
| – Inexpérience ou crédulité | = **0** |
| – Comportement immature ou puéril | = **0** |
| – Personnalité persuasive | = **21** |
| – Refus d'obéissance | = **0** |
| – Excès pour les plaisirs artificiels (tabac - alcool - drogue...) | = **0** |
| – Grandeur d'âme et esprit énergique | = **21** |
| – Aime rendre services | = **21** |
| – mémoire défaillante | = **0** |
| – Bonne condition physique | = **21** |

Comme pour le cours précédent,
voici une seconde liste de SIGNES PATHOLOGIQUES
Auxquels vous attribuerez le N° de lame correspondant
**(Concerne cette fois <u>TOUTES lames</u> des cours étudiés
soit 22 lames de 0 à 21)**

| | |
|---|---|
| – Forte sensibilité émotionnelle | = 16 |
| – Donne le meilleur de soi | = 17 |
| – Insouciance et laisser-aller | = 2 |
| – Concentration et recueillement constamment | = 5 |
| – Ne sait pas se montrer assez ferme | = 20 |
| – Doit se modérer en toute chose | = 19 |
| – Caractère affable et passionné | = 7 |
| – Reste « coincé·e » dans l'indécision | = 6 |
| – Prend ombrage facilement | = 8 |
| – Intransigeant·e et intolérant·e | = 9 |
| – Se motive pour faire de l'exercice | = 10 |
| – Nature obsessionnelle, tendance à l'exagération | = 12 |
| – Autorité et influence | = 11 |
| – Abuse des calmants entre autres… | = 0 |
| – Qualités de leader, talents d'organisateur | = 21 |
| – Se laisse facilement entraîner | = 14 |
| – Agressivité mal canalisée | = 15 |
| – Anorexique | = 13 |
| – Agit souvent sans réfléchir | = 1 |
| – N'aime pas les changements | = 4 |
| – Fait preuve de retenue et de pudeur | = 2 |
| – S'enivre facilement | = 18 |
| – Peut faire preuve de désinvolture et d'avidité | = 3 |

*Ce livre répond à votre attente,
merci de laisser
un commentaire de satisfaction
sur le site de votre achat !*

\*\*\*

➢ Pour aller plus loin dans votre apprentissage
avec le **TAROT de MARSEILLE**,
Cet autre livre pourrait vous intéresser…
… il **est dans le prolongement** de celui-ci…
et vous permet de faire des tirages pour
*1 an ou mensuel*… *Période anniversaire*…
➢ Dans le même principe **de simplicité** pour l'utilisateur
tout en étant **très complet !**

*Son titre :* LE TAROT DE MARSEILLE façon ASTROLOGIE
Ou *Chemin de l'évolution !*

**(Un tirage TOUT EN 1 !)**

➢ Avec **1 seul tirage de 12 lames**,
plusieurs possibilités s'offriront à vous, comme :
*- Prédire les 12 prochains mois à venir…*
*-Établir une Révolution Solaire (période anniversaire)*
➢ Mais aussi :
Utilisation des **12 Maisons Astrologiques**
(Correspondant aux 12 principaux domaines de l'existence)
***Avec comme définition PRINCIPALE pour :***

➢ **La MAISON 1 : L'ASCENDANT**, *le caractère du consultant, ses possibilités, son tempérament…*
➢ **LA MAISON 2 : L'ARGENT**…*au quotidien - les acquis - les gains…*
➢ **LA MAISON 3 : L'INTELLECT & LES RELATIONS** : *les frères et sœurs - les voisins … les écrits - les déplacements…*
➢ **LA MAISON 4 : LES RACINES** : *le foyer - le patrimoine - la famille - l'hérédité…*
➢ **LA MAISON 5 : LE DYNAMISME** : *la création* (enfants - livres - arts) *- les liaisons…*
➢ **LA MAISON 6 : LE QUOTIDIEN :** *travail - petits animaux domestiques - maladies aiguës…*
➢ **LA MAISON 7 : la TRANSFORMATION :** *le conjoint - les contrats : mariage - association, …)*
➢ **LA MAISON 8 : LA VIE & LA MORT :** *les pertes - la mort - les héritages - la sexualité - les secrets…*

➤ **LA MAISON 9** : **LA PENSÉE - LA FOI :** *les grands voyages - la spiritualité - les grandes études…*
➤*LA MAISON 10 : MONTÉE SOCIALE :* l'évolution professionnelle le pouvoir - la carrière…
➤ *LA MAISON 11 : LES ESPOIRS :* les amis - les désirs - les projets - les protections…
➤ *LA MAISON 12 : LES ENNEMIS CACHES – LES ÉPREUVES : la tristesse - les longues maladies - les limitations - la force morale…*

➤ Vous pourrez également effectuer un tirage
pour une tierce personne : (Enfant - conjoint - parent…)
et ainsi connaître son évolution pour les 12 prochains mois !
Par exemple :
- La MAISON 7 pour : le conjoint - le grand-père…
- La MAISON 4   //   : le père
- La MAISON 10 //  : la mère
- La MAISON 5   //   : l'enfant
- La MAISON 6   //   : l'oncle - le chat - le chien…
- Etc.

➤ D'une simplicité enfantine ! Même si vous êtes néophyte en la matière, sans connaissances particulières, vous pourrez vous aussi « *lire* » votre avenir ou celui d'un proche avec cette méthode COMPLÈTE.

➤ Il vous suffira de faire votre tirage - de placer les cartes comme indiqué dans la méthode… **et de lire les réponses !** *(Chaque domaine de l'existence aura son interprétation et ce pour chaque LAME en CHAQUE MAISON ! sans oublier son association avec la lame qui lui fait face pour le devenir de la situation en cours !)*

➤ Et si un doute subsiste **dans un domaine précis,** il vous suffira de refaire un tirage *en croix concernant 1 question bien précise* et vous aurez réponses à toutes celles que vous vous posez !

**Alors n'hésitez pas à faire cet investissement !**

➤ Le coût de la méthode vous reviendra à **moins cher**
qu'une consultation de 1 heure en cabinet !
et vous pourrez renouvellement autant que vous le souhaitez
vos propres voyances sans débourser un EURO de plus !

*Cet autre titre*
## Le TAROT de Marseille comme GUIDE COMPORTEMENTAL

**format A5** *PAPIER EBOOK (téléchargement)*

pour faire les bons choix vers une vie constructive.
(à usage plus personnel).
– Une approche basée sur la psychologie et spiritualité, pour vous aider dans votre évolution personnelle. Entre 528 & 572 réponses proposées (endroit - renversé*). De quoi faire vous-même un tirage HEBDO ou MENSUEL ou une question UNIQUE… Méthode facilement interprétable !)*

➢ Que ce soit pour un tirage hebdo (tendance de la semaine) ou pour répondre à une question ou encore pour faire un prévisionnel mensuel sur les 5 domaines principaux avec 12 sous domaines de l'existence…

➢ Chaque lame sortie vous fournira des informations sur vous-même ou sur une situation en cours, ou encore, sur la personne qui occupe votre esprit ou qui est présente dans votre vie… Chacun des 22 arcanes MAJEURS étudié en position ENDROIT & RENVERSÉ, une prédiction, une orientation…

➢ En utilisant le tarot dans le but d'ÉVOLUER, il peut vous aider à faire les bons choix, mais aussi vous faire prendre conscience de vos erreurs, vous permettre de dévier votre route si vous avez pris le mauvais chemin, tout comme vous soutenir dans les épreuves… Cette méthode basée sur la PSYCHOLOGIE & la SPIRITUALITÉ, peut être un coup de pouce pour booster votre destin, vous faire pendre conscience, qu'autour de vous, il y a des Énergies qui sont déjà en place pour que vos projets, vos souhaits concernant un domaine bien précis, se réalisent.

➢ 3 tirages différents pour vous éclairer, vous suggérer telle ou telle attitude à tenir, vous guider pour résoudre tel ou tel problème ou vous assurer de la bonne continuité et évolution de votre demande, de votre démarche en cours, de votre souhait.

**8 PAGES d'interprétation par LAME !**

# AUTRES OUVRAGES DE LA MÊME AUTEURE

## LA CARTOMANCIE FACILE !
### ou
### *COMMENT PRÉDIRE LE QUOTIDIEN AVEC LE TAROT à JOUER.*

➢ De plus en plus de personnes sont attirées par les arts divinatoires, mais il n'est pas toujours aisé de se retrouver dans les multiples ouvrages proposés.

➢ Les uns contredisent les autres ! C'est pourquoi, j'ai décidé d'écrire sur la CARTOMANCIE (le TAROT à JOUER) d'après mes expériences professionnelles…

➢ Une méthode facile, mais TRÈS complète ! *(avec exercices pratiques et corrigés en fin de volume !)*

➢ Si vous aussi, vous avez envie d'apprendre l'interprétation des CARTES, du TAROT à jouer... Vous serez étonné·e par la facilité et la simplicité de ma méthode.

➢ Vous pourrez dès la réception* de votre livre, commencer vos tirages de cartes pour vos besoins personnels ou pour un tiers ! Il vous suffira d'un jeu de TAROT à JOUER.

Votre tirage effectué en fonction du choix du moment, il vous suffira de lire les réponses proposées pour avoir un aperçu du futur proche ! Ou d'avoir la réponse aux questions que vous vous posez !

*RIEN DE PLUS SIMPLE !...*

**2 FORMATS :** *PAPIER & EBOOK (téléchargement)*

## LA NUMÉROLOGIE FACILE !
### *Tome 1*
## AMÉLIOREZ et RÉUSSISSEZ
### votre vie grâce à votre nombre CLÉ, dévoilé !

– *Comment êtes-vous perçu·e par votre entourage ? Quelle image a-t-on de vous ? Mettez-vous suffisamment vos qualités en avant ? - comment corriger vos faiblesses ?...*
– vous pourrez vous servir de ce manuel pour *AMÉLIORER VOTRE EXISTENCE, devenir la personne que l'on à envie d'avoir pour ami(e)...* ainsi que : mieux connaître vos proches…

### *Vous y trouverez :*
1/ Comment **calculer VOUS-MÊME votre nombre CLÉ\***
correspondant à votre **chiffre DU DESTIN…**
*(\*A ne pas confondre avec le nombre CLÉ de vos prévisions ANNUELLES - MENSUELLES)*

2/ comment **calculer L'ESSENCE** de votre chemin de vie
+ **L'interprétation** qui lui correspond
(dans son aspect **POSITIF & NÉGATIF**)

3/ comment **calculer** les **DÉFIS** de votre chemin de vie
+ **L'interprétation** qui leur correspond.

4/ **l'interprétation** de votre **JOUR** de naissance ainsi que son **DÉFI**.

➢ Dans cette méthode sont détaillés : les **caractéristiques,** les **points forts** et les **points faibles** de chaque nombre,
ainsi que : les **tendances** et **possibilités**, dans les domaines :
AFFECTIF - FAMILIAL – PROFESSIONNEL
- FINANCIER - SANTÉ.
Et ce, concernant **CHACUN** des **9** nombres **DESTINÉE**
+ les **2** *nombres MAITRES* **(11-22)**

➢ En prenant ainsi en considération les **conseils** que nous proposent nos chiffres de vie, en relevant les **défis** suggérés, en prenant conscience de nos **qualités et dons** à développer, ainsi que de nos **défauts** à corriger (ou ignorer)…
Nous avons un avantage considérable par rapport à ceux et celles qui restent dans le « *brouillard* »

et il n'y aura plus l'excuse du : « *si j'avais su !* »
➢ Ainsi guidé·e, avec une meilleure compréhension et connaissance de vous-même, vous pourrez mieux faire face aux épreuves du temps et vous pourrez, en tant que parent, si vous avez encore des petits à la maison, (voire des adolescents), agir et réagir en leur inculquant les valeurs suggérées par leurs nombres de vie.

Ce manuel sera pour vous le potentiel de réussite
pour tous les domaines de votre existence !
**Bien sûr, il ne vous empêchera pas de vivre des épreuves,
de commettre des erreurs...
Mais il vous apportera une aide précieuse
dans votre évolution personnelle...**

*Voici le BUT de cet ouvrage !*

\*\*\*\*

**LA NUMÉROLOGIE FACILE !**
*Tome 2*
**Vos Prévisions PERPÉTUELLES**
*Annuelles - mensuelles - journalières*
**Pour AGIR au bon MOMENT !**

☞ *Vous y trouvez :*
- Comment calculer VOUS-MÊME
votre année NUMÉROLOGIQUE ...
- *Dans cette méthode seront détaillées, mois après mois,
les tendances concernant :*
➢ **VOTRE ÉTAT D'ESPRIT TOUT AU LONG DE L'ANNÉE**
(choisie)
➢ **Les mois & les jours IMPORTANTS...**
➢ **Les chiffres à jouer...**

Puis pour *chaque mois à venir* :
Seront détaillés : la vie affective - le quotidien - l'activité
- les finances - la santé...
*Mais aussi :* **Vos jours** du mois les plus favorables à tenir compte
pour vos démarches, sans oublier **vos chiffres**
pour éventuellement vos jeux...

Vous serez surpris·e par la justesse des pronostics établis…
> **Il faut savoir se servir des PRÉVISIONS comme d'un GUIDE
et non comme d'un fait établi qui doit forcément arriver,
car étant prévenu·e, c'est pouvoir éviter certains événements
fâcheux de se produire, ou au contraire,
saisir la chance quand elle se présente…**

Ainsi guidé·e, vous pourrez accomplir,
faire des projets que vous pourrez réaliser à la bonne période !
Mais aussi éviter certaines erreurs,
choisir le bon moment pour telle ou telle démarche…
tout en gardant votre libre arbitre.

>**Aucune connaissance particulière requise !**
Les outils nécessaires pour vous servir de ce manuel
sont (seront) votre **date de naissance** (*ou celle d'une tierce personne*)
et éventuellement d'une calculatrice **et c'est TOUT !**

Edités chez B.O.D
Et en vente sur :
AMAZON - FNAC - CHAPITRE
DECITRE - RAKUTEN - GOOGLE
*(entre autres...)*

Visitez le site de l'auteure :
*http://chance-aide.sitego.fr/*